普通高等院校"十三五"规划教材

证券投资分析

ZHENGQUAN TOUZI

FENXI

李义龙　徐伟川　吕重犁◎主　编
孙海洋　余小阳　赵　宏　张微娜　王　乐　陈冬亚◎副主编
崔　丹◎参　编

清华大学出版社
北　京

内 容 简 介

本书系统地阐述了证券投资的理论基础和分析方法，按照系统化、理论化、规范化的原则，力求将有关证券投资的基本知识、基本理论和基本技术融为一体，循序渐进地加以讲解。全书共分三篇：第1篇证券投资基本分析，介绍了宏观经济分析、证券投资的行业分析、公司分析和公司财务分析；第2篇证券投资技术分析，介绍了技术分析理论、量价关系理论、K线理论、形态理论、支撑和压力理论、技术指标分析；第3篇证券投资组合与软件应用分析，介绍了证券投资组合原理与原则、证券行情分析软件基本操作。

本书可作为普通高等院校金融学、财经类、证券投资管理等专业的教材，也可以作为金融证券从业人员和证券投资者系统学习相关理论知识的参考用书。

本书封面贴有清华大学出版社防伪标签，无标签者不得销售。
版权所有，侵权必究。举报：010-62782989，beiqinquan@tup.tsinghua.edu.cn。

图书在版编目(CIP)数据

证券投资分析 / 李义龙，徐伟川，吕重犁主编. —北京：清华大学出版社，2018(2025.7重印)
（普通高等院校"十三五"规划教材）
ISBN 978-7-302-50492-4

Ⅰ.①证… Ⅱ.①李… ②徐… ③吕… Ⅲ.①证券投资-投资分析-高等学校-教材 Ⅳ.①F830.91

中国版本图书馆CIP数据核字(2018)第134722号

责任编辑：刘志彬
封面设计：汉风唐韵
责任校对：宋玉莲
责任印制：宋　林

出版发行：清华大学出版社
网　　址：https://www.tup.com.cn，https://www.wqxuetang.com
地　　址：北京清华大学学研大厦A座　　邮　编：100084
社 总 机：010-83470000　　邮　购：010-62786544
投稿与读者服务：010-62776969，c-service@tup.tsinghua.edu.cn
质量反馈：010-62772015，zhiliang@tup.tsinghua.edu.cn
印 装 者：三河市人民印务有限公司
经　　销：全国新华书店
开　　本：185mm×260mm　　印　张：17　　字　数：425千字
版　　次：2018年7月第1版　　印　次：2025年7月第10次印刷
定　　价：54.50元

产品编号：077905-01

前言

"证券投资分析"是我国高校证券投资管理等专业根据行业实践需要开设的专业课程，目前教材版本不多，且普遍存在诸多不足，如重理论轻实践、理论与实践严重脱离；照搬国外理论，不切合我国实际；缺少真实的案例分析，并且案例内容已经陈旧；课程内容与我国证券市场衔接不够等缺陷。这些不足造成教材与当前高校实践教学的迫切需要有一定的差距。

本书汇集了全国七省市九所高校的一线教师组成强大的编写团队，这些教师既有丰富的教学经验，又有多年沪深股市实际操盘经历。编写团队广泛借鉴各地各类证券投资分析相关教材与书籍，汲取其精华，经过反复沟通，多次交流，并于2012年5月在浙江省宁波市进行共同研讨，确定了最后的编写规划及详细大纲。又经过5年多的精心撰写和多次修改，终于完成书稿。

本书系统地阐述了证券投资的理论基础和分析方法，全书共分三篇：第1篇证券投资基本分析，介绍了宏观经济分析、证券投资的行业分析、公司分析和公司财务分析；第2篇证券投资技术分析，介绍了技术分析理论、量价关系理论、K线理论、形态理论、支撑和压力理论、技术指标分析；第3篇证券投资组合与软件应用分析，介绍了证券投资组合原理与原则、证券行情分析软件基本操作。

本书编写特色如下：

（1）框架清晰、结构新颖、内容全面完整丰富，符合我国现实国情；
（2）注重实用，适合沪深股市实际；
（3）敢于创新，勇于提出新理论、新方法、新观点；
（4）对理论的讲解深入浅出，通俗易懂。

本书由辽宁现代服务职业技术学院李义龙、长春金融高等专科学校徐伟川、贵州师范大学吕重犁任主编，山东女子学院孙海洋、湖南信息学院余小阳、山东农业工程学院赵宏、天津海运职业学院张微娜、兰州财经大学王乐和陈冬亚任副主编，大连职业技术学院崔丹参与编写。

本书可作为普通高等院校"证券投资""证券投资分析""证券投资实训"等相关课程的教材，也可作为证券公司培训用书和广大证券投资者的参考用书。由于编者水平有限，尚有诸多不足之处，敬请各位读者不吝赐教。

编 者

目 录

第 1 篇　证券投资基本分析

第 1 章　宏观经济分析　2
- 1.1　宏观经济分析概述　3
- 1.2　宏观经济运行分析　5
- 1.3　宏观经济政策分析　12
- 1.4　宏观经济分析应注意的问题　20
- 本章小结　21
- 本章练习　21

第 2 章　证券投资的行业分析　23
- 2.1　行业分析概述　24
- 2.2　行业的一般特征分析　30
- 2.3　影响行业兴衰的主要因素　35
- 本章小结　40
- 本章练习　41

第 3 章　公司分析　43
- 3.1　公司基本分析　44
- 3.2　公司重大事项分析　51
- 本章小结　54
- 本章练习　54

第 4 章　公司财务分析　56
- 4.1　财务报告概述　57
- 4.2　财务报表的内容　57
- 4.3　财务报表分析的功能、方法与原则　67
- 4.4　财务比率分析　68
- 4.5　杜邦财务分析法　79
- 4.6　财务分析中应注意的问题　80

4.7 公司财务状况综合分析 ·· 81
4.8 虚假财务报表的识别 ·· 82
本章小结 ·· 85
本章练习 ·· 85

第 2 篇　证券投资技术分析

第 5 章　技术分析理论　90

5.1 道氏理论 ·· 90
5.2 波浪理论 ·· 93
5.3 随机漫步理论 ··· 94
5.4 循环周期理论 ··· 96
5.5 江恩理论 ·· 97
5.6 缺口理论 ··· 100
本章小结 ··· 104
本章练习 ··· 104

第 6 章　量价关系理论　108

6.1 量价关系理论的基础 ··· 109
6.2 古典量价关系理论 ··· 111
6.3 量价关系理论的要点 ··· 113
6.4 常见成交量指标的应用 ·· 116
本章小结 ··· 121
本章练习 ··· 122

第 7 章　K 线理论　123

7.1 K 线概述 ··· 124
7.2 单根 K 线分析 ··· 126
7.3 常见的 K 线组合形态分析 ······································ 128
7.4 K 线组合在沪深股市实战中的运用 ························· 130
本章小结 ··· 134
本章练习 ··· 135

第 8 章　形态理论　136

8.1 价格移动的规律和两种形态类型 ···························· 136
8.2 持续整理形态 ·· 139
8.3 反转突破形态 ·· 148

本章小结		159
本章练习		159

第9章 支撑和压力理论   160

9.1	趋势分析	161
9.2	支撑线和压力线	163
9.3	趋势线和轨道线	166
9.4	黄金分割线和百分比线	170
9.5	扇形线、速度线和甘氏线	173
9.6	应用支撑线和压力线应注意的问题	176
	本章小结	177
	本章练习	177

第10章 技术指标分析   181

10.1	技术指标概述	182
10.2	趋势型指标	183
10.3	超买超卖型指标	189
10.4	人气型指标	196
10.5	大势型指标	200
	本章小结	204
	本章练习	205

第3篇 证券投资组合与软件应用分析

第11章 证券投资组合原理与原则   212

11.1	证券投资概述	213
11.2	资产组合理论	216
11.3	资本资产定价理论	222
11.4	套利定价理论	226
11.5	有效市场理论	231
11.6	证券投资组合的原则	234
	本章小结	235
	本章练习	236

第12章 证券行情分析软件基本操作   238

12.1	证券行情分析软件简介	238
12.2	证券行情分析软件的安装与登录	244

12.3	动态显示牌	247
12.4	分时走势图	249
12.5	K 线图	256
12.6	快捷键操作	259
本章小结		261
本章练习		262

参考文献 263

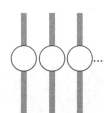

第1篇

证券投资基本分析

第1章 宏观经济分析

知识目标

1. 理解宏观经济运行对证券市场走势的影响；
2. 掌握宏观经济政策对证券市场走势的影响；
3. 了解宏观经济分析的意义和方法。

技能目标

1. 能够通过宏观分析预测证券市场的未来走势；
2. 能够区分证券市场走势背离宏观经济的因素。

案例导入

牛女士高位买入的徐工机械如何能解套？

公司白领牛女士本来不喜欢风险投资，2007年，她看着身边的人投资股市获利颇丰，每日茶余饭后的话题也离不开股市，自己也逐渐有了兴趣。2007年9月，她试探性地进入股市，希望能够分享中国经济发展的成果。然而让牛女士没有想到的是，仅仅过了一个多月，在上证指数到达6 000点的时候，人们对后市看好的理由，如中国经济高速增长、奥运经济、人民币升值等，对股市的支持作用全都不见了，股指一泻千里，深度套牢的牛女士百思不得其解。

2008年年底，牛女士遇到昔日的大学同学、现在在某证券公司工作的熊先生，牛女士向熊先生请教股票的走势为何如此这般。熊先生笑道："股市是经济发展的晴雨表，要把握股市走势，必须时刻关注宏观基本面的变化。以前宏观基本面好，股市自然具备了牛市的基础，后来全球遭遇次贷危机影响，经济全面衰退，股市哪里还能好起来。"

牛女士忙问接下来如何是好，熊先生继续谈道："宏观经济要经历复苏、繁荣、衰退和谷底四个阶段，如今美国华尔街的大佬们几乎全面亏损，连百年老店雷曼兄弟都破产，经济已经到了最艰难的时刻。世界各国纷纷出台刺激经济的计划，中国也出台了4万亿元经济刺激计划,相信全球经济很快会复苏的,宏观经济复苏了,股市的日子自然就好过了。"

牛女士又问:"经济复苏的时候,我在高位买入的徐工机械能解套吗?"熊先生说:"你看世界各国的经济刺激计划大多包括了增加基础设施建设,你算算仅中国的4万亿元经济刺激计划要上马多少工程,这些项目需不需要大量的工程机械啊?"

牛女士迟疑地点着头。之后的日子,世界经济果然迎来了一轮复苏,中国经济也重新回到了高增长的轨道,而由于4万亿元经济刺激计划的重大需求,工程机械销路很好,徐工机械不仅解套了,牛女士还小赚了一点。

1.1 宏观经济分析概述

1.1.1 宏观经济分析的含义

证券投资成功的关键在于科学的证券投资分析。证券投资基本分析和证券投资技术分析是两种主要的证券投资分析方法。大多数成功的证券投资者都是把两种分析方法结合起来加以运用。

▶ 1. 证券投资基本分析

证券投资基本分析是指对宏观经济指标、宏观经济政策走势、行业发展状况、公司销售和财务状况等基本经济因素进行分析,评估和判断证券的长期投资价值和合理价位。通过基本分析,我们可以了解应该买卖何种证券。

证券投资基本分析要把握三个层次的内容,如图1-1所示。

图1-1 证券投资基本分析的三个层次

宏观经济分析就是对宏观经济做出总体分析,分析公司的商业环境,即外部经济环境,这是证券投资活动赖以存在的总的背景条件。社会经济活动会周期性出现繁荣景象和衰退形势,这主要由社会经济活动的发展规律所决定,有时也受外部因素或偶然因素的影响。当社会经济发展处于不同阶段时,会引起货币、信贷、利率、物价等重要经济变量的变动,进而改变企业生产经营环境,企业必须做出相应的调整和安排,否则将会影响其生存和发展。宏观经济分析是中观行业分析和微观公司分析的基础。中观行业分析就是研究行业在社会经济结构中的地位和作用、行业本身的生命周期和发展前景,以及经济环境变化对不同行业的影响程度。微观公司分析是对某一具体公司的经营业绩、竞争能力、盈利能力等进行分析，以判断其发展前景。

▶ 2. 证券投资技术分析

证券投资技术分析是依据历史价格和成交量等交易数据，预测短期内证券价格的涨跌趋势。通过技术分析，我们可以把握买卖证券的时机。

1.1.2　宏观经济分析的意义

企业的盛衰受行业的影响，行业是否兴旺则取决于国民经济增长与发展的速度和质量，进行宏观经济分析对于证券投资意义重大。

▶ 1. 把握证券市场变动的总趋势和长期趋势

证券市场变动的总趋势和长期趋势是由国民经济发展的总趋势和长期趋势决定的，宏观经济的走向决定了证券市场的长期趋势，其他因素可以暂时改变证券市场的中期和短期走势，但改变不了证券市场的长期走势。只有进行宏观经济分析，把握经济发展的大方向，才能把握证券市场的总体变动趋势，做出正确的长期决策；只有密切关注宏观经济因素的变化，尤其是货币政策和财政政策的变化，才能抓住证券投资的市场时机。

▶ 2. 对证券市场的投资价值进行正确的判断

证券市场是国民经济的晴雨表。证券市场的投资价值与国民经济整体情况及其结构的变动密切相关，是国民经济增长质量与速度的反映。宏观经济是个体经济的总和，上市公司的投资价值必然通过宏观经济总体的运行状况和增长速度综合反映出来。正确判断证券市场投资价值的关键就是进行正确、全面、深入和细致的宏观经济分析。

▶ 3. 掌握证券市场受宏观经济政策影响的力度与方向

宏观经济政策是政府为了实现对国民经济的宏观管理和调控而采取的政策和措施。证券市场是政府实现对国民经济进行宏观管理和调控的最基本、最重要的对象和载体，因此证券市场的变动与政府的宏观经济政策密切相关。政府为调控经济而采取的财政政策和货币政策会影响经济增长速度和企业经济效益，进而对证券市场产生影响。宏观经济政策不仅影响企业的生产经营活动，而且直接制约证券投资活动的效果。全面、深入地分析宏观经济政策及其对证券市场的影响，是准确把握证券市场变动趋势的关键所在。

1.1.3　宏观经济分析的方法

▶ 1. 总量分析法

总量分析法是对影响宏观经济的总量指标进行分析，如国内生产总值、消费额、投资额、银行贷款总额、物价水平等。

▶ 2. 结构分析法

结构分析法是指对经济系统中各组成部分及其对比关系变动规律的分析。例如，分析第一产业、第二产业、第三产业之间的比例关系，分析消费与投资的比例关系。

1.2 宏观经济运行分析

1.2.1 宏观经济运行的主要指标

▶ **1. 国内生产总值**

国内生产总值(gross domestic product, GDP)是指在一定时期内(一年),一个国家或地区的经济中所生产出的全部最终产品和劳务的价值,常被公认为衡量国家经济状况的最佳指标。一般来说,国内生产总值共有4个组成部分:消费、私人投资、政府购买支出和净出口额。用公式表示为

GDP＝消费＋私人投资＋政府购买支出＋净出口额

国内生产总值是反映一个国家(或地区)总体经济水平和经济实力,以及宏观经济运行状况的最基本的总体指标。国内生产总值的稳定和持续增长是一国(或地区)政府刻意追求的基本国策目标。在宏观经济分析中,国内生产总值指标是一个最基本的经济分析指标。2016年,世界部分国家的GDP排名、总量和增长率如表1-1所示。

表1-1 2016年世界部分国家的GDP排名、总量和增长率

排 名	国 家	GDP总量/万亿美元	GDP增长率/%
1	美国	18.569 1	1.6
2	中国	11.218 2	6.7
3	日本	4.938 6	1.0
4	德国	3.456 6	1.8
5	英国	2.629 1	1.8
6	法国	2.453 2	1.2
7	印度	2.256 3	6.8
8	意大利	1.850 7	0.9
9	巴西	1.798 6	−3.6
10	加拿大	1.529 2	1.4
11	韩国	1.411 2	2.8
12	俄罗斯	1.280 7	−0.2
13	澳大利亚	1.258 9	3.5
14	西班牙	1.232 5	3.2
15	墨西哥	1.046 0	2.3

经济增长率也称经济增长速度,是一国经济发展水平与上年相比的增长百分数,通常以按不变价格计算的国内生产总值进行计算。经济增长率是一个国家(或地区)一定时期经济发展水平变化程度的动态指标,也是反映一个国家的经济是否具有活力的基本指标。一

一般来说,由于发达国家经济发展的总水平已经达到相当的高度,经济发展的潜力已经得到比较充分的挖掘,要提高经济增长率和经济发展速度就比较困难。对于经济尚处于较低水平的发展中国家而言,由于发展潜力巨大,就可以取得比较高的经济增长率,实现国民经济发展的高速甚至超高速增长。但要处理好经济发展中的速度、结构、稳定、质量与效益之间的关系,警惕经济高速发展可能带来的诸如投资过度、消费膨胀、总需求膨胀、通货膨胀、经济泡沫等问题,避免造成宏观经济的过热态势,力争实现国民经济的持续、快速和稳定增长。

▶ 2. 通货膨胀率

通货膨胀是指一般价格水平的持续上涨,通货膨胀率即反映通货膨胀程度的指标,简称通胀率。通货膨胀从程度上可分为温和的通货膨胀、严重的通货膨胀和恶性通货膨胀三种。温和的通货膨胀是指年通胀率低于10%的通货膨胀;严重的通货膨胀是指年通胀率高于或等于10%且低于100%的通货膨胀;恶性通货膨胀则是指年通胀率高于或等于100%的通货膨胀。通常用CPI或PPI衡量通货膨胀率的大小。

1) CPI

CPI即消费者物价指数(consumer price index),是一个滞后性的数据,但它往往是市场经济活动与政府货币政策的一个重要参考指标。CPI稳定、就业充分及GDP增长往往是最重要的社会经济目标。不过,从我国的现实情况来看,CPI的稳定及其重要性并不像发达国家所认为的那样有一定的权威性,市场的经济活动会根据CPI的变化来调整。近几年来,欧美国家的GDP增长率一直在2%左右波动,CPI也同样在0~3%内变化。一般情况下,CPI是不可能大起大落的,除非经济生活中有重大的突发事件(如1997年的亚洲金融危机)。我国CPI构成和各部分比重如表1-2所示。

表1-2 我国CPI构成和各部分比重(2011年)

序 号	构 成	构成比例/%
1	食品	31.79
2	居住	17.22
3	烟酒及用品	3.49
4	交通通信	9.95
5	医疗、保健、个人用品	9.64
6	衣着	8.52
7	家庭设备及维修服务	5.64
8	娱乐、教育、文化用品及服务	13.75
合 计		100

2) PPI

PPI即生产者物价指数(producer price index),也称工业品出厂价格指数,是一个用来衡量制造商出厂价平均变化情况的指数,它是统计部门收集和整理的若干个物价指数中的一个。如果生产者物价指数比预期数值高时,表明有通货膨胀的风险。如果生产者物价指数比预期数值低时，则表明有通货紧缩的风险。

编制生产者物价指数的主要的目的在于衡量各种商品在不同生产阶段的价格变化情形。一般而言，商品的生产分为三个阶段：原始阶段，商品尚未做任何的加工；中间阶段，商品尚需做进一步的加工；完成阶段，商品至此不再做任何加工。

PPI是衡量工业企业产品出厂价格变动趋势和变动程度的指数，是反映某一时期生产领域价格变动情况的重要经济指标，也是制定有关经济政策和进行国民经济核算的重要依据。目前，我国PPI的调查产品有4 000多种（含规格品9 500多种），覆盖全部39个工业行业大类，涉及调查种类186个。

根据价格传导规律，PPI对CPI有一定的影响。PPI反映生产环节价格水平，CPI反映消费环节的价格水平。整体价格水平的波动一般首先出现在生产领域，然后通过产业链向下游产业扩散，最后波及消费品。产业链可以分为两条：一条是以工业品为原材料的生产，存在原材料→生产资料→生活资料的传导；另一条是以农产品为原料的生产，存在农业生产资料→农产品→食品的传导。在我国，就以上两条产业链来看，目前第二条，即农产品向食品的传导较为充分，2006年以来的粮价上涨是拉动CPI上涨的主要因素。由于CPI不仅包括消费品价格，还包括服务价格，CPI与PPI在统计口径上并非严格的对应关系，因此出现CPI与PPI的变化不一致的情况是有可能的。但如果CPI与PPI持续处于背离状态，则不符合价格传导规律。价格传导出现断裂的主要原因在于工业品市场处于买方市场，以及政府对公共产品价格的人为控制。

PPI通常作为观察通货膨胀水平的重要指标。由于食品价格经常因季节变化而出现较大变化，能源价格也经常出现意外波动，为了更清晰地反映整体商品的价格变化情况，一般将食品和能源的价格变化剔除，形成核心PPI，从而进一步观察通货膨胀率变化趋势。

真正的经济学家注重PPI而媒体注重核心PPI，核心PPI短期内会产生误导作用。

▶ 3. 采购经理指数

采购经理指数（purchasing managers' index，PMI）是一个综合指数。按照国际上通用的做法，PMI由五个扩散指数，即新订单指数（简称订单）、生产指数（简称生产）、从业人员指数（简称雇员）、供应商配送时间指数（简称配送）和主要原材料库存指数（简称存货）加权而成。PMI的计算公式如下：

$$PMI = 订单 \times 30\% + 生产 \times 25\% + 雇员 \times 20\% + 配送 \times 15\% + 存货 \times 10\%$$

采购经理指数常以50%作为经济强弱的分界点：高于50%时，被解释为经济扩张的信号；低于50%，尤其是非常接近40%时，则有经济萧条的忧虑。采购经理指数是领先指标中一项非常重要的附属指标，是通过对采购经理的月度调查统计汇总、编制而成，反映了经济的变化趋势，是经济监测的先行指标。根据美国专家的分析，PMI与GDP具有高度相关性，且其转折点往往领先于GDP几个月。

采购经理指数作为国际通行的经济监测指标体系，许多国家通常将该指数与国内生产总值、就业指数、生产者物价指数、新屋开工/营建指标（与国内固定资产投资指标类似）、汇率、股指等结合，用来分析经济走势、帮助进行各种投资决策、进行阶段性研究预测等，已成为政府、银行、企业、各类金融机构，以及财经媒体广为应用的重要指标之一。

▶ 4. 固定资产投资

固定资产投资是社会固定资产再生产的主要手段。通过建造和购置固定资产的活动，国民经济不断采用先进技术装备，建立新兴部门，进一步调整经济结构和生产力的地区分布，增强经济实力，为改善人民物质文化生活创造物质条件。

固定资产投资额是以货币表现的建造和购置固定资产活动的工作量，是反映固定资产投资规模、速度、比例关系和使用方向的综合性指标。按照经济类型的不同，全社会固定资产投资可分为国有、集体、个体、联营、股份制、外商、港澳台商、其他等类型。按照管理渠道的不同，全社会固定资产投资可分为基本建设投资、更新改造投资、房地产开发投资和其他固定资产投资。

基本建设投资是指企业、事业、行政单位以扩大生产能力或工程效益为主要目的的新建、扩建工程及有关工作，其综合范围为总投资50万元以上（含50万元，下同）的基本建设项目。基本建设投资项目具体包括：列入中央和各级地方本年基本建设计划的建设项目，以及虽未列入本年基本建设计划，但使用以前年度基建计划内结转投资（包括利用基建库存设备材料）在本年继续施工的建设项目；本年基本建设计划内投资与更新改造计划内投资结合安排的新建项目和新增生产能力（或工程效益）达到大中型项目标准的扩建项目，以及为改变生产力布局而进行的全厂性迁建项目；国有单位既未列入基建计划，也未列入更新改造计划的总投资在50万元以上的新建、扩建、恢复项目和为改变生产力布局而进行的全厂性迁建项目，以及行政、事业单位增建业务用房和行政单位增建生活福利设施的项目。

更新改造投资是指企业、事业单位对原有设施进行固定资产更新和技术改造，以及相应配套的工程和有关工作（不包括大修理和维护工程），其综合范围为总投资50万元以上的更新改造项目。更新改造投资项目具体包括：列入中央和各级地方本年更新改造计划的投资单位（项目）和虽未列入本年更新改造计划，但使用上年更新改造计划内结转的投资在本年继续施工的项目；本年更新改造计划内投资与基本建设计划内投资结合安排的对企、事业单位原有设施进行技术改造或更新的项目和增建主要生产车间、分厂等其新增生产能力（或工程效益）未达到大中型项目标准的项目，以及由于城市环境保护和安全生产的需要而进行的迁建工程；国有企、事业单位既未列入基建计划也未列入更新改造计划，总投资在50万元以上的属于改建或更新改造性质的项目，以及由于城市环境保护和安全生产的需要而进行的迁建工程。

房地产开发投资是指房地产开发公司、商品房建设公司及其他房地产开发法人单位和附属于其他法人单位实际从事房地产开发或经营活动的单位统一开发的，包括统代建、拆迁还建的住宅、厂房、仓库、饭店、宾馆、度假村、写字楼、办公楼等房屋建筑物和配套的服务设施，以及土地开发工程（如道路、给水、排水、供电、供热、通信、平整场地等基础设施工程）的投资，不包括单纯的土地交易活动。

其他固定资产投资是指全社会固定资产投资中未列入基本建设、更新改造和房地产开发投资的建造和购置固定资产的活动。其他固定资产投资项目具体包括：国有单位按规定不纳入基本建设计划和更新改造计划管理，计划总投资（或实际需要总投资）在50万元以上的工程；城镇集体固定资产投资，即所有隶属城市、县城和经国务院及省、自治区、直辖市批准建制的镇领导的集体单位（乡镇企业局管理的除外）建造和购置固定资产计划总投资（或实际需要总投资）在50万元以上的项目；除上述以外的其他各种企、事业单位，个体建造和购置固定资产总投资在50万元以上的、未列入基本建设计划和更新改造计划的项目。

▶ 5. 全社会用电量

全社会用电量是一个电力行业的专业词汇，用于经济统计，指第一、二、三产业等所有用电领域的电能消耗总量，包括工业用电、农业用电、商业用电、居民用电、公共设施用电及其他用电等。

全社会用电量＝第一产业用电量＋第二产业用电量＋第三产业用电量＋居民生活用电量

▶ 6. 失业率

失业率是指劳动力中有工作愿望而找不到工作的失业人数所占全部劳动人口的百分比。通过该指标可以判断一定时期内全部劳动人口的就业情况。一直以来，失业率被视为一个反映整体经济状况的指标，而它又是每个月最先发布的经济数据，所以失业率指标被称为所有经济指标的"皇冠上的明珠"，是市场上最敏感的月度经济指标。一般情况下，失业率下降，代表整体经济健康发展，利于货币升值；失业率上升，代表经济发展放缓衰退，不利于货币升值。若将失业率与同期的通胀指标结合起来分析，则可判断当时经济发展是否过热，是否会构成加息的压力，或是否需要通过减息来刺激经济的发展。

另外，失业率数据的反面是就业数据，其中最有代表性的是非农业就业数据。非农业就业率数据为失业率数据中的一个项目，该项目主要统计从事农业生产以外的职位变化情形，反映制造行业和服务行业的发展及其增长情况。当社会经济发展较快时，消费自然随之增加，消费性及服务性行业的职位增多，非农业就业数据就会提高。当非农业就业数据大幅增加时，理论上对汇率有利；反之，则相反。因此，非农业就业数据是观察社会经济和金融发展程度和状况的一项重要指标。

▶ 7. 国际收支

国际收支是一国居民在一定时期内与非本国居民往来中所产生的全部交易的系统记录。国际收支有逆差和顺差。当收入大于支出时为顺差，而当支出大于收入时则为逆差。正常情况下，国际收支的总水平是一国经济发展水平、综合经济实力、对外开放程度，特别是参与国际经济竞争能力的综合反映。同时，国际收支的状况反过来又对一国的经济发展、利率、汇率的稳定和外汇储备的增减变化等都会产生极其重大的影响。

▶ 8. 汇率

汇率是指一国货币兑换另一国货币的比率，或者是以一种货币表示另一种货币的价格。由于世界各国货币的名称不同，币值不一，所以一国货币对其他国家的货币要规定一个兑换率，即汇率。我国使用直接标价法表示汇率，即1单位的外国货币兑换若干单位的本国货币。汇率上升，意味着1单位外国货币兑换的本国货币增加，外国货币升值，本国货币贬值。

1.2.2 宏观经济对证券市场的影响

证券市场是国民经济的"晴雨表"，这既表明了证券市场是宏观经济的先行指标，也说明了宏观经济对证券市场的运行具有决定性作用。宏观经济对证券市场的影响主要表现在以下几个方面。

▶ 1. 企业经济效益对证券市场的影响

无论从长期还是从短期来看，宏观经济环境是公司经营、生存、发展的最基本因素。

公司的经济效益会随着宏观经济的运行周期、宏观经济政策、利率水平、物价水平等宏观经济因素的变动而变动。如果宏观经济运行趋势向好，企业总体盈利水平上升，证券市场市值必然上涨；如果政府采取强有力的宏观调控政策、紧缩银根，企业投资和经营会受到影响，盈利下降，证券市场市值自然会缩水。

▶ 2. 居民收入水平对证券市场的影响

如果经济周期处于上升阶段或在提高居民收入政策的作用下，居民收入水平将在一定程度上拉动消费需求，从而增加相应企业的经济效益。另外，居民收入水平的提高也会直接促进证券市场的投资需求。

▶ 3. 投资者对股价的预期

投资者对股价的预期也就是投资者的信心，是宏观经济影响证券市场走势的重要途径。当宏观经济趋好时，投资者预期公司效益和自身收入水平会上升，证券市场自然就会人气旺盛，从而推动市场平均价格走高；反之，则会令投资者对证券市场信心下降。

▶ 4. 通货膨胀率对证券市场的影响

迄今为止，有关通货膨胀率的变化与证券市场的发展是正相关还是负相关的问题，国内外许多学者进行了大量的研究。对我国通货膨胀与证券市场收益的关系进行深入分析后可以发现，与西方发达国家有所不同，我国的通货膨胀率与证券市场收益率之间并没有完全对应的走势，在通货膨胀水平较高时，证券市场收益率与通货膨胀率呈显著的负相关；而在通货膨胀水平温和时，证券市场收益率与通货膨胀率呈显著的正相关。这是由于虽然经过多年的发展，但我国的证券市场仍然属于新兴市场，发展不太规范且供给弹性小，居民的购买力相对强大，并且对相对温和的货币政策并不敏感。在一些发达国家，如美国和日本，证券市场投资可以抵御通货膨胀。

证券市场在通货膨胀的不同阶段有着不同的投资机会。在通货膨胀最初阶段，投资者对于未来的发展没有正确的预期，股价具有较大上涨空间；发展到后期，变为恶性的通货膨胀，货币的购买力大幅下降，不利于股价的上涨；随着通货膨胀的加剧，投资者不断修正预期，股价的上涨空间迅速缩减。

通货膨胀时期，证券市场各板块的投资策略如下：第一类是资源类板块。原材料等大宗商品价格的上涨及维持在高位的可能性更大，持续时间会更长，而拥有垄断资源的公司有较强的价格操纵能力，这类股票比较明显地集中在有色金属、能源板块，如石油、煤炭等；第二类是粮食类企业及粮食类企业带动的相关板块。通货膨胀发生时首先上涨的是粮食价格，因此粮食价格会维持在相对高位水平，而与农业生产相关的生产企业将从中受惠，最直接受惠的是生产粮食的企业，而后会传导到化肥、农药等相关行业，如农业种植和技术、化肥农药和农机等；第三类是日用商品流通零售类板块。通货膨胀预期与消费者的抢购会带动商品流通零售类企业业绩的增长，其股票市场则显现出稳定而持续的增长态势；第四类是公用事业类板块，如水电煤气和公共交通等。在通货膨胀前提下，公用事业的价格会逐步提高，能够促使这些板块的个股有相应的表现。

▶ 5. 全社会固定资产投资对证券市场的影响

全社会固定资产投资是衡量投资规模的主要指标。全社会固定资产投资形成新的生产能力，是扩大再生产和推动经济发展的不可缺少的手段，也是促进技术进步的重要条件，以及建立合理的生产结构和生产力布局的基础。但是，固定资产投资在建设周期内只能消耗社会产品、增加社会总需求，而不能增加社会总供给，因此如果社会固定资产投资规模过大则容易导致社会总供给和总需求失衡，成为引发通货膨胀的重要原因。对固定资产投资也要从实际出发进行分析，不仅要分析全年固定资产投资的规模是否适当，而且要分析固定资产投资结构是否合理。

固定资产投资的规模和结构不仅关系社会当前的运行状态，还会影响未来经济发展的前景和结构。而证券投资是对未来的投资，因此分析固定资产投资对证券投资的正确决策有特别意义。

▶ 6. 国际收支对证券市场的影响

国际收支分为国际收支顺差和国际收支逆差。当国际收支存在顺差时，提供出口产品的行业景气度高，企业效益也相对较好，公众的收入有较大的提高，证券市场的价格也能稳步上扬；当国际收支存在逆差时，一国商品出口受阻，提供这些产品的企业效益必然受到影响，上市公司发行的证券在市场必将遭到投资者的冷落，与这些企业有关联的上市公司也难以有良好表现，导致证券市场的价格下跌。如果一个国家长期收支逆差，外汇储备必然逐渐减少，用外汇购买进口原料、设备和技术的能力也逐渐降低，从而造成经济增长速度的下降，整个国民经济都会受国际收支逆差的影响而不景气，证券市场的表现就会不尽如人意。

▶ 7. 汇率对证券市场的影响

经济全球化、金融一体化的程度日益加深，金融市场之间的联动关系越来越紧密，在外汇市场和资本市场中占有重要地位的两个金融变量——汇率和证券市场价格，两者之间的内在关系越来越引起人们的密切关注。在当今各国经济关联度不断增强的情况下，一些不确定性风险会在全球范围内迅速扩散，影响世界各国特别是发展中国家的经济安全。

1) 经常项目下，汇率对股价的传导机制

汇率通过经常项目对股价的影响大体表现在两个方面。

(1) 货币运动通过经常项目余额（主要是贸易余额）的变动影响进出口上市公司的收益水平。当本币贬值时，会刺激出口，出口企业可以用不变的成本换回更多的外汇，国际竞争力增强，以出口为主的上市公司的效益增强，从而就会促使股价上涨。然而，本币贬值会对进口企业产生负面影响，因为本币贬值使得进口成本上升，减少了进口企业的盈利空间，盈利不如预期，导致股票市场价格下降。相反，若本币升值，出口企业实际兑换的收入减少，出口企业的国际竞争力会下降，盈利下降，导致股价下跌；进口企业进口成本下降，增大了获利空间，导致股价上涨。汇率变化对进出口上市公司的影响需要结合本国的对外贸易比重、进出口结构和贸易余额的方向与大小来分析。

(2) 汇率变动通过贸易余额改变股票市场的货币供应量，从而对股票市场的资金供求产生影响。若本国贸易顺差，外汇供应量增加，外汇汇率下降，本币升值，外汇占款增加了流动性，资本市场（包括股票市场）资金充裕，导致股票市场价格上涨；相反，若本国贸易逆差，外汇供应量减少，本币贬值，货币供应量由于外汇的减少而减少，市场缺少资金，股票市场价格难以维持，表现为下跌。

2) 资本项目下，汇率对股价的传导机制

货币运动通过资本账户对股市的影响要视具体情况而定，需要考虑本国资本项目开放程度及本国股市是否对外开放。对于一个资本项目完全开放、本国股市也对外开放的国家，货币运动会直接而明显地影响资本市场的价格。货币运动体现的是资本性，即有投资和回报的要求。根据外国资本流入对象的不同，可以分为直接投资和间接投资。直接投资的货币持有人看重的是本国经济的长期向好，将货币投放到实体经济中去，如建造企业、房地产开发（区别于投资性房地产）等；而间接投资的货币持有人并不特别重视本国经济长期发展状况，寻求在短期内得到资本最大程度地利用而获得资本增值，通常会投资于一些能够在较短时间内变现的金融资产，如证券、投资性房地产（区别于房地产开发）。当本国货币处于强势，即趋于升值，而且这种趋势是预期中或正在发展中，为寻求升值带来保值与增值利益的外国货币就会流入。大量的短期资本选择间接投资的方式，将资金投入股市和投资性房地产市场，货币的流动性对股市产生直接影响，在本国的股票没有相应增加供给的情况下，供需不平衡会引起股价短时间内有很大的上涨。而当本国的货币趋于贬值，而且这种趋势是预期中或正在发展中，货币运动倾向于转换为外汇，以期获得外币升值的好处或避免本币贬值的损失，这时资本市场的资金撤离，表现为股票价格和房地产价格的下降。

▶ 8. 国际金融市场环境对证券市场的影响分析

国际金融市场主要以美国道琼斯指数为代表，美国、德国和法国的大盘指数基本同步，我国的证券市场与国际市场有时同步，有时不同步。例如，2008年我国的A股证券市场和美国证券市场基本同步，都有较深的跌幅，但是，2011年美国道琼斯指数的年线收涨，我国的A股证券市场却有21%左右的跌幅。这种现象的产生是因为我国证券市场的不完善，尤其制度的不完善所导致。实际上，国际金融市场对我国证券市场仍有一定的影响，主要通过以下两种途径。

（1）与我国证券市场相比，国际金融市场能较好地反映国际宏观经济形势的变化，国际金融市场的动荡将影响我国的出口经济，从而影响我国的证券市场。

（2）国际金融市场的变化将影响境外投资者如QFII等，尤其对我国B股证券市场影响较大。因为B股证券市场的投资者大部分是境外投资者，所以国际金融市场的动荡通过影响境外投资者的投资行为，如境外投资者调整原有投资组合、改变投资方向、套现资金等，从而对我国B股证券市场产生影响。例如，我国A股证券市场在2011年12月下跌的一个主要原因就是海外投资者做空中国概念股，引发B股证券市场下跌，进而导致整个证券市场下跌。

1.3 宏观经济政策分析

1.3.1 宏观经济政策的主要类型

▶ 1. 货币政策

货币政策是指通过控制货币的供应量而影响宏观经济的政策。凡是能使货币供应量增加的货币政策称为扩张性货币政策；凡是能使货币供应量减少的货币政策称为紧缩性货币政策。货币政策的操作工具主要有法定存款准备金率、再贴现利率和公开市场业务等。

法定存款准备金率是指金融机构为保证客户提取存款和资金清算需要而准备的资金占其存款总额的比例。这个比例越高，银行吸收的存款中可用于发放贷款的资金就越少，从而达到通过控制法定存款准备金率来间接调控货币供应量的目的。

再贴现是指商业银行将通过贴现持有的未到期的各类票据向中央银行申请贴现，以取得中央银行的短期贷款。中央银行通过调整对商业银行的再贴现利率，调节市场利率和货币供应总量。

公开市场业务是指中央银行利用在公开市场上买卖有价证券的方法，向金融系统投入或回笼资金来调节信用规模、货币供给量和利率。

▶ 2. 财政政策

财政政策是政府为实现一定时期的宏观调控目标而制定的运用财政工具的方针、行为准则、方式和方法的总称。财政政策通过政府财政工作和处理国家财政关系发挥其调节宏观经济的职能。凡是能使政府支出增加和税收减少，从而增加社会需求的财政政策称为扩张性的财政政策；凡是能使政府支出减少和税收增加，从而减少社会需求的财政政策称为紧缩性的财政政策。

财政收支包括财政收入和财政支出两个方面。财政收入是国家为了保证实现政府职能的需要，通过税收等渠道集中起来的公共性资金收入。财政收入的主要来源是税收，税收的增加或减少一方面取决于征税范围和税率的高低；另一方面取决于国民经济的发展水平。因此，财政收入的状况反映了宏观经济运行的状况，同时财政收入与企业和居民个人或家庭可支配收入形成此消彼长的关系。在经济发展水平和宏观经济运行状况一定的情况下，财政收入增加，势必引起企业和居民个人或家庭可支配收入的减少；反之，财政收入减少，企业和居民个人或家庭可支配收入则增加。财政支出则是为满足政府执行职能的需要而使用的财政资金。财政支出可分为两部分：一是经常性支出，包括政府的日常性支出、公共消费产品的购买、经常性转移等；二是资本性支出，即政府的公共性投资支出，包括政府在基础设施上的投资、环境改善方面的投资，以及政府储备物资的购买等。财政支出中经常性支出和资本性支出的变化对国内市场的总供需会产生完全不同的影响。

在财政收支平衡的条件下，财政支出的总量并不能扩大和缩小总需求，但财政支出结构的变动会改变消费需求和投资需求的结构。经常性支出的扩大不仅会扩大个人消费需求，还会扩大对公共物品的消费需求。资本性支出的扩大则会扩大投资需求。在财政支出总量不变的条件下，经常性支出和资本性支出是此消彼长的关系，扩大了消费，投资必然会减少；反之，增加了投资，就必然会缩减消费。因此，适当调整财政的支出结构就能使需求结构发生显著的变化。

▶ 3. 产业政策

产业政策的主要内容包括相关产业的一般基础设施政策、相关产业之间的资源分配政策、相关产业的组织政策等。产业政策主要通过财政政策和货币政策的传导，实现其对证券市场的影响。

国家重点、优先扶持的产业往往是国民经济的"瓶颈"产业。在产业政策的支持下，"瓶颈"产业的快速发展对整个经济结构的改善、国民经济重大比例关系的协调、国民经济长期持续稳定的发展具有重要意义。国民经济的长期良性运转会促进证券市场的有序运行。

1.3.2 宏观经济政策对证券市场的影响

▶ 1. 货币政策对证券市场的影响

中央银行实施的货币政策对证券市场的影响主要通过利率的变动与货币供给量的变动来实现，而影响货币供给量的因素有存款准备金率、公开市场业务和再贴现政策。

1) 利率变动对证券市场的影响

理论股价等于股息除以利息率。利率下降时，股票价格就上升；而利率上升时，股票价格就下降。这主要有两方面的原因：一方面，利率水平的变动直接影响公司的融资成本。利率降低，可以通过减少公司的利息负担以降低财务费用，直接增加公司盈利，这对于负债较多的公司尤为有利，因此会促进股票价格上涨；而利率升高，公司筹资成本也高，利息负担重，使财务费用增加，造成公司利润下降，导致股价下跌。另一方面，利率变化对于社会存量资金及其结构起到很强的调控作用。利率降低，资金储蓄意愿减弱，会使部分资金从储蓄转向证券市场，从而推高股票价格；反之，若利率上升，一部分资金将会从证券市场转向银行存款，致使股价下降。近年来，我国基准利率调整对股票市场走势的影响如表1-3所示。

表1-3 基准利率调整对股票市场走势的影响

次数	调整时间	调整内容		公布次日股市表现（沪指）
		一年期存款基准利率	一年期贷款基准利率	
1	2006年8月19日	上调0.27%	上调0.27%	涨0.20%
2	2007年3月18日	上调0.27%	上调0.27%	涨2.87%
3	2007年5月19日	上调0.27%	上调0.18%	涨1.04%
4	2007年7月20日	上调0.27%	上调0.27%	涨3.81%
5	2007年8月22日	上调0.27%	上调0.18%	涨1.49%
6	2007年9月15日	上调0.27%	上调0.27%	涨2.06%
7	2007年12月20日	上调0.27%	上调0.18%	涨1.15%
8	2008年9月16日	下调0.27%	下调0.27%	跌2.90%
9	2008年10月9日	下调0.27%	下调0.27%	跌3.57%
10	2008年10月30日	下调0.27%	下调0.27%	涨2.55%
11	2008年11月26日	下调1.08%	下调1.08%	涨1.05%
12	2008年12月22日	下调0.27%	下调0.27%	跌4.55%
13	2010年10月19日	上调0.25%	上调0.25%	涨0.07%
14	2010年12月25日	上调0.25%	上调0.25%	跌1.90%
15	2011年2月08日	上调0.25%	上调0.25%	跌0.89%
16	2011年4月5日	上调0.25%	上调0.25%	涨1.14%
17	2011年7月6日	上调0.25%	上调0.25%	跌0.58%

续表

次数	调整时间	调整内容		公布次日股市表现（沪指）
		一年期存款基准利率	一年期贷款基准利率	
18	2012年6月8日	下调0.25%	下调0.25%	涨1.07%
19	2012年7月6日	下调0.25%	下调0.31%	跌2.34%
20	2014年11月22日	下调0.25%	下调0.40%	涨1.85%
21	2015年3月1日	下调0.25%	下调0.25%	涨0.79%
22	2015年5月11日	下调0.25%	下调0.25%	涨3.04%
23	2015年6月28日	下调0.25%	下调0.25%	跌3.34%
24	2015年8月26日	下调0.25%	下调0.25%	跌1.27%
25	2015年10月24日	下调0.25%	下调0.25%	涨0.50%

从财务杠杆的角度来看，负债成本率与资产收益率的相对高低非常重要，只有资产收益率高于负债成本率，上市公司才能增加股东财富。所以，高负债率、高资产收益率的上市公司股东财富增长最快，低负债率、高资产收益率的上市公司股东财富增长较快，低负债率、低资产收益率的上市公司股东财富增长较慢，高负债率、低资产收益率的上市公司股东财富增长最慢。

上市公司的资产收益率是高还是低，标尺应该是贷款利率。一旦加息，部分上市公司的负债对每股收益的贡献将由正变负，所以特别要注意加息对高负债率、低资产收益率行业的影响，这类行业主要有批发和零售、综合类、造纸与印刷、传播与文化等。

对于加息，上市公司同样需要一个适应过程，也就是说，上市公司对于短期的债务成本只能承受，长期的债务成本能否消化也取决于上市公司的自身偿债能力。所以，要关注加息给上市公司带来的短期刚性成本的财务比率，其中之一就是流动比率。数据显示，加息给石化、造纸、社会服务等行业带来的压力较小，而对采掘、房地产等行业的影响较大。

尽管加息主要通过提高供给方的财务成本而降低上市公司的盈利能力，但加息对消费和需求的影响也不可忽视，特别是那些有信贷消费的大宗消费品行业，如房地产、汽车等。加息会提高消费成本，对总需求有一定的抑制作用，而且信贷消费资金对贷款利率的敏感度比自有消费资金对存款利率的敏感度更高，可见加息对信贷消费资金比对自有消费资金的影响要大得多。房地产企业对加息预期的反应最为敏感，一旦加息，将使房地产企业财务费用上升，销量减少，最终降低业绩并影响股价。

2）存款准备金率变动对证券市场的影响

存款准备金率作为三大传统货币政策之一，通常被认为是比较猛烈的货币政策手段。中央银行可以通过调整法定存款准备金率调节货币供应量，从而影响货币市场和资本市场的资金供求，进而影响证券市场。如果中央银行提高法定存款准备金率，这在很大程度上限制了商业银行体系创造派生存款的能力，就等于冻结了一部分商业银行的超额准备，由于法定存款准备金率对应数额庞大的存款总量，并通过货币乘数的作用，使货币供应量大幅地减少，证券行情趋于下跌。近年来，我国存款准备金率调整对证券市场的影响如表1-4所示。

表 1-4 存款准备金率调整对证券市场的影响

公布日期	生效日期	大型金融机构			消息公布次日指数涨跌	
		调整前	调整后	调整幅度	上证指数	深成指数
2016年2月29日	2016年3月1日	17.00%	16.50%	−0.50%	1.68%	2.47%
2015年10月23日	2015年10月24日	17.50%	17.00%	−0.50%	0.50%	0.73%
2015年8月25日	2015年9月6日	18.00%	17.50%	−0.50%	−1.27%	−2.92%
2015年6月27日	2015年6月28日	18.50%	18.00%	−0.50%	−3.34%	−5.78%
2015年4月19日	2015年4月20日	19.50%	18.50%	−1.00%	−1.64%	−1.96%
2015年2月4日	2015年2月5日	20.00%	19.50%	−0.50%	−1.18%	−0.46%
2012年5月12日	2012年5月18日	20.50%	20.00%	−0.50%	−0.25%	−1.16%
2012年2月18日	2012年2月24日	21.00%	20.50%	−0.50%	0.27%	0.01%
2011年11月30日	2011年12月5日	21.50%	21.00%	−0.50%	2.29%	2.32%
2011年6月14日	2011年6月20日	21.00%	21.50%	0.50%	−0.90%	−0.99%
2011年5月12日	2011年5月18日	20.50%	21.00%	0.50%	0.95%	0.70%
2011年4月17日	2011年4月21日	20.00%	20.50%	0.50%	0.22%	0.27%
2011年3月18日	2011年3月25日	19.50%	20.00%	0.50%	0.08%	−0.62%
2011年2月18日	2011年2月24日	19.00%	19.50%	0.50%	1.12%	2.06%
2011年1月14日	2011年1月20日	18.50%	19.00%	0.50%	−3.03%	−4.55%
2010年12月10日	2010年12月20日	18.00%	18.50%	0.50%	2.88%	3.57%
2010年11月19日	2010年11月29日	17.50%	18.00%	0.50%	−0.15%	0.06%
2010年11月9日	2010年11月16日	17.00%	17.50%	0.50%	1.04%	−0.15%
2010年5月2日	2010年5月10日	16.50%	17.00%	0.50%	−1.23%	−1.81%
2010年2月12日	2010年2月25日	16.00%	16.50%	0.50%	−0.49%	−0.74%
2010年1月12日	2010年1月18日	15.50%	16.00%	0.50%	−3.09%	−2.73%
2008年12月22日	2008年12月25日	16.00%	15.50%	−0.50%	−4.55%	−4.69%
2008年11月26日	2008年12月5日	17.00%	16.00%	−1.00%	1.05%	4.04%
2008年10月8日	2008年10月15日	17.50%	17.00%	−0.50%	−0.84%	−2.40%
2008年9月15日	2008年9月25日	17.50%	17.50%	0.00%	−4.47%	−0.89%
2008年6月7日	2008年6月25日	16.50%	17.50%	1.00%	−7.73%	−8.25%
2008年5月12日	2008年5月20日	16.00%	16.50%	0.50%	−1.84%	−0.70%
2008年4月16日	2008年4月25日	15.50%	16.00%	0.50%	−2.09%	−3.37%
2008年3月18日	2008年3月25日	15.00%	15.50%	0.50%	2.53%	4.45%
2008年1月16日	2008年1月25日	14.50%	15.00%	0.50%	−2.63%	−2.41%

续表

公布日期	生效日期	大型金融机构			消息公布次日指数涨跌	
		调整前	调整后	调整幅度	上证指数	深成指数
2007年12月8日	2007年12月25日	13.50%	14.50%	1.00%	1.38%	2.07%
2007年11月10日	2007年11月26日	13.00%	13.50%	0.50%	−2.40%	−0.55%
2007年10月13日	2007年10月25日	12.50%	13.00%	0.50%	2.15%	−0.24%
2007年9月6日	2007年9月25日	12.00%	12.50%	0.50%	−2.16%	−2.21%
2007年7月30日	2007年8月15日	11.50%	12.00%	0.50%	0.68%	0.92%
2007年5月18日	2007年6月5日	11.00%	11.50%	0.50%	1.04%	1.40%
2007年4月29日	2007年5月15日	10.50%	11.00%	0.50%	2.16%	1.66%
2007年4月5日	2007年4月16日	10.00%	10.50%	0.50%	0.13%	1.17%
2007年2月16日	2007年2月25日	9.50%	10.00%	0.50%	1.41%	0.19%

调整存款准备金率对货币量和信贷量的影响要通过商业银行的辗转存、贷，逐级递推而实现，成效较慢，时滞较长，对证券市场的短期影响较小。从长期来看，存款准备金率的变动对货币供应量的影响还是深远的。

3）公开市场业务对证券市场的影响

当政府实行较为宽松的货币政策时，中央银行就会通过公开市场业务大量购进有价证券，从而使市场上的货币供给量增加，导致机构投资者的投资热情高涨，推动证券价格上涨；反之，证券价格将下跌。但是由于公开市场业务每次操作的交易量对于证券市场而言显得微不足道，因此短期内难以产生直接的影响，更多地起到了引导市场利率的作用。

另外，公开市场业务对证券市场的影响还在于中央银行的公开市场业务的运作是直接以国债为操作对象，从而直接影响国债市场的供求变动，因此对于国债价格的影响要比股票价格的影响更加直接。2009年7月9日，央行重启一年央票。2011年，在适度宽松的货币政策下，央行公开市场操作逐渐减量，一年期央票从隔周发行到最终暂停发行，显示了央行不断放松回笼的趋势。2012年，已经停发7个多月之久的一年期央票重启则被认为是对于货币政策的微调发出了更加明确的信号。一年期央票的重新出笼表明央行的回笼力度在期限上和规模上都在加大，这也是央行加大资金回笼力度的一个标志。正是由于一年期央票的重启，当天从中债收益率曲线变化趋势来看，中债银行间固定利率国债收益率曲线各关键期限点利率平均上涨5.42个基点，其中，2年、3年及4年期分别上涨11.39个基点、17.56个基点、13.05个基点至1.365%、2.1618%、2.4142%；银行间固定利率政策性金融债收益率曲线各关键期限点利率平均上涨4.93个基点，其中，2年期上涨14.25个基点至2.1986%；央票各关键期限点利率平均上涨5.58个基点，其中，2年期和3年期分别上涨16.52个基点和15.02个基点至2.1409%和2.2%。其余固定利率债券收益率曲线中，短端利率也出现了大幅的上行，各中短期固定利率债券价格整体都出现了较大的跌幅。

4）再贴现政策对证券市场的影响

再贴现政策一般包括再贴现率的确定和再贴现的资格条件。中央银行对再贴现率的调整主要着眼于短期的政策效用。中央银行根据市场资金供求状况调整再贴现率，能够影响银行借入成本，进而影响商业银行对社会的信用量，达到调节货币供给总量的目的。在传导机制上，商业银行需要以较高的代价才能获得中央银行的贷款，便会提高对客户的贴现率或提高放款利率，其结果就会使得信用量收缩，市场货币供应量减少。中央银行对再贴现资格条件的调整则着眼于长期的政策效用，以发挥对某些行业或企业的抑制或扶持作用，并改变资金流向。

▶ **2. 财政政策对证券市场的影响**

1) 财政支出对证券市场的影响

政府扩大财政支出，加大财政赤字，可以扩大社会总需求，从而刺激投资，扩大就业。政府通过扩大公共支出增加商品和劳务需求，激励企业增加投入，提高产出水平，于是企业利润增加，经营风险降低，使得股票价格和债券价格上升。同时，居民在经济复苏中提高了收入，持有货币增加和经济复苏的趋势更增强了投资者信心，使证券市场和债券市场趋于活跃，价格自然上扬。特别是与政府购买和支出相关的企业将最先、最直接从财政政策中获益，有关企业的股票价格和债券价格将率先上涨。2010年，铁路概念股大涨的原因就是国家对铁路的巨大投资使得相关公司业绩预期大幅提升。财政收支出现巨额赤字时，如果过度使用此项政策，虽然进一步扩大了需求，但却增加了经济的不稳定因素，使通货膨胀加剧，物价上涨，有可能使投资者对经济的预期不乐观，反而造成股价下跌。例如，近几年希腊等国过度的财政赤字带来诸多问题，使得国家财政陷入债务危机，政局不稳，货币贬值，政府不得不压缩开支，使整个欧洲乃至全世界都受其影响，证券市场也出现多次大幅波动情况。

2) 税收对证券市场的影响

一般来讲，税征得越多，企业用于发展生产和发放股利的盈余资金越少，投资者用于购买股票的资金也越少，因此高税率会对股票投资产生消极影响，投资者的投资积极性也会下降；相反，低税率或适当地减免税则可以提高企业和个人的投资和消费水平，从而刺激生产发展和经济增长。

降低税率、扩大免税范围可以增加微观经济主体的收入，以刺激经济主体的投资需求，扩大社会供给，进而增加人们的收入，并同时增加了人们的投资需求和消费支出。人们收入的增加将直接引起证券市场价格的上涨，投资需求和消费支出的增加又会拉动社会总需求，而社会总需求又反过来刺激投资需求，从而使企业扩大生产规模，增加企业利润，利润的增加将刺激企业扩大生产规模的积极性，进一步提高利润总额，从而促进股票价格上涨。因市场需求活跃，企业经营环境改善，盈利能力增加，进而降低了还本付息风险，债券价格也将上扬。

2009年，由于受到全球经济危机的影响，我国外贸出口持续下滑。2009年1—4月，我国对外出口3 374.2亿美元，同比下降20.5%。2009年6月1日起，国家再次上调部分产品的出口退税率，涉及我国优势产品、劳动密集型产品、高技术含量产品和深加工产品共计2 600多个10位税号商品，此次上调出口退税率将增加退税资金约252亿元，相应的受益公司股票在证券市场上立刻出现了积极反应。

3) 国债对证券市场的影响

国债是国家按照有偿信用原则筹集财政资金的一种形式，同时也是实现政府财政政策，进行宏观调控的重要工具。国债可以调节国民收入的使用结构和产业结构，政府还可以通过发行国债调节资金供求和货币供应量。国债对股票市场具有不可忽视的影响。国债本身是构成证券市场上金融资产总量的一个重要部分，由于国债的信用程度高、风险水平低，如果国债的发行量较大，会使证券市场风险和收益的一般水平降低。国债收益率的升降变动严重影响其他证券的发行和价格，当国债收益率提高时，投资者就会把资金投入安全且收益高的国债上。因此，国债和股票是竞争性金融资产，当证券市场资金一定或增长有限时，过多的国债势必会影响股票的发行和交易量，导致股票价格的下跌。

为应对2007年的经济危机，美联储推出了两轮量化宽松措施，量化宽松主要是指中央银行在实行零利率或近似零利率政策后，通过购买国债等中长期债券，增加基础货币供给，向市场注入大量流动性的干预方式。受此消息影响，国际证券市场出现了大幅上涨。

4）财政补贴对证券市场的影响

财政补贴是国家财政通过对分配的干预，调节国民经济和社会生活的一种手段，目的是支持生产发展、调节供求关系、稳定市场物价、维护生产经营者或消费者的利益。财政补贴在一定时期内的适当运用有利于协调政治、经济和社会中出现的利益矛盾，能够起到稳定物价、保护生产经营者和消费者的利益、维护社会安定，促进有计划的商品经济发展的积极作用。但是，价格补贴范围过广、项目过多也会带来弊端：它会使价格关系扭曲，掩盖各类商品之间的真实比价关系；加剧财政困难，削弱国家的宏观调控能力；给以按劳分配为原则的工资制度改革带来不利影响；不利于控制消费、减少浪费和提高经济效益。

财政补贴是一种转移性支出。从政府的角度来看，支付是无偿的；从领取补贴者的角度来看，意味着实际收入的增加，经济状况较之前有所改善。

财政补贴与相对价格的变动联系在一起，它能够改变资源配置结构、供给结构和需求结构等。我国现行的财政补贴主要包括价格补贴、企业亏损补贴等，补贴的对象是国有企业和居民等，补贴的范围涉及工业、农业、商业、交通运输业、建筑业、外贸等国民经济各部门，生产、流通、消费各环节，以及居民生活各方面。财政补贴往往使财政支出扩大，其政策效应是扩大社会总需求和刺激供给增加，从而使整个证券市场的总体价格水平趋于上涨。

▶ 3. 产业政策对证券市场的影响

国家在实施产业政策时，对需要重点支持的产业往往配合财政政策和货币政策给予重点扶持。受国家产业政策倾斜的产业将会有长足的进步，与这些产业相关的企业会具有长久的生命力，其股票价格将会进入长期上升通道。即使在紧缩性的财政、货币政策下，国家优先和重点发展的产业，仍会得到税收、利率、贷款条件、财政补贴等方面的优惠。与这些产业相关的企业在经济衰退时期也会保持一定的利润水平，而且有良好的发展前景，其股票投资风险大大降低，这会增大投资者对股票投资的积极性，从而带动股票市场价格的上扬。国家限制发展的产业则相反，在长时期内其股价上涨会遇到巨大阻力。

1.4 宏观经济分析应注意的问题

1.4.1 证券市场走势与宏观经济走势并非完全同步

宏观经济走势影响证券市场价格的变动，但宏观经济走势与证券市场的变动周期不是完全同步的。2002年10月，有两个数据在中国证券业界受到广泛关注：一个数据是2002年前三个季度中国国内生产总值同比增长7.9%；另一个数据是2002年1—10月上证指数跌幅达到7.9%。一正一负，证券市场走势与宏观经济走势相互背离，让投资者感到困惑。实际上，无论是证券市场还是宏观经济，都存在各自周期性变化的特征。

经济周期是根本，经济从衰退、萧条、复苏到高涨的周期性变化，是形成证券市场牛熊周期性转换的最基本的原因。股市是国民经济的晴雨表，但这并不代表两个周期是完全同步的。作为一个相对独立的市场，证券市场的波动也存在自身特有的规律，从而造成了证券市场周期与经济周期不同步，甚至背离的现象。最典型的是2001年秋到2005年夏，中国经济高速发展，而中国股市却疯狂暴跌，这主要是由股权分置改革造成的。

2000年，长中短三大周期同时见底，因此全球经济此后走出了一波大的增长，而对应的证券市场和大宗商品也纷纷出现牛市，不过两者并不是线性关系，尤其在我国这样一个不完善的新兴市场里。例如，2003年和2004年经济增长比较可观，而股市却一路走熊。在根据宏观经济周期判断证券市场走势时还要考虑其他影响因素。

1.4.2 证券市场走势背离宏观经济面的原因

我国证券市场投资者有一个老问题：A股走势为何总是与我国宏观经济面相背离？这个问题已成为国内外市场热议的一个话题。我国出现"经济热"与"股市冷"不同步现象的原因如下。

▶ 1. 供求关系失衡

A股市场内部经常出现供求关系失衡，导致资金面（场内外流动性）取代宏观经济面成为影响A股走势的重要因素。回望A股市场的发展历程可以发现，A股市场一旦出现供求关系失衡，A股走势往往会呈现下跌趋势。究其原因是股票供给持续保持高位，影响A股市场的供求关系，场内存量的流动性难以承接持续增长的融资压力，这是导致A股走势表现屡屡欠佳的主要原因之一。

▶ 2. 市场交易行为的趋同性操作

A股走势在一定程度上是市场交易行为的趋同性操作结果，不完全是由宏观经济面因素所导致。趋势投资往往会根据市场趋势的变化进行交易，特别是根据包括产业、区域发展等在内的宏观政策面调整的预期变化进行交易。但是趋势投资往往忽略了宏观政策面调整对宏观经济面实质变化的价值投资内涵，却更关注宏观政策面调整引发的交易性机会。这种宏观冲击的交易模式或者说趋势投资"试错—纠错"的交易行为，加剧了A股市场的震荡与波动，也促使A股投资者更加关注宏观政策面调整带来的结构性交易机会，而不是关心宏观经济面本身变化可能带来的价值投资机会。当趋势投资而非价值投资占据A股市场主流地位时，根据宏观政策面变动而非宏观经济面变化进行股票交易，成为当今A股市场的一大主要交易特征，这也是导致A股走势偏离宏观经济面的直接原因之一。

本章小结

本章属于证券投资基本分析之一,介绍了宏观经济分析的意义和方法。宏观经济分析主要从宏观经济运行和宏观经济政策两个方面入手。宏观经济运行的指标有GDP、CPI、PPI、PMI、固定资产投资、全社会用电量、失业率、国际收支、汇率等,宏观经济政策主要有货币政策、财政政策和产业政策等。一般而言,宏观经济运行向好时证券市场走势向好,宏观经济运行不佳时证券市场走势疲弱;积极的宏观经济政策能够促使证券市场良性上涨,而紧缩的宏观经济政策会造成证券市场下跌。通过本章的学习,能够通过宏观经济分析预测证券市场的未来走势,能够区分证券市场走势背离宏观经济的因素。

本章练习

一、填空题

1. 国民经济运行常表现为收缩与扩张的周期性交替,每个周期可分为_____、_____、_____和_____四个阶段。
2. 利率水平的变动直接影响到公司的_____。
3. 全社会用电量=_____+_____+_____+居民生活电量。
4. 调整_____对货币量和信贷量的影响要通过商业银行的辗转存、贷,逐级递推而实现,成效较慢,时滞较长。
5. 在通货膨胀水平较高时,证券市场实际收益率与通货膨胀水平呈显著的_____。

二、单项选择题

1. 货币供应量与股票价格一般是呈( )关系。
 A. 正相关　　　　B. 负相关　　　　C. 双向影响　　　　D. 没有关系
2. 简单来说,市场普遍的观点是本币的升值会导致股市( )。
 A. 暴跌　　　　　B. 上涨　　　　　C. 横盘　　　　　　D. 宽幅震荡
3. PMI常以( )作为经济强弱的分界点。
 A. 100%　　　　B. 60%　　　　　C. 40%　　　　　　D. 50%
4. 在经济周期处于上升阶段或提高居民收入的政策作用下,居民收入水平将在一定程度上( )消费需求,从而增加相应企业的经济效益。
 A. 拉动　　　　　B. 抑制　　　　　C. 限制　　　　　　D. 延后
5. 宏观经济走势影响股价变动,但宏观经济走势与证券市场的变动周期( )。
 A. 完全同步　　　B. 完全相反　　　C. 不是完全同步　　D. 不能确定

三、多项选择题

1. 常用的宏观经济考察指标包括( )。
 A. GDP总量和增长率　　　　　　　B. 通货膨胀率
 C. PMI　　　　　　　　　　　　　D. 全社会用电量
2. 国家调控经济主要通过( )。
 A. 货币政策　　　B. 财政政策　　　C. 银行政策　　　　D. 环保政策

3. 积极型或者扩张型的财政政策包括（   ）。
A. 减少税收，降低税率，扩大减免税范围   B. 扩大财政支出，加大财政赤字
C. 大幅降低利率   D. 增加税收

4. 汇率对股价的影响途径可以分为（   ）两个方面。
A. 货币运动通过经常项目余额（主要是贸易余额）的变动影响进出口上市公司的收益水平
B. 汇率波动导致资金流入汇市
C. 汇率波动导致资金流入银行
D. 汇率变动通过贸易余额改变股票市场的货币供应量，从而对股票市场的资金供求产生影响

5. 人民币升值利好的行业有（   ）。
A. 百货   B. 纺织   C. 航空   D. 石化

6. 通货膨胀条件下的投资策略有（   ）。
A. 资源类股票   B. 粮食
C. 日用商品流通零售类板块   D. 存银行

四、简答题

1. 简述存款准备金率变化对证券市场的影响。
2. 积极的财政政策对证券市场有什么影响？
3. 通货膨胀如何影响证券市场的运行？
4. 失业率在宏观经济分析中的意义是什么？

第2章
证券投资的行业分析

知识目标

1. 理解行业的含义和各种划分行业的方法；
2. 掌握行业的市场结构、竞争结构、经济周期、生命周期等一般特征分析；
3. 了解影响行业兴衰的主要因素。

技能目标

1. 能够帮助客户进行证券市场的基本行业分析，掌握各个行业的特点及行业分析基本知识；
2. 初步具备分析证券市场中各种行业的能力和技能。

案例导入

我该买什么行业的股票？

小王在一家知名的证券公司工作。一天，她遇到一位客户前来寻求帮助，咨询购买股票的行业选择问题。这位客户看好华远地产（600743）的股票，当时价位才3.80元，该公司的董事长又是我国的知名人物任志强。

小王从中国当前现状分析了华远地产属于地产行业，而该行业的行业生命周期已处于成熟期的末段，所以建议该客户优先选择行业生命周期处于幼稚期，尤其是处于成长期初期的股票，如国家重点扶持的节能环保、新兴信息产业、生物产业、新能源、新能源汽车、高端装备制造业和新材料七大新兴产业的股票。

这位客户高兴地听从了小王的建议，买了新材料稀土股票中科三环（000970），果然挣了大钱。

2.1 行业分析概述

2.1.1 行业的含义和行业分析的意义

▶ 1. 行业的含义

行业是指从事国民经济中同性质的生产或其他经济社会活动的经营单位和个体等构成的组织结构体系,如银行业、林业、汽车业等。

严格来说,行业与产业是有区别的,主要体现在范围不同,即行业的范围大,产业的范围小。产业作为经济学的专门术语,有着严格的使用条件。产业的构成一般有三个特点:①规模性,即产业的企业数量、产品或服务的产出量达到一定规模;②职业化,即形成了专门从事这一产业活动的职业人员;③社会功能性,即该产业在社会经济活动中承担一定的角色,而且是不可或缺的。行业虽然也拥有职业人员,也具有特定的社会功能,但一般没有规模上的约定,例如,国家机关和党政行业就不构成一个产业。判断一个行业是否是一个产业,还要看其组成单位是否盈利,如果盈利,则是产业;如果不盈利,则不是产业。例如,教育在我国应属于行业,而非产业。

在国外,行业与产业均是 industry,两者并没有多大的区别。在证券业内,一直约定俗成地把行业分析与产业分析视为同义语。

▶ 2. 行业分析的意义

行业分析可以解释行业本身所处的发展阶段及其在国民经济中的地位,分析影响行业发展的各种因素并判断这些因素对行业影响的力度,预测并引导行业的未来发展趋势,判断行业投资价值,揭示行业投资风险,从而为政府部门、投资者及其他机构提供决策依据或投资依据。

行业经济是宏观经济的构成部分,宏观经济活动是行业经济活动的总和。宏观经济分析主要分析了社会经济的总体状况,但没有对社会经济的各个组成部分进行具体分析。宏观经济的发展水平和增长速度反映了各行业经济的平均水平和速度,但各行业之间却有很大的差别。

从证券投资分析的角度来看,宏观经济分析是为了了解证券投资的宏观环境,把握证券市场的总体趋势,但宏观经济分析并不能提供具体的投资领域和投资对象的建议,此时,深入的行业分析及公司分析就显得格外重要。行业分析又是公司分析的前提,行业有自己特定的生命周期。处在生命周期不同发展阶段的行业,其投资价值也不一样,公司的投资价值会由于所处行业的不同而有明显差异。可见,行业是决定公司投资价值的重要因素之一。

2.1.2 行业划分的方法

▶ 1. 道琼斯分类法

道琼斯分类法将行业划分为三类:工业、运输业和公用事业。

(1)工业,包括采掘业、制造业、商业;

(2)运输业,包括航空业、铁路、汽车运输与航运业;

(3) 公用事业,包括电话公司、煤气公司、电力公司等。

▶ 2. 标准行业分类法

为了便于汇总和对比各国的统计资料,联合国经济和社会事务统计局制定了《全部经济活动国际标准行业分类》(以下简称《国际标准行业分类》),建议各国采用。它把国民经济划分为 10 个门类,对每个门类再划分大类、中类、小类,以制造业门类为例,其分类如表 2-1 所示。

表 2-1 标准行业分类(以制造业门类为例)

门　类	大　类	中　类	小　类
1	2	3	用 4 个数字代表(编码)
制造业	食品	食品业	屠宰
	饮料	饮料工业	
	烟草制造业	烟草加工业	

10 个门类包括:①农业、畜牧狩猎业、林业和渔业;②采矿业及土、石采掘业;③制造业;④电、煤气和水;⑤建筑业;⑥批发和零售业、饮食和旅馆业;⑦运输、仓储和邮电通信业;⑧金融、保险、房地产和工商服务业;⑨政府、社会和个人服务业;⑩其他。

▶ 3. 我国国民经济的行业分类

1985 年,我国国家统计局明确划分了三大产业。

(1) 第一产业:农业(包括林业、牧业、渔业)。

(2) 第二产业:工业(包括采掘业、制造业、自来水、电力、煤气)和建筑业。

(3) 第三产业:第一、二产业以外的各行业定义为第三产业,主要是指向社会提供各种各样劳务的服务性行业,具体包括交通运输业、仓储业、金融保险业、餐饮业、房地产业、社会服务业等。

《国民经济行业分类》国家标准于 1984 年首次发布,分别于 1994 年、2002 年、2011 年和 2017 年进行了修改,现行《国民经济行业分类》标准(GB/T4754—2017)将我国目前的行业结构划分为 20 个门类、97 个大类、473 个中类、1380 个小类。20 个门类包括:A 农、林、牧、渔业;B 采矿业;C 制造业;D 电力、热力、燃气及水生产和供应业;E 建筑业;F 批发和零售业;G 交通运输、仓储和邮政业;H 住宿和餐饮业;I 信息传输、软件和信息技术服务业;J 金融业;K 房地产;L 租赁和商务服务业;M 科学研究和技术服务业;N 水利、环境和公共设施管理业;O 居民服务、修理和其他服务业;P 教育;Q 卫生和社会工作;R 文化、体育和娱乐业;S 公共管理、社会保障和社会组织;T 国际组织。

▶ 4. 我国上市公司的行业分类

我国证券市场建立之初,对上市公司没有统一的分类。例如,上海证券交易所将上市公司划分为 5 类:工业、商业、地产业、公用事业、综合;深圳证券交易所将上市公司划分为 6 类:工业、商业、地产业、公用事业、金融业、综合。

中国证监会于 2001 年 4 月 4 日公布了《上市公司行业分类指引》(以下简称《指引》),并于 2012 年进行了修订。《指引》是以《国民经济行业分类》(GB/T4754—2011)为主要依据,在借鉴《国际标准行业分类》等有关内容的基础上制定而成的。

1) 分类对象与适用范围

《指引》以在中国境内证券交易所挂牌交易的上市公司为基本分类对象,适用于证券期货监管系统对上市公司行业分类信息进行统计、评价、分析及其他相关工作,中国证监会另有规定的,适用其规定。各证券期货交易所、中国证券登记结算公司、中国证监会派出机构以及其他相关机构,向中国证监会报送统计数据所涉及的上市公司行业分类应符合《指引》的规定。市场机构基于投资分析的目的所使用的上市公司行业分类可参照《指引》规定的行业类别,但非强制使用。

2) 分类原则与方法

《指引》以上市公司营业收入等财务数据为主要分类标准和依据,所采用财务数据为经过会计师事务所审计并已公开披露的合并报表数据。当上市公司某类业务的营业收入比重大于或等于50%,则将其划入该业务相对应的行业。当上市公司没有一类业务的营业收入比重大于或等于50%,但某类业务的收入和利润均在所有业务中最高,而且均占到公司总收入和总利润的30%(含)以上,则该公司归属该业务对应的行业类别。不能按照上述分类方法确定行业归属的,由上市公司行业分类专家委员会根据公司实际经营状况判断公司行业归属;归属不明确的,划为综合类。

3) 编码方法

《指引》参照《国民经济行业分类》,将上市公司的经济活动分为门类、大类两级。与此对应,门类代码用字母A、B、C…依次表示;大类代码用两位阿拉伯数字表示,从01开始按顺序依次编码。

4) 管理机构及其职责

中国证监会统筹指导上市公司行业分类工作,负责制定、修改和完善《指引》,对《指引》及相关制度进行解释,对外发布上市公司行业分类结果。中国上市公司协会建立上市公司行业分类专家委员会(以下简称专家委员会),由有关部委、证券期货监管系统和证券经营机构的专家组成。专家委员会负责就上市公司行业分类制度的修订提出意见和建议,依据《指引》的相关规定和专业判断确定上市公司行业分类结果,向中国证监会报送上市公司行业分类结果,并向证券交易所、中证指数公司等相关机构通报上市公司行业分类结果。

5) 分类结构与代码(见表2-2)

表2-2 上市公司分类结构与代码

代码		类别名称
门类	大类	
A 农、林、牧、渔业	01	农业
	02	林业
	03	畜牧业
	04	渔业
	05	农、林、牧、渔服务业

续表

代码		类别名称
门类	大类	
B 采矿业	06	煤炭开采和洗选业
	07	石油和天然气开采业
	08	黑色金属矿采选业
	09	有色金属矿采选业
	10	非金属矿采选业
	11	开采辅助活动
	12	其他采矿业
C 制造业	13	农副食品加工业
	14	食品制造业
	15	酒、饮料和精制茶制造业
	16	烟草制品业
	17	纺织业
	18	纺织服装、服饰业
	19	皮革、毛皮、羽毛及其制品和制鞋业
	20	木材加工和木、竹、藤、棕、草制品业
	21	家具制造业
	22	造纸和纸制品业
	23	印刷和记录媒介复制业
	24	文教、工美、体育和娱乐用品制造业
	25	石油加工、炼焦和核燃料加工业
	26	化学原料和化学制品制造业
	27	医药制造业
	28	化学纤维制造业
	29	橡胶和塑料制品业
	30	非金属矿物制品业
	31	黑色金属冶炼和压延加工业
	32	有色金属冶炼和压延加工业
	33	金属制品业
	34	通用设备制造业
	35	专用设备制造业
	36	汽车制造业
	37	铁路、船舶、航空航天和其他运输设备制造业
	38	电气机械和器材制造业
	39	计算机、通信和其他电子设备制造业
	40	仪器仪表制造业
	41	其他制造业
	42	废弃资源综合利用业
	43	金属制品、机械和设备修理业

续表

代码		类别名称
门类	大类	
D 电力、热力、燃气及水生产和供应业	44	电力、热力生产和供应业
	45	燃气生产和供应业
	46	水的生产和供应业
E 建筑业	47	房屋建筑业
	48	土木工程建筑业
	49	建筑安装业
	50	建筑装饰和其他建筑业
F 批发和零售业	51	批发业
	52	零售业
G 交通运输、仓储和邮政业	53	铁路运输业
	54	道路运输业
	55	水上运输业
	56	航空运输业
	57	管道运输业
	58	装卸搬运和运输代理业
	59	仓储业
	60	邮政业
H 住宿和餐饮业	61	住宿业
	62	餐饮业
I 信息传输、软件和信息技术服务业	63	电信、广播电视和卫星传输服务
	64	互联网和相关服务
	65	软件和信息技术服务业
J 金融业	66	货币金融服务
	67	资本市场服务
	68	保险业
	69	其他金融业
K 房地产业	70	房地产业
L 租赁和商务服务业	71	租赁业
	72	商务服务业

续表

代码		类别名称
门类	大类	
M 科学研究和技术服务业	73	研究和试验发展
	74	专业技术服务业
	75	科技推广和应用服务业
N 水利、环境和公共设施管理业	76	水利管理业
	77	生态保护和环境治理业
	78	公共设施管理业
O 居民服务、修理和其他服务业	79	居民服务业
	80	机动车、电子产品和日用产品修理业
	81	其他服务业
P 教育	82	教育
Q 卫生和社会工作	83	卫生
	84	社会工作
R 文化、体育和娱乐业	85	新闻和出版业
	86	广播、电视、电影和影视录音制作业
	87	文化艺术业
	88	体育
	89	娱乐业
S 综合	90	综合

▶ 5. 上海证券交易所上市公司行业分类调整

2007 年，上海证券交易所与中证指数有限公司对上海证券交易所上市公司的行业划分做了调整，将上海证券交易所的上市公司分为十大行业：能源、原材料、工业、主要消费、可选消费、医药卫生、金融地产、信息技术、电信业务和公共事业。根据 2006 年 4 月 8 日生效的最新全球行业分类标准（GICS），对行业主要类别进行说明，上海证券交易所上市公司行业分类说明如表 2-3 所示。

表 2-3 上海证券交易所上市公司行业分类说明

行业名称	行业主要类别
能源	能源设备与服务、石油、天然气与消费用原料
原材料	化学制品、建筑材料、容器与包装、金属与采矿、纸类与林业产品
工业	航空航天与国防、建筑产品、建筑与工程、电器设备、工业集团企业、机械制造、贸易公司与经销商、商业服务与商业用品、航空货运与物流、航空公司、海运、公路与铁路、交通基本设施

续表

行业名称	行业主要类别
主要消费	食品与主要用品零售、饮料、食品、烟草、家常用品、个人用品
可选消费	汽车零配件、汽车,家庭耐用消费品、休闲设备与用品、纺织品、服装与奢侈品、酒店、餐饮与休闲,综合消费者服务、媒体、经销商、互联网与售货目录零售、多元化零售、专营零售
医药卫生	医疗保健设备与用品、医疗保健提供商与服务、医疗保健技术、生物科技、制药、生命科学工具和服务
金融地产	商业银行、互助储蓄银行与抵押信托、综合金融服务、消费信贷、资本市场、保险、房地产投资信托、房地产管理和开发
信息技术	互联网软件与服务、信息科技服务、软件、通信设备、计算机与外围设备、电子设备与仪器、办公电子设备、半导体产品与半导体设备
电信业务	综合电信服务、无线电信服务
公共事业	电力公用事业、燃气公用事业、复合型公用事业、水公用事业、独立电力生产商与能源贸易商

2.2 行业的一般特征分析

2.2.1 行业的市场结构分析

市场结构是市场竞争或垄断的程度。现实中,各行业的市场都是不同的,即存在不同的市场结构。

行业的市场结构可分为以下类型。

▶ 1. 完全竞争型市场

完全竞争型市场是指竞争不受任何阻碍和干扰的市场结构,特点如下。

(1) 生产者众多,各种生产资料可以完全流动。

(2) 不论是有形产品还是无形产品,都是同质的。

(3) 没有一个企业能影响产品价格,企业永远是价格的接受者而不是价格的制定者。

(4) 企业的盈利基本上由市场对产品的需求来决定。

(5) 生产者可自由进入或退出这个市场。

(6) 市场信息对买卖双方都是畅通的,生产者和消费者对市场情况非常了解。

▶ 2. 垄断竞争型市场

垄断竞争型市场是指既有垄断又有竞争的市场结构,特点如下。

(1) 生产者众多,各种生产资料可以流动。

(2) 生产的产品同种但不同质,即产品之间存在差异,这是垄断竞争和完全竞争的主要区别。产品的差异性是指各种产品之间存在实际或想象上的差异。

(3) 由于产品差异性的存在,生产者可以树立自己产品的信誉,从而对所生产产品的价格有一定的控制能力。

▶ 3. 寡头垄断型市场

寡头垄断型市场是指相对少量的生产者在某种产品的生产中占据很大市场份额,从而控制了这个行业的供给的市场结构,特点如下。

(1) 在寡头垄断型市场中,由于这些生产者生产某种产品的产量非常大,因此它们对市场的价格和交易具有一定的垄断能力。

(2) 由于只有少量的生产者生产同一种产品,因此每个生产者的定价政策和经营方式的变化都会对其他生产者产生重要的影响。

(3) 在寡头垄断型市场中,通常存在一个起领导作用的企业,其他企业随该企业定价政策和经营方式的变化而相应地进行某些调整。

▶ 4. 完全垄断型市场

完全垄断型市场是指独家企业生产某种特质产品的市场结构,特质产品是指那些没有或缺少相近的替代品的产品。完全垄断型市场的特点如下。

(1) 市场被独家企业所控制,其他企业不可以或不可能进入该行业。

(2) 产品没有或缺少相近的替代品。

(3) 垄断者能够根据市场的供需情况确定理想的价格和产量,在高价少销和低价多销之间进行选择,以获取最大的利润。

(4) 垄断者在制定产品的定价政策与产品生产数量方面的自由性是有限度的,要受到反垄断法和政府管制的约束。

2.2.2 行业的竞争结构分析

美国哈佛商学院教授迈克尔·波特认为,一个行业内存在五种基本力量,即潜在进入者、替代者、供方、需方及行业内现有竞争者,波特的行业竞争结构模型如图 2-1 所示。

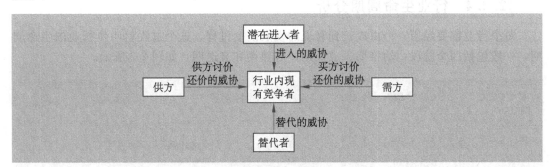

图 2-1 波特的行业竞争结构模型

从静态角度来看,这五种基本力量的状态及其综合强度决定着行业内的企业可能获得利润的最终潜力;从动态角度来看,这五种基本力量抗衡的结果共同决定行业的发展方向、行业竞争的强度,以及行业的活力。

但是,各种力量的强度是不同的,常常是最强的某个力量或某几个力量处于支配地位并起决定性的作用。例如,一个企业在某行业中处于极为有利的市场地位时,潜在进入者可能不会对它构成威胁。但如果它遇到了高质量、低成本的替代品的竞争时,可能会失去其有利的市场地位，只能获得较低的收益。有时，即使没有替代者和潜在进入者，行业内现有竞争者之间的激烈竞争也会限制该企业的潜在收益。

五种力量中，每种力量的优势都是行业结构或作为行业基础的经济特征和技术特征的一个函数。行业结构是相对稳定的，但又随行业的发展而变化，行业结构的变化改变了各竞争力量的相对强度，从而能够以积极或消极的方式影响行业的盈利能力。

2.2.3 经济周期与行业分析

各行业变动时，国民经济往往呈现出明显、可测的增长或衰退的格局，即行业变动与国民经济总体的周期变动是有关联的。根据行业变动与国民经济周期变动的关联程度，可以将行业分为三类。

▶ 1. 增长型行业

增长型行业的变动状态与国民经济的周期及振幅并不紧密相关。这些行业收入增长的速率并不会总是随着经济周期的变动而出现同步变动，因为它们主要依靠技术的进步、新产品推出及更优质的服务而经常呈现出增长形态。例如，在过去的几十年内，计算机和打印机行业就是典型的增长型行业。

▶ 2. 周期型行业

周期型行业的变动状态直接与经济周期相关。当经济处于上升时期，这些行业会紧随其扩张；当经济衰退时，这些行业也相应衰退。产生这种现象的原因是，当经济衰退时，对这些行业相关产品的购买被延迟到经济改善之后，如高端消费品、耐用品制造及其他收入弹性较高的行业。

▶ 3. 防守型行业

防守型行业变动状态的存在是因为其行业的产品需求相对稳定，并不受经济周期所处状态的影响。正因为如此，对防守型行业的投资便属于收入投资，而非资本利得投资。例如，食品业和公用事业属于防守型行业。

2.2.4 行业生命周期分析

每个行业都要经历一个由成长到衰退的发展演变过程，这个过程就叫作行业的生命周期，一般包括四个阶段：幼稚期、成长期、成熟期和衰退期，如图2-2所示。

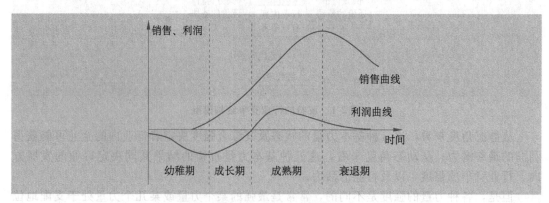

图 2-2 行业生命周期

▶ **1. 幼稚期**

一个行业的萌芽和形成，最基本和最重要的条件是人们的物质文化需求。人们的物质文化需求是行业经济活动的基本动力，资本的支持与资源的稳定供给是行业形成的基本保证。

行业的形成有以下三种方式。

（1）分化。分化是指新行业从原行业（母体）中分离出来，分解为一个独立的新行业。例如，电子行业从机械工业中分化出来，石化行业从石油工业中分化出来等。

（2）衍生。衍生是指出现与原有行业相关、相配套的行业。例如，汽车业衍生出来的汽车修理业，房地产业衍生出来的房地产咨询业等。

（3）新生长。新生长是指新行业以相对独立的方式进行，并不依附于原有行业。这种行业的产生往往是科学技术产生突破性进步的结果，经常萌芽于实验室或者科技园区，如生物医药、生物工程、海洋产业等。

在这一阶段，由于新行业刚刚诞生或初建不久，只有为数不多的投资公司投资于这个新兴的行业。另外，创业公司的研究和开发费用较高，而大众对其产品尚缺乏全面了解，致使产品的市场需求较小，销售收入较低，因此这些创业公司财务上可能不但没有盈利，反而出现较大亏损。

较高的产品成本和价格与较小的市场需求之间的矛盾使得创业公司面临很大的市场风险，而且还可能因财务困难而导致破产。

在幼稚期后期，随着行业生产技术的成熟、生产成本的降低和市场需求的扩大，新产业逐步由高风险、低收益的幼稚期迈入高风险、高收益的成长期。

▶ **2. 成长期**

行业的成长实际上就是行业的扩大再生产。各个行业成长的能力是有差异的，行业的成长能力主要体现在生产能力和规模的扩张能力、区域的横向渗透能力，以及自身组织结构的变革能力。

可以从以下几个方面判断一个行业的成长能力：①需求弹性。需求弹性高的行业成长能力较强。②生产技术。技术进步快的行业，创新能力强，生产率上升快，容易保持优势地位，其成长能力较强。③产业关联度。产业关联度高的行业成长能力较强。④市场容量与潜力。市场容量与潜力大的行业，其成长空间较大。⑤行业在空间的转移活动。行业在空间的转移活动停止，说明行业成长达到市场需求边界，成长期进入尾声。⑥行业组织变化活动。在行业成长过程中，一般伴随着行业中企业不断向集团化、大型化方向发展。

处于成长期的行业有以下特点。

（1）在成长期初期，企业的生产技术逐步成形，市场认可并接受了行业的产品，产品的销量迅速增长，市场逐步扩大，然而企业可能仍然处于亏损或者微利状态，需要外部资金注入以增加设备、人员，并着手下一代产品的开发。

（2）进入加速成长期后，企业的产品和劳务已为广大消费者接受，销售收入和利润开始加速增长，新的机会不断出现，但企业仍然需要大量资金来实现高速成长。这一时期，拥有较强研究开发实力、市场营销能力、雄厚资本实力和畅通融资渠道的企业逐渐占领市场。这个时期的行业增长非常迅猛，部分优势企业脱颖而出，投资于这些企业的投资者往往获得极高的投资回报，所以加速成长期有时被称为投资机会时期。

（3）在成长期后期，随着市场需求上升，新行业也随之繁荣起来。投资于新行业的企业大量增加，产品也逐步从单一、低质、高价向多样、优质和低价方向发展，出现了生产企业之间和产品之间相互竞争的局面。这种状态会持续数年或数十年，在此期间，市场竞争不断加剧、产品产量不断增加、生产企业的数量也不断增加。进入成长期后期，生产企业不仅需要依靠扩大产量和提高市场份额来获得竞争优势，同时还需要不断提高生产技术水平，降低成本，研制和开发新产品，从而战胜或紧跟竞争对手、维持企业的生存。

成长期企业的利润虽然增长很快，但所面临的竞争风险也非常大，破产率与被兼并率相当高。在市场竞争优胜劣汰规律的作用下，市场上生产企业的数量会在一个阶段后出现大幅减少，之后开始逐步稳定下来。由于市场需求趋向饱和，产品的销售增长率减慢，迅速赚取利润的机会减少，整个行业便开始进入成熟期。

▶ 3. 成熟期

成熟期包括技术的成熟、产品的成熟、生产工艺的成熟和产业组织的成熟。其中，技术的成熟即行业内普遍采用的是适用的且至少有一定先进性、稳定性的技术；产品的成熟是行业成熟的标志，即产品的基本性能、式样、功能、规格、结构都趋向成熟；产业组织的成熟即行业内企业间建立起良好的分工协作关系，市场竞争是有效的，市场运作规则合理、市场结构稳定。

行业的成熟期是一个相对较长的时期。具体来看，各个行业成熟期时间的长短有所区别。一般而言，技术含量高的行业成熟期持续时间相对较短，而公用事业行业成熟期持续时间相对较长。

处于成熟期的行业的主要特点有：①企业规模空前、地位显赫，产品普及程度高；②行业生产能力接近饱和，买方市场出现；③构成支柱产业地位，其生产要素份额、产值、利税份额在国民经济中占有一席之地。

通常在短期内很难识别一个行业何时真正进入成熟期。进入成熟期的行业市场已被少数资本雄厚、技术先进的大企业控制，各企业分别占有自己的市场份额，整个市场的生产布局和份额在相当长的时期内处于稳定状态。企业之间的竞争手段逐渐从价格手段转向各种非价格手段，如提高质量、改善性能和加强售后服务等。行业的利润由于一定程度的垄断达到了较高的水平，而风险却因市场结构比较稳定、新企业难以进入而降低。

在行业成熟期，行业增长速度下降到一个适度水平。在某些情况下，整个行业的增长可能会完全停止，其产出甚至下降，行业的发展很难较好地与国民生产总值保持同步增长。当然，由于技术创新、产业政策、经济全球化等各种原因，某些行业可能会在进入成熟期之后迎来新的增长。

▶ 4. 衰退期

行业的衰退是客观的必然，是行业经济新陈代谢的表现。

衰退期一般出现在较长的稳定期之后。由于大量替代品的出现，原行业产品的市场需求开始逐渐减少，产品的销售量也开始下降，某些企业开始向其他更有利可图的行业转移资金，因此原行业出现了企业数目减少、利润水平停滞不前或不断下降的萧条景象。至此，整个行业便进入了衰退期。

行业衰退可分为自然衰退和偶然衰退。自然衰退是一种自然状态下到来的衰退。偶然衰退是指在偶然的外部因素作用下，提前或者延后发生的衰退。

行业衰退还可以分为绝对衰退和相对衰退。绝对衰退是指行业本身内在的衰退规律起作用而发生的规模萎缩、功能衰退、产品老化。相对衰退是指行业因结构性原因或者无形原因引起行业地位和功能发生衰退，而并不一定是行业实体发生了绝对的萎缩。

在很多情况下，行业的衰退期往往比行业生命周期的其他三个阶段的总和还要长，大量的行业都是衰而不亡，甚至会与人类社会长期共存。例如，钢铁业、纺织业、烟草业在衰退，但是人们却看不到它们的消亡。

▶ 5. 一些典型的行业所处的生命周期及其投资策略

综上所述，在一个行业生命周期的不同阶段会表现出不同特点。针对处于不同行业生命周期的企业也有不同的投资策略，例如，处于成熟期行业的企业，基础稳定，盈利丰厚，投资风险相对较小。

（1）太阳能、某些遗传工程产品等行业正处于行业生命周期的幼稚期。如果计划在这些行业进行投资，可能只有为数不多的几家企业可供选择，同时投资于该行业的风险较大，当然，也存在获得较高收益的可能。投资者可以通过风险和收益的权衡来决定是否投资于该行业。

（2）电子信息（电子计算机及软件、通信）、生物医药等行业处于行业生命周期的成长期。其中，生物医药行业处于成长期的初期，无线通信行业处于成长期的中期，大规模计算机行业处于成长期的后期。由此便可初步判断，生物医药行业将会以很快的速度增长，但企业所面临的竞争风险也将不断增长；而大规模计算机行业在增长速度上要低于生物医药行业及无线通信行业，竞争风险相对较小。

（3）石油冶炼、超级市场和电力等行业已进入行业生命周期的成熟期。这些行业将会继续增长，但速度要比处于幼稚期和成长期的行业慢。处于行业成熟期的企业通常是盈利的，而且盈利水平比较稳定，投资的风险相对较小。

（4）煤炭开采、自行车、钟表等行业已进入衰退期。如果是长期投资，对这些行业的投资可能存在较大的不安全性。当然，随着技术进步、经济全球化等因素的变化，某些处于衰退期的行业可能还会重新焕发成长的生机。证券投资分析界所奉行的"没有夕阳的产业，只有夕阳的企业"的论断也正缘于此。

在具体判断某个行业所处的实际生命周期的时候，往往会从以下几个方面进行综合考察：①行业规模，"小→大→小"；②产出增长率，"高→低→负"；③利润率水平，"低→高→稳定→低→严重亏损"；④技术进步和技术成熟程度，"强增长→逐步衰退"和"低→高→老化"；⑤开工率，"开工充足→开工不足"；⑥从业人员的职业化水平和工资福利收入水平，"低→高→低"；⑦资本进退，"进→平衡→退"。

2.3 影响行业兴衰的主要因素

2.3.1 技术进步

▶ 1. 技术进步行业的特征

（1）以信息通信技术为核心的高新技术成为 21 世纪国家产业竞争力的决定性因素之一。

（2）信息技术的扩散与应用引起相关行业的技术革命，并加速改造着传统产业。

（3）研发活动的投入强度成为划分高技术群类和衡量产业竞争力的标尺。

（4）技术进步速度加快，周期明显缩短，产品更新换代频繁。

▶ 2. 技术进步对行业的影响

技术进步对行业的影响是巨大的,它往往催生了一个新的行业,同时迫使一个旧的行业加速进入衰退期。例如,电灯的出现极大地削减了对煤油灯的需求,蒸汽动力行业则被电力行业逐渐取代,喷气式飞机取代了螺旋桨飞机,大规模集成电路计算机则取代了一般的电子计算机,等等。技术进步行业的特征使得新兴行业能够很快超越并取代旧行业,或严重地威胁旧行业的生存。新兴行业将伴随新的技术创新而到来,处于技术尖端的基因技术、纳米技术、量子技术等将催生新的优势行业。

2.3.2 产业政策

政府对于行业的管理和调控主要是通过产业政策来实现的。产业政策是国家干预或参与经济的一种形式,是国家(政府)系统设计的有关产业发展的政策目标和政策措施的总和。产业政策包括产业结构政策、产业组织政策、产业技术政策、产业布局政策等,其中,产业结构政策和产业组织政策是产业政策的核心。

▶ 1. 产业结构政策

产业结构政策是选择行业发展重点的优先顺序的政策措施,其目标是使行业之间的关系更协调、社会资源配置更合理,使产业结构高级化。产业结构政策是一个政策系统,主要包括以下三方面。

(1) 产业结构长期构想,即根据现阶段发展水平和进一步发展的要求,遵循产业发展演变的规律,提出在较长一段时期内产业发展的目标和方向。

(2) 对战略产业的保护和扶植。对战略产业的保护政策和扶植政策是产业结构政策的重点,战略产业一般是指具有较高需求弹性和收入弹性,能够带动国民经济其他部门发展的产业。对战略产业的保护政策包括限制所保护的同类国外产品的进口,限制国外私人直接投资等;对战略产业的扶植政策主要包括财政政策、倾斜金融、倾斜税收及行政性干预等,其中,政府直接投资、差别税率、优惠税、保护性关税、补贴、折旧和成本控制等是比较常用的方式。

(3) 对衰退产业的调整和援助。对衰退产业的调整和援助主要包括限制进口、财政补贴、减免税等。对衰退产业及时进行调整和援助,有利于减少经济损失、避免社会动乱。

▶ 2. 产业组织政策

产业组织政策是调整市场结构和规范市场行为的政策,以"反对垄断、促进竞争、规范大型企业集团、扶持中小企业发展"为主要核心,其目的在于实现同一产业内企业组织形态和企业间关系的合理化。同一产业是指具有相同使用功能和替代功能的产品或劳务的集合。产业组织政策主要包括市场秩序政策、产业合理化政策和产业保护政策。

▶ 3. 产业技术政策

产业技术政策是促进产业技术进步的政策,是产业政策的重要组成部分,主要包括两方面的内容:产业技术结构的选择和技术发展政策,以及促进资源向技术开发领域投入的政策。

▶ 4. 产业布局政策

产业布局政策是产业存在和发展的空间形式。产业布局政策的目标是实现产业布局的合理化。产业布局政策一般遵循以下原则。

(1) 经济性原则,即保证那些投资效率高、经济效益好、发展速度快的地区优先发展。

(2) 合理性原则，即鼓励各地区根据自身资源、经济、技术条件，发展具有相对优势的产业。

(3) 协调性原则，即促进地区间的经济、技术交流，形成合理的分工协作体系。

(4) 平衡性原则，即在加快先进地区发展的同时，逐步缩小先进地区与落后地区的差距。

▶ 5. 我国目前的主要产业政策

我国比较系统地实行产业政策是20世纪80年代后半期。在此之前，产业政策的内容主要体现在国民经济发展计划之中。1988年，原国家发展计划委员会成立了产业政策司；1989年2月14日，国务院颁布了《中国产业政策大纲》，在文件中首次使用"产业政策"一词；1989年3月15日，国务院发布《关于当前产业政策要点的决定》，成为我国第一个正式的产业政策。90年代以后，我国产业政策工作逐步进入正轨，国家先后制定并颁布了一系列的产业政策、规划，如《90年代国家产业政策纲要》《90年代中国农业发展纲要》及汽车、电子等专项产业政策。

我国还针对具体产业制定了详细的产业政策，如《玻璃纤维行业准入条件》《钨、锡、锑行业准入条件》《水泥工业产业发展政策》《电解金属锰企业行业准入条件》《铜冶炼行业准入条件》《钢铁产业发展政策》《汽车产业发展政策》。

此外，在行业的管理和调控的不同时期，不少国家还采用立法的形式进一步保障产业政策的实现。美国的反垄断法是规范产业及产业组织的著名法律。美国政府曾先后制定了《谢尔曼反垄断法》(1890年)、《克雷顿反垄断法》(1914年)、《罗宾逊·帕特曼法》(1936年)等法律对行业的经济活动进行管理。《谢尔曼反垄断法》主要是保护贸易与商业免受非法限制与垄断的影响；《克雷顿反垄断法》主要是禁止可能导致行业竞争大大减弱或行业限制的一家公司持有其他公司股票的行为；《罗宾逊·帕特曼法》则规定了某些类型的价格歧视是非法的，应当取缔。

2010年，根据国务院下发的《关于加快培育和发展战略性新兴产业的决定》，节能环保、新一代信息技术、生物、高端装备制造、新能源、新材料、新能源汽车产业成为"十二五"规划重点发展的七大战略性新兴产业。这七大战略性新兴产业中，高端装备制造又主要分为五个部分：①航空：航空动力；②航天：中国卫星；③高速铁路：中国南车、中国北车；④海洋工程：中海油服、海油工程；⑤智能装备：远望谷、合康变频。

"十三五"国家战略性新兴产业领域的选择与"十二五"一脉相承，在前期发展的基础上根据科技创新前沿发展情况和经济社会发展的重大需求，整合创新为五大领域：新一代信息技术产业、生物产业、高端装备与新材料产业、数字创意产业、绿色低碳产业（新能源汽车、新能源、节能环保产业）。其中，数字创意产业近年来有突破性发展，被纳入"十三五"战略性新兴产业重点领域。

2015年3月25日，李克强总理组织召开国务院常务会议，部署加快推进实施"中国制造2025"，实现制造业升级。这次国务院常务会议审议通过了《中国制造2025》，坚持"创新驱动、质量为先、绿色发展、结构优化、人才为本"的基本方针和"市场主导、政府引导；立足当前、着眼长远；整体推进、重点突破；自主发展、开放合作"的基本原则，通过三步走实现制造强国的战略目标，如图2-3所示。

《中国制造2025》的主要内容包括"一二三四五五十"。

"一"，是指从制造业大国向制造业强国转变，最终实现制造业强国的一个目标。

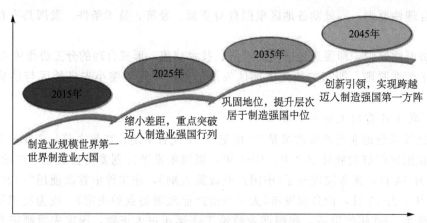

图 2-3 《中国制造 2025》三步走战略目标

"二",是指通过两化融合发展来实现这一目标。党的十八大提出了用信息化和工业化两化深度融合来引领和带动整个制造业的发展,这也是我国制造业所要占据的一个制高点。

"三",是指通过"三步走"的战略,每一步用 10 年左右的时间来实现我国从制造业大国向制造业强国转变的目标。

"四",是指四项原则:一是市场主导、政府引导;二是既立足当前,又着眼长远;三是全面推进、重点突破;四是自主发展和合作共赢。

"五五",是指两个"五":第一,坚持五条方针,即创新驱动、质量为先、绿色发展、结构优化和人才为本;第二,实行五大工程,包括制造业创新中心建设的工程、强化基础的工程、智能制造工程、绿色制造工程和高端装备创新工程。

"十",是指 10 个领域,包括新一代信息技术产业、高档数控机床和机器人、航空航天装备、海洋工程装备及高技术船舶、先进轨道交通装备、节能与新能源汽车、电力装备、农机装备、新材料、生物医药及高性能医疗器械等 10 个重点领域。

2.3.3 产业组织创新

产业组织是指同一产业内企业的组织形态和企业间的关系,包括市场结构、市场行为、市场绩效三方面的内容。产业组织创新是指同一产业内企业的组织形态和企业间关系的创新。产业组织的创新过程实际上是对影响产业组织绩效的要素进行整合优化的过程,是使产业组织重新获得竞争优势的过程。

从效果来看,产业政策的调控与产业组织的创新都是优化产业组织的功效,但产业政策在产业组织合理化过程中的作用是一种经济过程中的"被组织"力量,而产业组织创新则往往是产业及产业内企业的"自组织"过程。一方面,产业组织与产业结构息息相关,是连接产业结构与产业政策的纽带,因此,产业组织创新是推动产业结构升级的重要力量之一;另一方面,产业组织又与企业组织密切相关,是具有某种同一性的互动范畴。产业组织的创新不仅仅是产业内与企业之间垄断抑或竞争关系平衡的结果,更是企业组织创新与产业组织创新协调与互动的结果。

实践证明,产业组织创新的直接影响包括实现规模经济、专业化分工与协作、提高产业集中度、促进技术进步和有效竞争等;间接影响包括创造产业增长机会、促进产业增长、构筑产业赶超效应、适应产业经济增长等多项功效，产业组织创新能在一定程度上引起产业（或行业）生命周期运行轨迹或生命周期阶段持续时间的变化。

与其他创新活动一样，产业组织的创新没有固定的模式，在不同行业或同一行业的不同发展时期，产业组织创新有着与行业本身固有的行业属性、行业所处生命周期的阶段特征、行业内企业组织变革乃至整个社会经济演进相关联的各种形式。例如，产业化经营旨在延长产业链，增加附加值，加深产业与相关产业的融合发展，解决产品的产供销衔接问题，使商业资本与产业资本相对集中，产生聚合的规模效益；产融结合旨在通过产业部门与金融部门的资本融合，使产业资本加速集中，充分发挥金融对产业发展的融资作用，使产业结构的调整得以迅速有效地进行；服务体系建设旨在加强产业的服务体系建设，完善产业市场信息体系、产业质量标准体系及产业自律体系；大规模数字化经济旨在改变产业内企业的管理形式、企业与消费者的关系、竞争者之间的竞争方式，以及企业间乃至产业间的分工协作方式等。以我国农业为例，家庭承包制、一体化经营、农业产业化等成为我国农业在不同发展时期的产业组织创新的尝试，构筑了传统农业向现代化农业演进的产业升级之路。

此外，产业组织创新与产业技术创新等密不可分。产业技术创新在很大程度上由产业组织创新的过程和产业组织创新的结果所驱动。技术创新是组织创新在技术方面的体现，组织创新是技术创新的有效载体，两者是相互促进的互动关系。具有创新活力且通过组织创新不断优化了的产业组织能最大限度地、系统地为产业技术创新配置资源，如资本资源、人力资源、环境资源等。因此，产业组织创新和产业技术创新共同成为产业不断适应外部竞争环境或者从内部增强产业核心能力的关键。

2.3.4 社会习惯的改变

随着人们生活水平和受教育程度的提高，消费心理、消费习惯、文明程度和社会责任感会逐步改变，从而使对某种商品的需求发生变化并进一步影响行业的兴衰。在解决基本温饱之后，人们更注重生活的质量，不受污染的天然食品备受人们青睐；对健康投资从注重保健品转向健身器材；物质生活丰富之后，更加注重智力投资和丰富的精神生活，旅游、音响成为新的消费热点；快节奏的现代生活使人们更加偏好使用便捷的交通工具；高度工业化和生活现代化又使人们认识到保护生存环境免受污染的重要，发达国家的工业部门每年都要花费几十亿美元来研制和生产与环境保护有关的各种设备，以便使工业排放的废渣、废水和废气能够符合规定的标准。所有这些社会观念、社会习惯、社会趋势的变化都会对企业的经营活动、生产成本和收益等方面产生一定的影响，足以使一些不再适应社会需要的行业在衰退的同时激发新兴行业的发展。

需求变化是未来优势产业的发展导向，并在相当程度上影响行业的兴衰。在收入相对较低的时候，人们对生活用品有较大的需求，提供生活消费品的可口可乐、宝洁、强生公司和满足这些需求的销售渠道均在不断满足这些消费需求的过程中发展起来。随着收入水平的提高，生活消费品支出占消费总支出的比例逐渐下降，人们的服务消费和金融投资需求增加，从而使金融、旅游、教育、医疗、保险、体育、文化等行业从中获得了快速增长的动力。

2.3.5 经济全球化

经济全球化是指商品、服务、生产要素与信息跨国界流动的规模和形式不断增加，通过国际分工，资源配置效率在世界范围内得到了提高，从而使各国经济相互依赖的程度有日益加深的趋势。导致经济全球化的直接原因是国际直接投资与贸易环境出现了新变化。

▶ 1. 经济全球化的主要表现

（1）生产活动全球化，传统的国际分工正在演变成世界性的分工。

（2）世界贸易组织的成立标志着世界贸易进一步规范化，世界贸易体系开始形成。

（3）各国金融日益融合在一起，金融国际化进程加快，地区性经贸集团的金融业出现一体化，金融市场的规模迅速扩大。

（4）投资活动遍及全球，全球性投资规范框架开始形成，投资成为经济发展和增长的新支点。

（5）跨国公司的作用进一步加强。

▶ 2. 经济全球化对各国产业发展的重大影响

（1）经济全球化导致产业的全球化转移。发达国家将低端制造技术加速向发展中国家进行产业化转移。随着高新技术行业逐渐成为发达国家的主导产业，传统的劳动密集型行业（如纺织服装、消费类电子产品）甚至是低端技术的资本密集型行业（如中低档汽车制造）将加速向发展中国家转移。发达国家在将发展中国家变成它的加工组装基地和制造工厂的同时，仍然可以掌握传统行业的核心技术，并通过不断向发展中国家转让其技术专利获得市场利润。例如，中国虽然是世界鞋业的"全球性工厂"，但是美国的公司却拥有最先进的运动鞋设计制造技术。

制造业结构正在加速向技术密集型行业和高新技术行业转移。从高新技术行业在整个制造业中的增加值和占出口总值的比重来看，欧洲、北美和日本自1970年以来都有明显的增长。

选择性发展将是未来各国形成优势行业的重要途径。战略性产业的发展思路成为许多国家的战略，如美国的信息技术和生物技术行业、日本的机器人行业、印度的计算机软件业等。

（2）国际分工出现了重大变化，其中，国际分工的基础和国际分工的模式都出现了重大变化。

（3）经济全球化导致贸易理论与国际直接投资理论一体化。贸易与投资一体化理论中，企业行为被分为两大类别：①总部行为。这类行为被简化并概括为研究与开发。②实际生产行为。实际生产行为又分为上游生产（中间产品）和下游生产（终极产品）。

本章小结

本章属于证券投资基本分析中的第二层次的分析，即中观分析。本章从行业分析概述、行业的一般特征分析、影响行业兴衰的主要因素三个方面来阐述行业分析的主要内容。通过这一章的学习，学生应该掌握行业的含义及划分方法，行业的市场结构、行业的竞争结构、行业与经济周期、行业生命周期，以及影响行业兴衰的主要因素等内容，并初步掌握行业分析的基本方法，能在我国证券市场中找出符合国家产业政策的新兴行业，为下一步的企业分析奠定基础。

| 本章练习 |

一、填空题

1. ＿＿＿＿＿＿＿＿＿是指从事国民经济中同性质的生产或其他经济社会活动的经营单位和个体等构成的组织结构体系。

2. 现行《国民经济行业分类》标准共划分行业＿＿＿＿＿类20个，行业＿＿＿＿＿类97个，行业＿＿＿＿＿类473个，行业＿＿＿＿＿类1 380个。

3. 2007年，上海证券交易所对上市公司的行业划分做了调整，将上海证券交易所的上市公司分为十大行业：＿＿＿＿、＿＿＿＿、＿＿＿＿、＿＿＿＿、＿＿＿＿、＿＿＿＿、＿＿＿＿、＿＿＿＿、＿＿＿＿和＿＿＿＿。

二、单项选择题

1. 我国国民经济的行业分类中，国家统计局明确划分了三大产业，金融业属于（　　）。
   A. 第一产业　　　B. 第二产业　　　C. 第三产业　　　D. 第四产业

2. 行业中的市场结构分析不包括（　　）。
   A. 垄断竞争　　　B. 自由垄断　　　C. 寡头垄断　　　D. 完全垄断

3. 以下各项中，不属于我国产业构成的特点的是（　　）。
   A. 规模性　　　　　　　　　　　　B. 职业化
   C. 社会功能性　　　　　　　　　　D. 范围广泛性

4. 智能装备属于我国"十二五"规划重点发展的七大战略性新兴产业中的（　　）。
   A. 节能环保　　　　　　　　　　　B. 新一代信息技术
   C. 新材料　　　　　　　　　　　　D. 高端装备制造

5. 以下各项中，不属于高端装备制造的是（　　）。
   A. 海洋工程　　　B. 航空　　　　C. 高速铁路　　　D. 汽车制造

三、多项选择题

1. 以下各项中，属于第一产业的行业有（　　）。
   A. 农业　　　　　B. 林业　　　　C. 牧业
   D. 采掘业　　　　E. 渔业

2. 以下各项中，属于第二产业的行业有（　　）。
   A. 房地产业　　　B. 制造业　　　C. 电力
   D. 建筑业　　　　E. 煤气

3. 以下各项中，属于第三产业的行业有（　　）。
   A. 房地产业　　　B. 自来水　　　C. 交通运输业
   D. 餐饮业　　　　E. 仓储业

4. 上海证券交易所将上市公司划分为5类，即（　　）。
   A. 工业　　　　　B. 商业　　　　C. 地产业
   D. 金融业　　　　E. 综合

5. 沪深股市中，属于渔业的上市公司有（　　）。
   A. 獐子岛（002069）　B. 好当家（600467）　C. 东方海洋（002086）
   D. 中鲁B（200992）　E. 中水渔业（000798）

6. 行业形成的方式有（　　）。
A. 分化　　　　　　B. 衍生　　　　　　C. 新生长
D. 再生　　　　　　E. 重生

7. 行业衰退包括（　　）。
A. 自然衰退　　　　B. 偶然衰退　　　　C. 绝对衰退
D. 相对衰退　　　　E. 必然衰退

8. 判断行业所处的生命周期阶段时，会从（　　）综合考察。
A. 从业人员的职业化水平和工资福利收入水平　　　　B. 产出增长率
C. 利润率水平　　　D. 技术进步和技术成熟程度　　　E. 开工率

9. 影响行业兴衰的主要因素有（　　）。
A. 技术进步　　　　B. 产业政策　　　　C. 产业组织创新
D. 社会习惯的改变　E. 经济全球化

10. 产业政策主要有（　　）。
A. 产业结构政策　　B. 产业组织政策　　C. 产业技术政策
D. 产业布局政策　　E. 产业保护政策

11. 产业政策的核心是（　　）。
A. 产业结构政策　　B. 产业组织政策　　C. 产业技术政策
D. 产业布局政策　　E. 产业扶植政策

12. 对战略产业的保护政策包括（　　）。
A. 限制所保护的同类国外产品的进口　　B. 限制国外私人直接投资
C. 财政政策　　　　D. 倾斜金融、倾斜税收　E. 行政性干预

13. 对战略产业的扶植政策主要包括（　　）。
A. 限制所保护的同类国外产品的进口　　B. 限制国外私人直接投资
C. 财政政策　　　　D. 倾斜金融、倾斜税收　E. 行政性干预

14. 对衰退产业的调整和援助主要包括（　　）。
A. 限制进口　　　　B. 财政补贴　　　　C. 减免税
D. 提高产业集中度　E. 专业化分工与协作

15. 产业组织政策主要包括（　　）。
A. 市场秩序政策　　B. 产业合理化政策　C. 产业保护政策
D. 产业扶植政策　　E. 产业技术政策

16. 产业组织创新的直接效应包括（　　）。
A. 实现规模经济　　　　　　　　　　　B. 专业化分工与协作
C. 提高产业集中度　　　　　　　　　　D. 促进技术进步和有效竞争
E. 创造产业增长机会

第3章 公司分析

> **知识目标**
> 1. 理解公司基本分析的主要内容;
> 2. 掌握上市公司的行业地位、所属区位、公司产品、公司经营管理能力、公司盈利能力、公司成长性等公司基本分析的方法;
> 3. 了解公司重大事项分析的基本内容。

> **技能目标**
> 1. 能够进行上市公司的基本企业分析;
> 2. 掌握各类公司的特点及公司分析基本知识。

案例导入

我该买哪只股票?

股民小赵买股票一向以短线为主,他经常看股评,而最近股评专家总在推荐酒类的股票。小赵也观察到近期酒业板块比较活跃,于是他向一位比较熟悉的投资顾问咨询近期选择股票的问题。该投资顾问给他介绍了酒业上市公司的情况,如生产白酒的贵州茅台(600519)、泸州老窖(000568)、五粮液(000858)、洋河股份(002304)、老白干酒(600599)、ST皇台(000995),生产啤酒的青岛啤酒(600600)、燕京啤酒(000729)、重庆啤酒(600132)、珠江啤酒(002461)、惠泉啤酒(600573),生产葡萄酒的张裕A(000869)、*ST通葡(600365)、ST中葡(600084),生产黄酒的古越龙山(600059)、金凤酒业(600616)等。

小赵从这些上市公司的行业地位、所属区位、公司产品、公司经营管理能力、公司盈利能力、公司成长性等多个角度进行认真分析比较,最终决定选择古越龙山。2012年5月初,小赵以每股12.30元的价格买入古越龙山,两周后以每股16.30元的价格卖出,获利32%,大赚了一笔! 而与此同期,上证综合指数却从2 438点下降到2 363点,下跌约3%。

3.1 公司基本分析

公司基本分析是投资者选股的基础,包括公司行业地位分析、公司所属区位分析、公司产品分析、公司经营管理能力分析、公司盈利能力分析和公司成长性分析等诸多方面。

3.1.1 公司行业地位分析

公司行业地位分析的目的是判断公司在所处行业中的竞争地位,如是否为领导企业,在价格上是否具有影响力和竞争优势。

公司行业地位分析极其重要,公司的行业地位决定了其盈利能力是高于还是低于行业平均水平,以及在行业内的竞争地位。衡量公司行业竞争地位的主要指标包括行业综合排序和产品的市场占有率。行业综合排序包括对公司资产、销售额、注册资本的排序;产品的市场占有率是指公司的销售额占市场总销售额的比例。

对一个公司在同行业中的竞争地位进行评定的标准包括以下三个方面。

▶ 1. 年销售额或年收入额

公司的年销售额是衡量一个公司在同行业中的相对竞争地位的一个重要标准,公司销售额占全行业销售额的比重更能体现公司在同行业中的相对竞争地位。在同行业的激烈竞争中,占总销售额的比重较大的公司,一定是竞争能力强大的公司,原因是公司的盈利主要来自销售收入,收入越多,则利润越多。所以,投资者首先应该选择的是行业中领先的公司。

▶ 2. 销售额或收入额的增长

投资者理想的投资对象应是那些既有相当规模,其销售额又能迅速增长的公司。对投资者来说,可能迅速增长比规模宏大更为重要,因为增长的销售额带来增长的利润额,由此使公司的股价不断提高,股息不断增加,从而获得投资者进行股票投资的预期收益。

▶ 3. 销售额的确定性

正常情况下,稳定的销售收入带来的是比较稳定的盈利,如果销售收入时多时少变动较大,既不利于公司的经营管理,也不利于兑现给股东的股息、红利。因此,投资者应充分关注公司销售额的稳定性。

3.1.2 公司所属区位分析

区位也称经济区位,是指地理范畴上的经济增长带或经济增长点及其辐射范围。区位是资本、技术和其他经济要素高度积聚的地区,也是经济快速发展的地区。我们通常所说的美国硅谷高新技术产业区等就是经济区位的例子。经济区位的兴起与发展将极大地带动周边地区的经济增长。上市公司的投资价值与区位经济的发展密切相关,处于经济区位内的上市公司一般具有较高的投资价值。对上市公司进行区位分析,就是将上市公司的投资价值与区位经济的发展联系起来,通过分析上市公司所在区位的自然条件、资源状况、产业政策、政府扶持力度等判断上市公司发展的优势和后劲,确定上市公司的发展前景,以鉴定上市公司的投资价值。具体来讲，可以通过以下几个方面进行上市公司的区位分析。

▶ 1. 区位内的自然条件和基础条件

区位内的自然条件和基础条件包括矿产资源、水资源、能源、交通、通信设施等，它们在区位经济发展中起着重要作用，也对区位内的上市公司的发展起着重要的限制和促进作用。分析区位内的自然条件和基础条件有利于分析本区位内上市公司的发展前景，如果上市公司所从事的行业与当地的自然条件和基础条件不符，公司的发展就可能受到很大的制约。例如，在水资源稀缺的内陆地区从事大量耗水的工业项目，其项目的前景就难以乐观。

▶ 2. 区位内政府的产业政策和其他相关的政策支持

为了进一步促进区位经济的发展，当地政府一般都相应地制定了经济发展的战略规划，提出相应的产业政策，确定本区位优先发展和扶持的产业，并给予相应的财政、信贷及税收等诸多方面的优惠措施。这些措施有利于引导和推动区位内相关产业的发展，相关产业内的公司将因此受益。如果区位内上市公司的主营业务符合当地政府的产业政策，一般会获得诸多政策支持，有利于上市公司的进一步发展。

▶ 3. 区位内的比较优势和特色

特色是区位间比较的结果，是指本区位经济与区位外经济的联系和互补性、龙头作用，以及发展活力与潜力的比较优势，包括区位的经济发展环境、条件与水平、经济发展现状等方面有别于其他区位的特色。特色在某种意义上意味着优势，利用自身的优势发展本区位的经济，无疑在经济发展中找到了很好的切入点。例如，珠三角地区在计算机软件或硬件方面、长三角地区在汽车工业方面已经形成了优势和特色，那么在同等条件下，这些区位内的相关上市公司比其他区位主营业务相同的上市公司具有更大的竞争优势和发展空间，因为该区位的配套服务齐全、相关人才聚集，信息流和物流都更为顺畅便捷。

3.1.3 公司产品分析

▶ 1. 产品的竞争能力分析

1) 成本优势

成本优势是指公司的产品依靠低成本获得高于同行业其他企业的盈利能力。在很多行业中，成本优势是决定竞争优势的关键因素。企业一般通过规模经济、专有技术、优惠的原材料和低廉的劳动力实现成本优势。由资本的集中程度而决定的规模效益是决定公司生产成本的基本因素。当企业达到一定的资本投入或生产能力时，根据规模经济的理论，企业的生产成本和管理费用将会得到有效降低。对公司技术水平的评价可分为硬件部分和软件部分。硬件部分包括机械设备、单机或成套设备；软件部分包括生产工艺技术、工业产权、专利设备制造技术和经营管理技术，以及具备了何等的生产能力和达到什么样的生产规模，企业扩大再生产的能力如何等。另外，企业如果拥有较多的技术人员，就有可能生产出质优价廉、适销对路的产品。原材料和劳动力成本则应考虑公司的原材料来源以及公司的生产企业所处的地区。取得了成本优势，企业在激烈的竞争中便处于优势地位，意味着企业在竞争对手失去利润时仍有利可图，亏本的危险较小；同时，低成本的优势也使其他想通过价格进行竞争的企业有所顾忌，成为价格竞争的抑制力。

2) 技术优势

企业的技术优势是指企业拥有的比同行业其他竞争对手更强的技术实力及研究与开发

新产品的能力,这种能力主要体现在生产的技术水平和产品的技术含量上。在现代社会中,企业新产品的研究与开发能力是决定企业竞争成败的关键,因此,企业一般都会投入占销售额一定比例的研究开发费用,这一比例的高低往往能决定企业的新产品开发能力。产品的创新包括:研制出新的核心技术,开发出新一代产品;研究出新的工艺,降低现有的生产成本;根据细分市场进行产品细分。技术创新不仅包括产品技术创新,还包括创新人才,因为技术资源本身就包括人才资源。现在大多数上市公司越来越重视人才的引进,在激烈的市场竞争中,谁先抢占智力资本的制高点,谁就具有决胜的机会。技术创新的主体是高智能、高创造力的高级创新人才,实施创新人才战略,是上市公司竞争制胜的务本之举,具有技术优势的上市公司往往具有更大的发展潜力。

3) 质量优势

质量优势是指公司的产品以高于其他公司同类产品的质量赢得市场,从而取得竞争优势。由于公司技术及管理能力等诸多因素的差别,不同公司间相同产品的质量是有差别的。消费者购买产品时,产品的质量始终是影响消费者购买倾向的一个重要因素。质量是产品信誉的保证,质量好的产品会给消费者带来信任感。严格管理,不断提高公司产品的质量,是提升公司产品竞争力的行之有效的方法。具有产品质量优势的上市公司往往在该行业占据领先地位。

▶ **2. 产品的市场占有率分析**

公司产品的市场占有率是衡量公司产品竞争力的重要标准。公司产品的市场占有率通常从两个方面进行考察:一是公司产品销售市场的地域分布情况。从这一角度可将公司的销售市场划分为地区型、全国型和世界范围型。根据销售市场的地域范围可以大致地估计一个公司的经营能力和实力。二是公司产品在同类产品市场上的占有率。市场占有率是对公司的实力和经营能力的较精确的估计,是指一个公司的产品销售量占该类产品市场销售总量的比例。市场占有率越高,表示公司的经营能力和竞争力越强,公司的销售和利润水平越好、越稳定。产品的市场占有率是利润之源,效益好并能长期存在的公司,其产品的市场占有率必然是长期稳定并呈增长趋势的。不断地开拓进取、挖掘现有市场潜力,不断进军新的市场,是扩大市场占有份额和提高市场占有率的主要手段。

▶ **3. 品牌战略分析**

品牌是一个商品的名称和商标的总称,可以用来辨别一个卖方或卖方集团的货物或劳务,以便与竞争者的产品相区别。品牌不仅是产品的标识,而且是产品质量、性能、满足消费者效用的可靠程度的综合体现。品牌竞争是产品竞争的深化和延伸。当产业发展进入成熟期,产业竞争充分展开时,品牌就成为提高产品及企业竞争力的一个越来越重要的因素。品牌具有产品所不具有的开拓市场的多种功能,如创造市场、联合市场和巩固市场等。以品牌为开路先锋和作战利器,不断攻破市场壁垒,从而实现迅速发展的目标,是国内外很多知名大企业行之有效的措施。效益好的上市公司大多都有自己的品牌战略,好的品牌战略不仅能提升产品的竞争力,而且能够用来进行收购兼并。

3.1.4 公司经营管理能力分析

▶ **1. 公司管理人员的素质和能力分析**

所谓素质,是指一个人的品质、性格、学识、能力、体质等方面特性的总和。在现代企业里，管理人员不仅担负着对企业生产经营活动进行计划、组织、指挥、控制等管理职能，而且从不同角度和方面负责或参与对各类非管理人员的选择、使用与培训工作。因此，管理人员的素质是决定企业能否取得成功的一个重要因素。在现代市场经济条件下，企业面临的内外环境日益复杂，对公司管理人员的要求也不断提高。企业是否有卓越的管理人员和管理人员集团在一定意义上直接决定着企业的经营成败。才智平庸、软弱无能者是无法担当起有效管理企业的重任的，所以，现代企业管理客观上要求企业管理人员具有相应的良好素质，也就是说，管理人员的良好素质是提高管理工作效能的不可或缺的重要条件。管理人员的素质要求是指从事企业管理工作的人员应当具备的基本品质、素养和能力，它是选拔管理人员担任相应职务的依据和标准，也是决定管理者工作效能的先决条件。对管理人员的素质分析是公司分析的重要组成部分。一般而言，企业的管理人员应该具备以下素质。

1) 从事管理工作的愿望

企业管理是组织、引导和影响他人为实现组织目标而努力的专业性工作，胜任这一工作的前提条件是必须具有从事管理工作的愿望。只有那些具有影响他人的强烈愿望，并能从管理工作中获得乐趣、真正得到满足的人，才可能成为一个有效的管理者；反之，倘若没有从事管理工作对他人施加影响的愿望，个人就不会花费时间和精力去探索管理活动的规律性和方法，也缺乏做好管理工作的动力，不可能致力于提高他人的工作效率，难以成为一个优秀的管理者。

2) 专业技术能力

管理人员应当具备处理专业技术问题的能力，包括掌握必要的专业知识，能够从事专业问题的分析研究，能够熟练运用专业工具和方法等。这是由于企业的各项管理工作，不论是综合性管理还是职能管理，都有其特定的技术要求。例如，计划管理人员要求掌握制订计划的基本方法，了解各项经济指标的内在联系，能够综合分析企业的经营状况和预测未来的发展趋势，善于运用有关计算工具和预测方法。因此，管理人员应当是所从事管理工作的专家。此外，就管理对象的业务活动而言，管理人员虽然不一定直接从事具体的技术操作，但必须精通有关的业务技术特点，否则就无法对业务活动出现的问题做出准确判断，也不可能从技术上给下级职工以正确指导，这会使管理人员的影响力和工作效能受到很大限制。

3) 良好的道德品质修养

管理人员能否有效影响和激发他人的工作动机，不仅取决于企业组织赋予管理者个人的职权大小，而且在很大程度上取决于个人的影响力。构成影响力的主要因素是管理者的道德品质修养，包括思想品德、工作作风、生活作风、性格气质等方面。管理者只有具备能他人起到榜样、楷模作用的道德品质修养，才能赢得被管理者的尊敬和信赖，建立起威信和威望，使之自觉接受管理者的影响，提高管理工作的效果；反之，管理人员如果不具有良好的道德品质修养，甚至低于一般规范，则非但无法正常行使职权，反而会抵消管理工作中其他推动力的作用，影响下级工作的积极性。

4) 人际关系协调能力

人际关系协调能力是从事管理工作必须具备的基本能力。在企业组织中，管理人员通常担负着带领和推动某一部门、环节的若干个人或群体共同从事生产经营活动的职责，因此，需要管理人员具有较强的组织能力，能够按照分工协作的要求合理分配人员，布置工作任务，调节工作进程，将计划目标转化为每个员工的实际行动，促进生产经营连续、有序地稳定运行。不仅如此，为了充分发挥协作劳动的集体力量，适应企业内外联系日益复杂的要求，管理人员应成为有效的协调者，善于协调工作群体内部各个成员之间以及部门内各工作群体之间的关系，鼓励各成员与群体发挥合作精神，创造和谐、融洽的组织气氛。同时，管理人员要善于处理与企业有直接或间接关系的各种社会集团及个人的关系，妥善化解矛盾，避免冲突和纠纷，最大限度地争取社会各界公众的理解、信任、合作与支持，为企业的发展创造良好的外部环境。

5）综合能力

现代市场经济社会中，企业作为与外部环境进行信息、物质与人才转换的开放系统，生产经营过程具有明显的动态性质，即需要随时根据市场环境的变化做出反应和调整。与这一状况相适应，管理工作经常面对大量的新情况、新问题。从一定意义上讲，管理过程就是不断发现问题、解决问题的过程。管理人员必须具备较强的解决问题的能力，要能够敏锐地发现问题之所在，迅速提出解决问题的各种措施和途径，善于利用方式、方法和处理技巧，使问题得到及时、妥善的解决。在解决问题的过程中，决策能力具有至关重要的作用。现代管理中，管理人员特别是高层管理人员面临的非程序性、非规范化问题越来越多，在没有先例可循的情况下，管理人员必须具备较高的决策能力，要善于在全面收集、整理信息的基础上，准确判断，大胆拍板，从各种备选方案中果断地选择最优方案，并将决策方案付诸实施。不同层次的管理人员所需要的能力构成也有所不同。一般来说，基层管理人员日常管理工作中面对的大量问题是技术问题，必须有熟练的专业技术能力和深厚的专业基础知识才能胜任。综合能力对于高层管理人员来说最重要，因为高层管理者承担企业重大战略决策、协调内外环境平衡的职能，专业问题可以委托职能部门的人员去解决，但是最终的决策必须由自己作出。人际关系协调能力对每个管理层次都很重要，但不同管理层次人际关系协调能力的类型有所不同。基层管理人员需要协调基层操作人员之间的工作协作和配合；中层管理人员既要协调上级和下级单位之间的关系，也要承担大量的横向协调职能；高层管理人员主要承担企业外部关系的协调职能，为企业营造一个良好的环境。

▶ 2. 公司的管理风格和经营理念分析

管理风格是企业在管理过程中一贯坚持的原则、目标及方式等方面的总称。经营理念是企业发展一贯坚持的核心思想，是公司员工坚守的基本信条，也是企业制定战略目标及实施战术的前提条件和基本依据。一个企业不应追求"宏伟的"理念，而应建立一个切合自身实际的，并能贯彻渗透下去的理念体系。经营理念往往是管理风格形成的前提。一般而言，公司的管理风格和经营理念有稳健型和创新型两种。稳健型公司的特点是在管理风格和经营理念上以稳健原则为核心，一般不会轻易改变业已形成的管理和经营模式。因为成熟的模式是企业内部经过反复探索、学习、调整和适应才形成的，意味着企业的发展达到了较理想的状态。奉行稳健型原则的公司的发展一般较为平稳，大起大落的情况较少，但是由于不太愿意从事风险较高的经营活动，公司较难获得超额利润，跳跃式增长的可能性较小，而且有时由于过于稳健，会丧失大发展的良机。稳健并不排斥创新，由于企业面临的生存发展环境在不断变化之中，企业也需要在坚持稳健的原则下不断调整自己的管理方式和经营策略以适应外部环境的变化。如果排斥创新的话,稳健型的公司也可能会遭到失败。创新型公司的特点是管理风格和经营理念以创新为核心,公司在经营活动中的开拓能力较强。创新型的管理风格是此类公司获得持续竞争力的关键。管理创新是指管理人员借助系统的观点,利用新思维、新技术、新方法,创造一种新的、更有效的资源整合方式,以促进企业管理系统综合效益的不断提高,达到以尽可能少的投入获得尽可能多的综合效益,实行具有动态反馈机制的全过程管理。管理创新应贯穿于企业管理系统的各环节,包括经营理念、战略决策、组织结构、业务流程、管理技术和人力资源开发等各方面,这些也是管理创新的主要内容。创新型企业依靠自己的开拓创造,有可能在行业中率先崛起,获得超常规的发展,但创新并不意味着企业的发展一定能够获得成功,有时一些冒进式的发展战略也有可能导致企业的迅速失败。分析公司的管理风格可以跳过现有的财务指标来预测公司是否具有可持续发展的能力,而分析公司的经营理念则可据以判断公司管理层制定何种公司发展战略。

▶ 3. 公司业务人员的素质和创新能力分析

公司业务人员的素质也会对公司的发展起到很重要的作用。作为公司的员工,公司业务人员应该具有熟悉自己从事的业务、必要的专业技术能力、对企业的忠诚度、对本职工作的责任感、具有团队合作精神等素质。具有以上基本素质的公司业务人员,才有可能做好自己的本职工作、贯彻落实公司的各项管理措施、完成公司的各项经营业务,才有可能把自身的发展和企业的发展紧密地联系在一起。当今国际经济竞争的核心是知识创新、技术创新和高技术产业化,不少高科技公司依靠提高产品和技术服务的市场竞争力,加快新产品开发,公司业绩实现持续增长。管理创新是企业创新的一个方面,其他还有产品创新、技术创新和市场创新,管理创新是产品创新、技术创新和市场创新的基础。在创新型的公司管理风格下,还需要具有创新能力的公司业务人员,如技术创新、新产品的开发必须由技术开发人员来完成,而市场创新的信息获得和创新方式则不可缺少市场营销人员的努力。因此,公司业务人员的素质,包括进取意识和业务技能也是公司发展不可或缺的要素。对员工的素质进行分析可以判断公司发展的持久力和创新能力。

3.1.5 公司盈利能力分析

公司盈利能力分析主要是对公司的盈利进行预测。公司盈利预测建立在对公司深入了解和判断的基础之上,通过对公司基本面进行分析,进而对公司的盈利预测做出假设。

盈利预测假设的主要内容如下。

(1) 销售收入预测,包括销售收入的历史数据和发展趋势、公司产品的需求变化、市场占有率和销售网络、主要产品的存货情况、销售收入的明细等方面。销售收入预测是公司盈利预测中最关键的因素。

(2) 生产成本预测,包括生产成本的结构、主要原材料的价格走势和每年所需要原材料的总量、成本变动和销售情况变动、能否将上涨的成本转嫁给下游、毛利率的变化情况等。

(3) 管理和销售费用预测,包括销售费用和销售费用占销售收入的比例、管理费用的变化、新市场的拓展、每年的研发费用占销售收入的比例等。

(4) 财务费用预测,包括新增长期贷款和短期贷款等。

(5) 其他,包括主营业务利润占税前利润的比例、到目前为止利润的完成情况等。

3.1.6 公司成长性分析

▶ 1. 公司经营战略分析

经营战略是公司面对激烈的竞争与严峻的环境,为求得长期生存和不断发展而进行的总体性谋划。它是公司战略思想的集中体现,是公司经营范围的科学规定,同时又是制定规划的基础。经营战略是在符合和保证实现公司使命的条件下,在充分利用环境中存在的各种机会和创造新机会的基础上,确定公司与环境的关系,规定公司从事的经营范围、成长方向和竞争对策,合理地调整公司结构和分配企业的全部资源。经营战略具有全局性、长远性和纲领性等性质,它从宏观上规定了公司的成长方向、成长速度及企业目标的实现方式。由于经营战略决策直接涉及公司的未来发展,其决策对象是复杂的,所面对的问题常常是突发性的、难以预料的,因此,对公司经营战略的评价比较困难,难以标准化。公司经营战略分析一般可以从以下几个方面进行:

(1) 通过公开传媒资料、调查走访等途径了解公司的经营战略,特别注意公司是否有明确、统一的经营战略。

(2) 考察和评估公司高级管理层的稳定性及其对公司经营战略的可能影响。

(3) 公司的投资项目、财力资源、研究创新、人力资源等是否适应公司经营战略的要求。

(4) 在公司所处行业市场结构分析的基础上,进一步分析公司的竞争地位,是行业领先者、挑战者,还是追随者,公司的经营战略是否适当。

(5) 结合公司产品所处的生命周期,分析和评估公司的产品策略是专业化还是多元化。

(6) 分析和评估公司的竞争战略是成本领先、别具一格,还是集中一点。

▶ 2. 公司规模变动特征及扩张潜力分析

公司规模变动特征和扩张潜力一般与其所处的行业发展阶段、市场结构、经营战略密切相关。公司规模变动特征及扩张潜力分析是从微观方面具体考察公司的成长性,可以从以下几个方面进行分析。

(1) 考察公司规模的扩张是由供给推动还是由市场需求拉动,是通过公司的产品创造市场需求还是生产产品去满足市场需求,是依靠技术进步还是依靠其他生产要素,等等,以此找出公司发展的内在规律。

(2) 纵向比较公司历年的销售、利润、资产规模等数据,把握公司的发展趋势,是加速发展、稳步扩张还是停滞不前。

(3) 将公司销售、利润、资产规模等数据及其增长率与行业平均水平及主要竞争对手的数据进行比较,了解公司在行业中所处地位的变化。

(4) 分析、预测公司主要产品的市场前景及未来的市场份额。对公司的投资项目进行分析,并预测销售和利润水平。

(5) 分析公司的财务状况及公司的投资和筹资潜力。

3.2 公司重大事项分析

公司重大事项包括上市公司重要事件公告、公司的资产重组与兼并、上市公司增持与回购的影响等。

3.2.1 公司重要事件公告

重大事件是指可能对上市公司股票的市场价格产生较大影响,而投资人尚未得知的事件。发生此类重大事件时,上市公司应当立即将有关该重大事件的报告提交证券交易所和证监会,并向社会公布,说明事件的实质。

重大事件包括但不限于以下事项:

(1) 公司订立重要合同,而该合同可能对公司的资产、负债、权益和经营成果中的一项或者多项产生显著影响;

(2) 公司的经营政策或者经营项目发生重大变化;

(3) 公司发生了重大投资行为或者购置金额较大的长期资产的行为;

(4) 公司发生重大债务;

(5) 公司未能归还到期重大债务的违约情况;

(6) 公司发生重大经营性或者非经营性亏损;

(7) 公司资产遭受重大损失;

(8) 公司生产经营环境发生重要变化;

(9) 新颁布的法律、法规、规章等,可能对公司的经营有显著影响;

(10) 董事长、30%以上的董事或者总经理发生变动;

(11) 持有公司5%以上的发行在外的普通股的股东,其持有该种股票的增减变化达到该种股票发行在外总额的2%以上的事实;

(12) 涉及公司的重大诉讼事项;

(13) 公司进入清算、破产状态;

(14) 公司章程变更,注册资金和注册地址的变更;

(15) 发生大额银行退票;

(16) 公司更换为其审计的会计师事务所;

(17) 公司公开发行的债券或者已发行债券的数额变更或增减;

(18) 公司增资发行股票,或者其可转换公司债券依规定转为股份;

(19) 公司营业用主要资产的抵押、出售或者报废一次性超过其资产的30%;

(20) 发起人或者董事的行为可能依法负有重大损害赔偿责任;

(21) 股东大会或监事会议的决定被法院依法撤销;

(22) 法院做出裁定,禁止对公司有控股权的大股东转让其股份;

(23) 公司发生合并或者分立事件。

在刊登澄清公告时,公告首先要说明根据国务院《股票发行与交易管理暂行条例》第61条"在任何公共传播媒介中出现的消息可能对上市公司股票的市场价格产生误导性影响时,该公司知悉后应立即对该消息做出公开澄清"的规定,对新闻媒介提到的某事特做如下说明,接着叙述事件,之后要注明"以上内容已书面报告中国证监会"。公告最后要注明公司名称及公告的日期。

警告性公告应在标题中标明是警告性公告。公告内容:一要就某事向公司股东及广大投资者进行声明;二要表示做出该警告性公告的目的,如规范披露信息等;三要注明该公告的披露履行了信息披露义务,其对公司股票价格的影响由投资者自行判断;四要注明公司名称及公告日期。由于普通投资者获取信息的不对称,对股价的判断标准也往往比较简单,而上市公司的重要事项直接影响公司股票的市场表现,所以,普通投资者应经常有意识地去获取有关这些方面的信息,以便从蛛丝马迹中发现新的市场机会。

3.2.2 公司的资产重组与兼并

资产重组作为公司资本经营的重要内容,已成为国有企业深化改革的热点。据统计,沪深两地上市公司中,实施或拟实施的购并、股权转让、资产置换等形式的资产重组公司占五分之一强,并有进一步蔓延扩展之势。在中国资本市场深化发展的背景下,公司资产重组是公司资产(主要是存量资产)优化组合、社会资源优化配置的一种必然选择。党的十五大提出"以资本为纽带,通过市场形成具有较强竞争力的跨地区、跨行业、跨所有制和跨国经营的大企业集团"的战略部署,为大规模的资产重组指明了方向。在一个拥有健全市场机制、完备法律体系、良好社会保障环境的社会经济环境中,公司进行资产重组可以壮大自身实力,实现社会资源优化配置,提高经济运行效率。

▶ 1. 企业购并的优点

企业购并的优点如下:

(1) 与企业自身积累相比,企业购并能够在短期内迅速实现生产集中和经营规模化;

(2) 有利于减少同一产品的行业内过度竞争,提高产业组织效率;

(3) 与新建一个企业相比,企业购并可以减少资本支出;

(4) 有利于调整产品结构,加强优势产品淘汰劣势产品,推动支柱产业形成,促进产品结构的调整;

(5) 可以实现企业资本结构的优化,在国家产业政策指导下,可以实现国有资产的战略性重组,使国有资本的行业分布更为合理。

▶ 2. 企业购并的类型

企业购并归纳起来有以下三种类型:

(1) 大型非上市公司入驻小型上市公司。实质上,这是一种"借壳上市"或"买壳上市"。在目前条件下,由于受上市额度和上市节奏的限制,上市公司作为一个"壳资源"是非常稀缺的。这一类的买方大多实力雄厚,如中远置业、天津泰达,而被控方则业绩较差,最高每股收益不到0.1元,而且股本较小,流通股不超过5 000万股,股权结构较分散或国家股、法人股的股东占绝对地位。

(2) 上市公司内部资产重组或资产置换。一些上市公司业绩不佳,但又不愿出让股权交出控股权,为了利用"壳"的融资功能,只好借此法以提高业绩,以达到国家规定的增资配股的条件。采用此法的公司一般规模较大,资产质量参差不齐,有些还依托一个更大的母公司。因此,通过资产剥离和资产置换,将一些不良资产剥离出去,并注入一些成长性很强的优质资产来提高上市公司的业绩。这种类型的购并较多,如黄河科技、川盐化等。

(3) 上市公司兼并收购非上市公司。由于上市公司多数是我国各行各业中的排头兵，因此，其实力和国家扶强扶优的政策使得多数的上市公司可以采用此法壮大自身实力。

▶ 3. 企业购并的局限性

与成熟市场经济国家的企业重组相比，上述三种类型的资产重组表现出很强的局限性和不足。

(1) 政府在企业重组中的作用带有明显的计划经济痕迹。相当一部分上市公司从一开始股权结构设置就不合理，国有股、法人股比重很大且不能流通，因此，"只要国有资产不流失到个人口袋"都可以进行资产重组。相当一部分企业重组或多或少都与政府的干预相关，政府以为大多数严重亏损企业寻出路为前提，而企业自身缺乏竞争力和重组动力。

(2) 资产重组仍然有搞"圈钱运动"的嫌疑。部分上市公司或母公司进行重组仅仅是为了达到配股的最低标准，短期行为较严重，真正以转换经营机制、实现资源优化配置为目的的资产重组较少。这样的资产重组可能会成为炒作的题材，但整个社会的实际生产并没有增加，股市持久发展缺乏坚实的基础。

(3) 资本市场法制建设严重滞后。除1989年国家颁布的《企业兼并的暂行办法》和现有的《公司法》，我国仍缺乏对当前资本经营的指导性法规，存在现有的法规相互摩擦现象，给资产重组的非规范运作大开绿灯。

总之，随着市场经济的发展，企业的买方市场已正式形成，国有企业只有彻底实现从生产管理型向资本经营的质变，真正自主、规范地参与资本市场的运作，实现以市场机制为基础的资本经营、资产重组，才能实现全社会资源的优化配置。

从国际经验来看，并购能使企业实现超常规发展，但也容易出现再度分化，导致企业价值受损、债务负担加重甚至破产。企业在并购热潮中必须保持冷静，不要只图眼前利益，必须站在国民经济发展的战略性高度及从企业战略性发展的角度来看待这一问题，加强科学管理，扎实工作，不断提高企业购并重组水平。

3.2.3 公司增持与回购的影响

上市公司增持与回购的主要作用是稳定股价、提升信心。上市公司增持或者回购股份的原因有四个方面：①增加每股收益和每股净资产，提升股东价值；②提高公司的经营杠杆比例；③因个人避税方面的原因，红利税低于资本利得税；④管理层将股份回购作为一种信号，向投资者表明公司的股票被低估。在实践中，第四种原因是促使上市公司增持或者回购股份的主要原因。

增持与回购对股价的影响长期不显著，但短期是显著的。增持和回购虽然可以从财务的角度来改变股东价值，但是并不能改变上市公司的宏观背景，这种资本运作很难使得股价获得长期支撑，所以增持与回购不能改变股价的长期走势。

A股市场上增持的公司有四个显著的特征：第一，市盈率低于市场平均水平；第二，ROE水平高于市场平均水平且在10%以上，按年度计算在15%以上；第三，流通的A股占总股本比例较高；第四，少数股东权益占比较低，而现金流并不能成为判断的依据。目前，增持的公司绝大部分的理由是看好未来的发展，但除了央企以外，少部分增持的公司ROE水平、市盈率等并不符合前面的判断，主要原因是与大股东意愿相关度比较高。

增持可能成为普遍现象，但回购不一定能普遍实施，主要原因可能是公司治理的问题。相当多的银行股中有不少外资持有股权，如果采取回购措施，可能使得外资持股比例过高，影响国家控股权。另外，中小企业目前增持的比例较小，未来中小板增持的企业可能主要集中在持股比例较低的企业中。

目前，在A股市场上市的公司以增持A股为主。其实，H股、B股的性质和A股相同，B股相对于A股来说有更高的折价，回购成本更低，同时也提升了A股投资者的持股比例，增加了每股收益和净资产等财务指标，这比直接增持A股可能更能直接刺激A股的股价，因此A+B类上市公司值得关注。

本章小结

本章属于证券投资基本分析中的第三层次的分析，是微观分析，从公司基本分析和公司重大事项分析两个方面来阐述公司分析的主要内容。通过这一章的学习，应该掌握上市公司的行业地位、所属区位、公司产品、公司经营管理能力、公司盈利能力、公司成长性等多个公司基本分析方法，并初步具备公司分析的能力，能在我国证券市场中找出符合上涨特点的上市公司，为投资选股提供帮助。

本章练习

一、单项选择题

1. 在我国上市公司的重大事项分析中，包括(   )。
   A. 公司成长性分析　　　　　　　　B. 公司的行业地位分析
   C. 公司产品分析　　　　　　　　　D. 公司资产重组与兼并分析

2. 公司基本分析包括(   )。
   A. 公司成长性分析　　　　　　　　B. 上市公司重要事件公告分析
   C. 上市公司回购分析　　　　　　　D. 公司资产重组与兼并分析

3. 公司产品分析不包括(   )。
   A. 产品的竞争能力分析　　　　　　B. 产品的市场占有率分析
   C. 公司创新能力分析　　　　　　　D. 产品的品牌战略分析

4. 上市公司经营管理能力分析不包括(   )。
   A. 公司管理人员的素质和能力分析　B. 公司管理风格及经营理念分析
   C. 公司业务人员素质和创新能力分析 D. 公司资产重组与兼并分析

二、多项选择题

1. 公司基本分析包括(   )。
   A. 公司产品分析　　　　　　　　　B. 公司成长性分析
   C. 公司盈利能力分析　　　　　　　D. 公司经营管理能力分析

2. 公司重大事项分析包括(   )。
   A. 上市公司产品分析　　　　　　　B. 上市公司成长性分析
   C. 上市公司回购分析　　　　　　　D. 上市公司的资产重组分析

3. 企业购并的类型包括（   ）。
A. 大型非上市公司入驻小型上市公司
B. 上市公司兼并收购非上市公司
C. 上市公司回购
D. 上市公司内部资产重组或资产置换

4. 上市公司重大事件包括（   ）。
A. 公司发生重大债务
B. 公司未能归还到期重大债务的违约情况
C. 公司资产遭受重大损失
D. 公司发生重大经营性或者非经营性亏损

5. 公司成长性分析包括（   ）。
A. 公司经营战略分析
B. 公司规模变动特征及扩张潜力分析
C. 公司回购分析
D. 公司产品分析

三、案例题

江苏雅克科技股份有限公司简称雅克科技（002409），属于有机化学产品制造业，主要产品是阻燃剂，截至2009年年末，其阻燃剂占主要业务收入的87.7%。总股本11 088万股，流通股本2 240万股，2009年年末每股收益0.864 1元，每股净资产2.69元。2010年第一季度每股收益0.151元，每股净资产9.244元。

请回答下述问题：

(1) 试分析雅克科技的行业特点，该行业属于朝阳行业，还是夕阳行业？其地域特点是什么？

(2) 分析该上市公司的产品特点，产品的科技含量及投资价值。

(3) 从股本结构来看，该公司适合投资还是投机？

第4章 公司财务分析

知识目标

1. 掌握公司资产负债表、公司利润表和公司现金流量表的分析方法；
2. 熟练掌握公司财务比率分析方法；
3. 了解虚假财务报表的识别方法。

技能目标

1. 能够进行上市公司的财务分析，掌握不同行业上市公司的财务报表特点；
2. 能够通过财务分析来指导选股，初步具备识别虚假财务报表的能力。

案例导入

财务分析使"蓝田神话"破灭

蓝田股份曾经创造了中国股市长盛不衰的绩优神话。这家以养殖、旅游和饮料为主的上市公司，一亮相就颠覆了行业规律和市场法则，1996年发行上市以后，在财务数字上一直保持着神奇的增长速度：总资产规模从上市前的 2.66 亿元发展到 2000 年年末的 28.38 亿元，增长了 9 倍，历年年报的业绩都在每股 0.60 元以上，最高达到 1.15 元。即使遭遇了 1998 年特大洪灾以后，每股收益也达到了不可思议的 0.81 元，5 年间股本扩张了 360%，创造了中国农业企业罕见的"蓝田神话"。

刘姝威，中央财经大学研究所研究员，自 2001 年 10 月 9 日起对蓝田股份的财务报告进行了分析，得出的结果是，2000 年蓝田股份的流动比率已经下降到 0.77，净营运资金已经下降到 -1.27 亿元。在刘姝威看来，这几个简单的数字说明的是：蓝田股份在一年内难以偿还流动债务，有 1.27 亿元的短期债务无法偿还，蓝田股份已经失去了创造现金流量的能力，完全是在依靠银行的贷款维持生存——它是一个空壳！

2001 年 10 月 23 日，刘姝威毫不犹豫地将《应立即停止对蓝田股份发放贷款》的 600 字报告传真给了《金融内参》编辑部，两天之后顺利刊发，"蓝田神话"破灭。

2002年1月，因涉嫌提供虚假财务信息，董事长保田等10名中高层管理人员被拘传接受调查。

2002年3月，公司实行特别处理，股票简称变更为"ST生态"。

2002年5月，因连续3年亏损，暂停上市。

财务分析是公司分析中的一项重要内容，通过对公司财务数据进行加工、分析和比较，投资者能够掌握公司财务状况和运营情况，预测公司未来的经营前景，判断公司证券的价值，从而做出合理的投资决策。公司财务状况的好坏主要通过公司定期公布的财务报表来加以反映。

公司的各种财务报表，如资产负债表、损益表、现金流量表、合并会计报表，蕴含了丰富的会计信息，是反映企业实力的一面镜子。精于阅读和分析财务报表将有助于投资者更加深入、准确地把握上市公司的财务状况和盈利水平。

4.1 财务报告概述

财务报告是指企业对外提供的反映企业某一特定日期的财务状况和某一会计期间的经营成果、现金流量等会计信息的文件。财务报告包括财务报表和其他应当在财务报告中披露的相关信息和资料。

财务报表是对企业财务状况、经营成果和现金流量的结构性表述。财务报表至少应当包括资产负债表、利润表、现金流量表、所有者权益变动表(或股东权益变动表)和附注。

财务报表可以按照不同的标准进行分类。

(1) 按财务报表编报期间的不同，可以分为中期财务报表和年度财务报表。中期财务报表是以短于一个完整会计年度的报告期间为基础编制的财务报表，包括月报、季报和半年报等。

(2) 按财务报表编报主体的不同，可以分为个别财务报表和合并财务报表。个别财务报表是由企业在自身会计核算基础上对账簿记录进行加工而编制的财务报表，主要用于反映企业自身的财务状况、经营成果和现金流量情况。合并财务报表是以母公司和子公司组成的企业集团为会计主体，根据母公司和所属子公司的财务报表，由母公司编制的综合反映企业集团财务状况、经营成果及现金流量的财务报表。

4.2 财务报表的内容

4.2.1 资产负债表

▶ 1. 资产负债表的内容

资产负债表是反映企业在某一特定日期财务状况的会计报表，反映企业在某一特定日期所拥有或控制的经济资源、所承担的现有义务和所有者对净资产的要求权。资产负债表可以提供某一日期资产的总额及其结构，表明企业拥有或控制的资源及其分布情况，使用者可以一目了然地从资产负债表上了解企业在某一特定日期所拥有的资产总量及其结构。资产负债表可以提供某一日期的负债总额及其结构，表明企业未来需要用多少资产或劳务清偿债务，以及清偿时间。资产负债表可以反映所有者所拥有的权益，据以判断资本保值、增值的情况，以及对负债的保障程度。此外，资产负债表还可以提供进行财务分析的基本资料，如将流动资产与流动负债进行比较，计算出流动比率；将速动资产与流动负债进行比较，计算出速动比率等，体现企业的变现能力、偿债能力和资金周转能力，从而有助于报表使用者做出经济决策。

▶ 2. 资产负债表的结构

在我国，资产负债表采用账户式结构，报表分为左右两方，左方列示资产各项目，反映全部资产的分布及存在形态；右方列示负债和所有者权益各项目，反映全部负债和所有者权益的内容及构成情况。资产负债表的具体格式如表 4-1 所示。资产负债表左右双方平衡，资产总计等于负债和所有者权益总计，即"资产＝负债＋所有者权益"。此外，为了便于报表使用者比较不同时点资产负债表的数据，掌握企业财务状况的变动情况及发展趋势，企业需要提供比较资产负债表。

表 4-1 资产负债表

编制单位：　　　　　　　　　　　　　　年　月　日　　　　　　　　　　　　　单位：万元

资　产	期末余额	期初余额	负债和所有者权益	期末余额	期初余额
流动资产：			流动负债：		
货币资金			短期借款		
交易性金融资产			交易性金融负债		
应收票据			应付票据		
应收账款			应付账款		
预付款项			预收款项		
应收利息			应付职工薪酬		
应收股利			应交税费		
其他应收款			应付利息		
存货			应付股利		
一年内到期的非流动资产			其他应付款		
其他流动资产			一年内到期的非流动负债		
流动资产合计			其他流动负债		
非流动资产：			流动负债合计		
可供出售金融资产			非流动负债：		
持有至到期投资			长期借款		
长期应收款			应付债券		
长期股权投资			长期应付款		

续表

资　产	期末余额	期初余额	负债和所有者权益	期末余额	期初余额
投资性房地产			专项应付款		
固定资产			预计负债		
在建工程			递延所得税负债		
工程物资			其他非流动负债		
固定资产清理			非流动负债合计		
生产性生物资产			负债合计		
油气资产			所有者权益(或股东权益):		
无形资产			实收资本(或股本)		
开发支出			资本公积		
商誉			减：库存股		
长期待摊费用			盈余公积		
递延所得税资产			未分配利润		
其他非流动资产			所有者权益合计		
非流动资产合计					
资产总计			负债和所有者权益总计		

4.2.2 利润表

▶ 1. 利润表的内容

利润表是反映企业在一定会计期间的经营成果的会计报表，表明企业运用所拥有的资产进行获利的能力。利润表的列报必须充分反映企业经营业绩的主要来源和构成，有助于使用者判断净利润的质量及风险，有助于使用者预测净利润的持续性，从而做出正确的决策。利润表可以反映企业一定会计期间的收入实现情况，如实现的营业收入、投资收益和营业外收入等；可以反映一定会计期间的费用耗费情况，如耗费的营业成本，销售费用、管理费用、财务费用，营业外支出等；可以反映企业生产经营活动的成果，即净利润的实现情况，据以判断资本保值、增值情况。将利润表中的信息与资产负债表中的信息相结合，还可以提供进行财务分析的基本资料，如将赊销收入净额与应收账款平均余额进行比较，计算出应收账款周转率；将销货成本与存货平均余额进行比较，计算出存货周转率；将净利润与资产总额进行比较，计算出资产收益率等，可以反映企业资金周转情况及企业的盈利能力和水平，便于报表使用者判断企业未来的发展趋势，做出投资决策。

▶ 2. 利润表的结构

常见的利润表主要有单步式和多步式两种结构。在我国，企业利润表多采用多步式结构，即通过对当期的收入、费用、支出项目按性质加以归类，按利润形成的主要环节列示一些中间性利润指标，分步计算当期经营损益。

利润表的具体格式如表 4-2 所示。

表 4-2 利 润 表

编制单位：××   年   单位：万元

项 目	本期金额	上期金额
一、营业收入		
减：营业成本		
营业税金及附加		
销售费用		
管理费用		
财务费用		
资产减值损失		
加：公允价值变动收益（损失以"－"号填列）		
投资收益（损失以"－"号填列）		
其中：对联营企业和合营企业的投资收益		
二、营业利润（亏损以"－"号填列）		
加：营业外收入		
减：营业外支出		
其中：非流动资产处置损失		
三、利润总额（亏损总额以"－"号填列）		
减：所得税费用		
四、净利润（净亏损以"－"号填列）		
五、每股收益		
（一）基本每股收益		
（二）摊薄每股收益		
六、综合收益		
（一）其他综合收益		
（二）综合收益总额		

利润表主要反映以下几方面的内容：

（1）营业收入，由主营业务收入和其他业务收入组成；

（2）营业利润，由营业收入减去营业成本（主营业务成本、其他业务成本）营业税金及附加、销售费用、管理费用、财务费用、资产减值损失，加上公允价值变动收益、投资收益；

（3）利润总额，由营业利润加上营业外收入，减去营业外支出；

（4）净利润，由利润总额减去所得税费用；

(5) 每股收益，普通股或潜在普通股已公开交易的企业，以及正处于公开发行普通股或潜在普通股过程中的企业，还应当在利润表中列示每股收益信息，包括基本每股收益和摊薄每股收益两项指标。

此外，为了便于报表使用者比较不同期间利润的实现情况，判断企业经营成果的未来发展趋势，企业需要提供比较利润表。

4.2.3 现金流量表

▶ 1. 现金流量表的内容

现金流量表是反映企业在一定会计期间现金和现金等价物流入和流出的报表。从编制原则来看，现金流量表按照收付实现制原则编制，将权责发生制下的盈利信息调整为收付实现制下的现金流量信息，便于信息使用者了解企业净利润的质量。从内容来看，现金流量表被划分为经营活动、投资活动和筹资活动三个部分，每类活动又分为各具体项目，这些项目从不同角度反映企业业务活动的现金流入与流出，弥补了资产负债表和利润表所提供信息的不足。通过现金流量表，报表使用者能够了解现金流量的影响因素，评价企业的支付能力、偿债能力和周转能力，预测企业未来现金流量，为其决策提供有力依据。

▶ 2. 现金流量表的结构

在现金流量表中，现金及现金等价物被视为一个整体，企业现金形式的转换不会产生现金的流入和流出。例如，企业从银行提取现金，是企业现金存放形式的转换，并未流出企业，不构成现金流量。同样，现金与现金等价物之间的转换也不属于现金流量，例如，企业用现金购买6个月到期的国债。根据企业业务活动的性质和现金流量的来源，现金流量表在结构上将企业一定期间产生的现金流量分为三类：经营活动产生的现金流量、投资活动产生的现金流量和筹资活动产生的现金流量。现金流量表的具体格式如表4-3所示。

表4-3 现金流量表

编制单位：　　　　　　　　　　　年　　　　　　　　　　　　单位：万元

项　　目	本 期 金 额	上 期 金 额
一、经营活动产生的现金流量		
销售商品、提供劳务收到的现金		
收到的税费返还		
收到其他与经营活动有关的现金		
经营活动现金流入小计		
购买商品、接受劳务支付的现金		
支付给职工以及为职工支付的现金		
支付的各项税费		
支付其他与经营活动有关的现金		
经营活动现金流出小计		

续表

项　　　目	本 期 金 额	上 期 金 额
经营活动产生的现金流量净额		
二、投资活动产生的现金流量		
收回投资收到的现金		
取得投资收益收到的现金		
处置固定资产、无形资产和其他长期资产收回的现金净额		
处置子公司及其他营业单位收到的现金净额		
收到其他与投资活动有关的现金		
投资活动现金流入小计		
购建固定资产、无形资产和其他长期资产支付的现金		
投资支付的现金		
取得子公司及其他营业单位支付的现金净额		
支付其他与投资活动有关的现金		
投资活动现金流出小计		
投资活动产生的现金流量净额		
三、筹资活动产生的现金流量		
吸收投资收到的现金		
取得借款收到的现金		
收到其他与筹资活动有关的现金		
筹资活动现金流入小计		
偿还债务支付的现金		
分配股利、利润或偿付利息支付的现金		
支付其他与筹资活动有关的现金		
筹资活动现金流出小计		
筹资活动产生的现金流量净额		
四、汇率变动对现金及现金等价物的影响		
五、现金及现金等价物净增加额		
加：期初现金及现金等价物余额		
六、期末现金及现金等价物余额		
补 充 资 料	本 期 金 额	上 期 金 额
1. 将净利润调节为经营活动现金流量		
净利润		
加：资产减值准备		

续表

补充资料	本期金额	上期金额
固定资产折旧、油气资产折耗、生产性生物资产折旧		
无形资产摊销		
长期待摊费用摊销		
处置固定资产、无形资产和其他长期资产的损失(收益以"-"号填列)		
固定资产报废损失(收益以"-"号填列)		
公允价值变动损失(收益以"-"号填列)		
财务费用(收益以"-"号填列)		
投资损失(收益以"-"号填列)		
递延所得税资产减少(增加以"-"号填列)		
递延所得税负债增加(减少以"-"号填列)		
存货的减少(增加以"-"号填列)		
经营性应收项目的减少(增加以"-"号填列)		
经营性应付项目的增加(减少以"-"号填列)		
其他		
经营活动产生的现金流量净额		
2. 不涉及现金收支的重大投资和筹资活动		
债务转为资本		
一年内到期的可转换公司债券		
融资租入固定资产		
3. 现金及现金等价物净变动情况		
现金的期末余额		
减：现金的期初余额		
加：现金等价物的期末余额		
减：现金等价物的期初余额		
现金及现金等价物净增加额		

4.2.4　所有者权益变动表

▶ 1. 所有者权益变动表的内容

所有者权益变动表是反映构成所有者权益各组成部分当期增减变动情况的报表。所有者权益变动表应当全面反映一定时期所有者权益变动的情况，不仅包括所有者权益总量的增减变动，还包括所有者权益增减变动的重要结构性信息，特别是要反映直接计入所有者权益的利得和损失，让报表使用者准确理解所有者权益增减变动的根源。

在所有者权益变动表中，企业至少应当单独列示反映下列信息的项目：①净利润；②直接计入所有者权益的利得和损失项目及其总额；③会计政策变更和差错更正的累积影响金额；④所有者投入资本和向所有者分配利润等；⑤提取的盈余公积；⑥实收资本或股本、资本公积、盈余公积、未分配利润的期初和期末余额及其调节情况。

▶ 2. 所有者权益变动表的结构

为了清楚地表明构成所有者权益的各组成部分当期的增减变动情况，所有者权益变动表应当以矩阵的形式列示：一方面，列示导致所有者权益变动的交易或事项，改变了以往仅仅按照所有者权益的各组成部分反映所有者权益变动的情况，从所有者权益变动的来源对一定时期所有者权益变动情况进行全面反映；另一方面，按照所有者权益各组成部分（包括实收资本、资本公积、盈余公积、未分配利润和库存股）及其总额列示交易或事项对所有者权益的影响。此外，企业还需要提供比较所有者权益变动表。所有者权益变动表的具体格式如表4-4所示。

表 4-4 所有者权益变动表

编制单位： 年度 单位：万元

项目	本年金额						上年金额					
	实收资本（或股本）	资本公积	减：库存股	盈余公积	未分配利润	所有者权益合计	实收资本（或股本）	资本公积	减：库存股	盈余公积	未分配利润	所有者权益合计
一、上年年末余额												
加：会计政策变更												
前期差错更正												
二、本年年初余额												
三、本年增减变动金额（减少以"—"号填列）												
（一）净利润												
（二）直接计入所有者权益的利得和损失												
1. 可供出售金融资产公允价值变动净额												
2. 权益法下被投资单位其他所有者权益变动的影响												

续表

项　　目	本 年 金 额						上 年 金 额					
	实收资本（或股本）	资本公积	减：库存股	盈余公积	未分配利润	所有者权益合计	实收资本（或股本）	资本公积	减：库存股	盈余公积	未分配利润	所有者权益合计
3.与计入所有者权益项目相关的所得税影响												
4.其他												
上述（一）和（二）小计												
（三）所有者投入和减少资本												
1.所有者投入资本												
2.股份支付计入所有者权益的金额												
3.其他												
（四）利润分配												
1.提取盈余公积												
2.对所有者（或股东）的分配												
3.其他												
（五）所有者权益内部结转												
1.资本公积转增资本（或股本）												
2.盈余公积转增资本（或股本）												
3.盈余公积弥补亏损												
4.其他												
四、本年年末余额												

4.2.5 财务报告附注

财务报告附注是对资产负债表、利润表、现金流量表和所有者权益变动表等报表中列示项目的文字描述或明细资料,以及对未能在这些报表中列示的项目的说明等。附注是财务报告的重要组成部分。附注应当按照以下顺序披露有关内容。

▶ 1. 企业的基本情况

(1) 企业注册地、组织形式和总部地址。
(2) 企业的业务性质和主要经营活动。
(3) 母公司及集团最终母公司的名称。
(4) 财务报告的批准报出者和财务报告批准报出日。

▶ 2. 财务报表的编制基础

略。

▶ 3. 遵循《企业会计准则》的声明

企业应当明确说明编制的财务报表符合《企业会计准则》的要求,真实、公允地反映了企业的财务状况、经营成果和现金流量等有关信息,以此明确企业编制财务报表所依据的制度基础。如果企业编制的财务报表只是部分地遵循了《企业会计准则》,则附注中不得做出这种表述。

▶ 4. 重要会计政策和会计估计

企业应当披露采用的重要会计政策和会计估计,不重要的会计政策和会计估计可以不披露。

1) 重要会计政策的说明

由于企业经济业务的复杂性和多样化,某些经济业务可以有多种会计处理方法,即存在不止一种可供选择的会计政策。企业在发生某项经济业务时,必须从允许的会计处理方法中选择适合本企业特点的会计政策,企业选择不同的会计处理方法,可能极大地影响企业的财务状况和经营成果,进而编制出不同的财务报表。为了有助于使用者理解,有必要对这些会计政策加以披露。

需要特别指出的是,说明会计政策时还需要披露下列两项内容:

(1) 财务报表项目的计量基础。会计计量属性包括历史成本、重置成本、可变现净值、现值和公允价值,这直接显著地影响报表使用者的分析,这项披露要求便于使用者了解企业财务报表中的项目是按何种计量基础予以计量的,如存货是按成本计量还是可变现净值计量等。

(2) 会计政策的确定依据,主要是指企业在运用会计政策的过程中所做的对报表中确认的项目金额最具影响的判断。例如,企业如何判断持有的金融资产是持有至到期的投资而不是交易性投资;又如,对于拥有的持股不足50%的关联企业,企业为何判断企业拥有控制权因此将其纳入合并范围;再如,企业如何判断与租赁资产相关的所有风险和报酬已转移给企业,从而符合融资租赁的标准,以及投资性房地产的判断标准是什么等,这些判断对在报表中确认的项目金额具有重要影响。因此,这项披露要求有助于使用者理解企业选择和运用会计政策的背景,增加财务报表的可理解性。

2) 重要会计估计的说明

企业应当披露会计估计中所采用的关键假设和不确定因素的确定依据,这些关键假设和不确定因素在下一会计期间内很可能导致资产、负债账面价值进行重大调整。在确定报表中确认的资产和负债的账面金额的过程中,企业有时需要对不确定的未来事项在资产负债表日对这些资产和负债的影响加以估计。例如,固定资产可收回金额的计算需要根据其公允价值减去处置费用后的净额与预计未来现金流量的现值两者之间的较高者确定,在计算资产预计未来现金流量的现值时需要对未来现金流量进行预测,并选择适当的折现率,应当在附注中披露未来现金流量预测所采用的假设及其依据、所选择的折现率为什么是合理的等。这些假设的变动对这些资产和负债项目金额的确定影响很大,有可能会在下一个会计年度内做出重大调整。因此,强调这一披露要求,有助于提高财务报表的可理解性。

▶ 5. 会计政策和会计估计变更及差错更正的说明

企业应当按照《企业会计准则第 28 号——会计政策、会计估计变更和差错更正》及其应用指南的规定,披露会计政策和会计估计变更及差错更正的有关情况。

▶ 6. 重要报表项目的说明

企业应当将文字和数字描述相结合,尽可能以列表形式披露重要报表项目的构成或当期增减变动情况,并与报表项目相互参照。在披露顺序上,一般应当按照资产负债表、利润表、现金流量表、所有者权益变动表的顺序及其报表项目列示的顺序。

▶ 7. 其他需要说明的重要事项

其他需要说明的重要事项主要包括或有事项、承诺事项、资产负债表日后非调整事项、关联方关系及其交易等。

4.3 财务报表分析的功能、方法与原则

4.3.1 财务报表分析的功能

财务报表分析的功能有三个方面:

(1) 通过分析资产负债表,可以了解公司的财务状况,对公司的偿债能力、资本结构的合理性、流动资金的充足性等做出判断;

(2) 通过分析损益表,可以了解分析公司的盈利能力、盈利状况、经营效率,对公司在行业中的竞争地位、持续发展能力做出判断;

(3) 通过分析现金流量表,可以了解企业资产的流动性,判断和评价企业的财务状况,预测企业未来的现金流量,帮助投资者、债权人、经营者及其他相关者做出正确决策。

4.3.2 财务报表分析的方法

财务报表分析的方法主要有比较分析法和因素分析法。

▶ 1. 比较分析法

比较分析法是指对两个或几个有关的可比数据进行对比,揭示财务指标的差异和变动

关系，主要包括单个年度的财务比率分析、对本公司不同时期的财务报表进行比较分析、与同行业其他公司进行比较分析。

财务比率分析是指对本公司一个财务年度内的财务报表各项目之间进行比较，计算比率，判断年度内偿债能力、资本结构、经营效率、盈利能力等情况。

对本公司不同时期的财务报表进行比较分析，可以对公司持续经营能力、财务状况变动趋势、盈利能力做出分析，从一个较长的时期来动态地分析公司状况。

与同行业其他公司进行比较分析，可以了解公司各种指标的相对优劣。使用时常选用行业平均水平或行业标准水平，通过比较得出公司在行业中的地位，认识优势与不足，真正确定公司的价值。

▶ 2. 因素分析法

因素分析是根据分析指标和影响因素的关系，从数量上确定各因素对指标的影响程度。只有将一个综合性的指标分解成各个构成因素，才能从数量上把握每一个因素的影响程度。因素分析最常用的方法是杜邦财务分析方法。

4.3.3　财务报表分析的原则

▶ 1. 全面原则

财务分析可以得出很多比率指标，每个比率指标都从某个角度、方面揭示了公司的状况，但任何一个比率都不足以为评价公司提供全面的信息，同时，某一个指标的不足可以从其他方面得到补充。因此，分析财务报表要坚持全面原则，将所有指标、比率综合在一起得出对公司的全面、客观的评价。

▶ 2. 个性原则

一个行业的财务平均状况是行业内各公司的共性，但一个行业的各公司在具体经营管理活动上会采取不同的方式，这可以在财务报表数据中体现出来。例如，某公司的销售方式以分期收款为主，就会使其应收账款周转率表现出差异。又如，某公司本年度后期进行增资扩股，就会使本公司的资产收益率、股东权益收益率指标下降，但这种下降是由于资本变动造成的，并不表示公司经营真正滑坡。所以在对公司进行财务分析时，要考虑公司的特殊性，不能简单地与同行业直接比较。

4.4　财务比率分析

财务比率分析是同一个财务报表的不同项目之间、不同类别之间，或在两个不同资产负债表、损益表的有关项目之间，用比率来反映它们的相互关系，以便从中发现企业经营中存在的问题并据以评价企业的财务状况。

分析财务报表所使用的比率以及对同一比率的解释和评价，因使用者的着眼点、目标和用途不同而异。例如，一家银行在考虑是否给一个企业提供短期贷款时，关心的是该企业的资产流动性比率。而长期债权人和企业投资者则不然，他们着眼于企业的获利能力和经营效率，对资产的流动性则很少关注。投资者的目的在于考虑企业的获利能力和经营趋势,以取得理想的收益,企业的管理当局则关心财务分析的一切方面,既要保证企业具有偿还长、短期债务的能力,又要替投资者赢得尽可能多的利润。

不同资料使用者对同一比率的解释和评价基本上是一致的,但有时候可能发生矛盾。例如,反映短期偿债能力的流动比率(流动资产/流动负债)对短期债权人来说越大越好,但对企业管理当局来说,可能被认为是没有充分利用资金的浪费现象。

比率分析可以对以下几种标准比较后得出结论:公司过去的最好水平、公司今年的计划预测水平、同行业的先进水平或平均水平。

比率分析涉及公司管理的各个方面,比率指标也特别多,大致可分为以下几大类:偿债能力分析、营运能力分析、盈利能力分析、投资收益分析和现金流量分析。

4.4.1 偿债能力分析

偿债能力是指公司偿还各种到期债务的能力。如果公司债务结构不合理,短期内到期的债务比较多,而公司又没有足够的现金偿还债务,公司就会陷入债务危机之中。

偿债能力分析包括短期偿债能力分析、长期偿债能力分析及偿债能力保障程度分析。

▶ **1. 短期偿债能力分析**

偿债能力的衡量方法有两种:一种是比较债务与可供偿债资产的存量,资产存量超过债务存量较多,则认为偿债能力强;另一种是比较偿债所需现金和经营活动产生的现金流量,如果产生的现金超过需要的现金较多,则认为偿债能力强。

1) 短期债务与可偿债资产的存量比较

企业短期债务的存量是资产负债表中列示的各项流动负债年末余额,可以用来偿还这些债务的资产是资产负债表中列示的流动资产年末余额。流动负债需要在一年内用现金偿还,流动资产将在一年内变成现金,因此两者的比较可以反映短期偿债能力。

流动资产与流动负债的存量比较有两种方法:一种是差额比较,两者相减的差额称为营运资本;另一种是比率比较,两者相除的比率称为短期债务存量比率。

(1) 营运资本。营运资本是指流动资产超过流动负债的部分,其计算公式如下:

$$营运资本=流动资产-流动负债$$

营运资本越多,说明不能偿还债务的风险越小。因此,营运资本的多少可以反映偿还短期债务的能力。但是,营运资本是流动资产与流动负债之差,是个绝对数,如果企业之间规模相差很大,就不适合用绝对数直接相比。

(2) 短期债务存量比率。短期债务存量比率包括流动比率、速动比率和现金比率。

① 流动比率。流动比率是全部流动资产与流动负债的比值,其计算公式如下:

$$流动比率=\frac{流动资产}{流动负债}$$

流动比率假设全部流动资产都可以用于偿还短期债务,表明每1元流动负债有多少流动资产作为偿债的保障。流动比率不存在统一、标准的流动比率数值,不同行业的流动比率通常会有明显的差别。流动比率只有和同行业平均流动比率、本企业历史流动比率进行比较,才能确定这个比率是高还是低。营业周期越短的行业,合理的流动比率越低。如果流动比率与上年相比发生较大变动,或与行业平均值出现重大偏离,就应对构成流动比率的流动资产和流动负债各项目逐一进行分析,寻找形成差异的原因。为了考察流动资产的变现能力，有时还需要分析其周转率。

一般情况下，营业周期、流动资产中的应收账款数额和存货的周转速度是影响流动比率的主要因素。

流动比率有一定的局限性，在使用时应注意：流动比率假设全部流动资产都可以变为现金并用于偿债，全部流动负债都需要还清。实际上，有些流动资产的账面金额与变现金额有较大差异，如产成品等；经营性流动资产是企业持续经营所必需的，不能全部用于偿债；经营性应付项目可以滚动存续，无须动用现金全部结清。因此，流动比率仅是对短期偿债能力的粗略估计。

② 速动比率。构成流动资产的各个项目的流动性有很大差别，其中的货币资金、交易性金融资产和各种应收、预付款项等，可以在较短时间内变现，称为速动资产。另外的流动资产，包括存货、待摊费用、一年内到期的非流动资产及其他流动资产等，称为非速动资产。非速动资产的变现时间和数量具有较大的不确定性：a. 存货的变现速度比应收款项要慢得多；部分存货可能已损失报废还没做处理，或者已抵押给某债权人不能用于偿债；存货估价有多种方法，可能与变现金额相差悬殊。b. 待摊费用不能出售变现。c. 一年内到期的非流动资产和其他流动资产的数额有偶然性，不代表正常的变现能力。因此，将可偿债资产定义为速动资产，计算出来的短期债务存量比率更令人可信。

速动资产与流动负债的比值称为速动比率，其计算公式如下：

$$速动比率 = \frac{速动资产}{流动负债}$$

速动比率假设速动资产是可以用于偿债的资产，表明每1元流动负债有多少速动资产作为偿还保障。如同流动比率一样，不同行业的速动比率有很大差别。例如，采用大量现金销售的商店几乎没有应收账款，速动比率大大低于1是很正常的；相反，一些应收账款较多的企业，速动比率可能要大于1。

影响速动比率可信性的重要因素是应收账款的变现能力。账面上的应收账款不一定都能变成现金，实际坏账可能比计提的准备要多。另外，季节性的变化可能使报表上的应收账款数额不能反映平均水平。

③ 现金比率。速动资产中，流动性最强、可直接用于偿债的资产称为现金资产。现金资产包括货币资金、交易性金融资产等，它们与其他速动资产有区别，其本身就是可以直接偿债的资产，而其他速动资产需要等待不确定的时间，才能转换为不确定数额的现金。

现金资产与流动负债的比值称为现金比率，其计算公式如下：

$$现金比率 = \frac{货币资金 + 交易性金融资产}{流动负债}$$

现金比率假设现金资产是可偿债资产，表明每1元流动负债有多少现金资产作为偿还保障。

2）影响短期偿债能力的其他因素

上述短期偿债能力比率都是根据财务报表中的资料计算的，还有一些表外因素也会影响企业的短期偿债能力，甚至影响相当大。财务报表的使用者应尽可能了解这方面的信息，有利于做出正确的判断。

(1) 增强短期偿债能力的表外因素主要有以下几项。

① 可动用的银行贷款指标：银行已同意、企业未办理贷款手续的银行贷款限额，可以随时增加企业的现金，提高支付能力。这一数据不反映在财务报表中，但会在董事会决议中披露。

② 准备很快变现的非流动资产：企业可能有一些长期资产可以随时出售变现，而不出现在"一年内到期的非流动资产"项目中。例如，储备的土地、未开采的采矿权、目前出租的房产等，在企业发生周转困难时，将其出售并不影响企业的持续经营。

③ 偿债能力的声誉：如果企业的信用很好，即使在短期偿债方面出现暂时困难也比较容易筹集到短缺的现金。

(2) 降低短期偿债能力的表外因素主要有以下几项。

① 与担保有关的或有负债：如果它的数额较大并且可能发生，就应在评价偿债能力时给予关注。

② 经营租赁合同中承诺的付款：很可能是需要偿付的义务。

③ 建造合同、长期资产购置合同中的分阶段付款：应视同需要偿还的债务。

▶ 2. 长期偿债能力分析

从长期来看，所有的债务都要偿还，因此，反映长期偿债能力的存量比率是总债务、总资产和股东权益之间的比例关系。常用指标有资产负债率、产权比率、权益乘数和有形资产净值债务率。

1) 资产负债率

资产负债率是负债总额占资产总额的百分比，其计算公式如下：

$$资产负债率 = \frac{负债总额}{资产总额} \times 100\%$$

资产负债率反映总资产中有多大比例是通过负债取得的，它可以衡量企业在清算时保护债权人利益的程度。资产负债率越低，企业偿债越有保证，贷款越安全。资产负债率还代表企业的举债能力，一个企业的资产负债率越低，举债越容易。如果资产负债率高到一定程度，就没有人愿意提供贷款，表明企业的举债能力已经用尽。

2) 产权比率和权益乘数

产权比率和权益乘数是资产负债率的另外两种表现形式，这两者和资产负债率的性质一样，其计算公式如下：

$$产权比率 = \frac{负债总额}{股东权益} \times 100\%$$

$$权益乘数 = \frac{资产总额}{股东权益} = 1 + 产权比率 = \frac{1}{1-资产负债率}$$

产权比率表明1元股东权益借入的债务数额。权益乘数表明1元股东权益拥有的总资产。产权比率和权益乘数是两种常用的财务杠杆计量，可以反映特定情况下资产利润率和权益利润率之间的倍数关系。

3) 有形资产净值债务率

有形资产净值债务率是公司负债总额占有形资产净值的比率。有形资产净值是股东权益减去无形资产净值后的净值，即股东具有所有权的有形资产的净值，其计算公式如下：

$$有形资产净值债务率 = \frac{负债总额}{股东权益 - 无形资产净值} \times 100\%$$

有形资产净值债务率是产权比率的延伸,从公司长期偿债能力角度来讲,有形资产净值债务率越低越好。由于无形资产包括商誉、商标、专利权及非专利技术等,不一定能用来还债,为谨慎起见,一律视为不能偿债,将其从分母中扣除。

4) 影响长期偿债能力的其他因素

上述衡量长期偿债能力的财务比率是根据财务报表数据计算的,还有一些表外因素影响企业的长期偿债能力,必须引起足够的重视。

(1) 长期租赁。当企业急需某种设备或厂房而又缺乏足够的资金时,可以通过租赁的方式解决。财产租赁包括融资租赁和经营租赁。融资租赁形成的负债大多会反映于资产负债表,而经营租赁则没有反映于资产负债表。当企业的经营租赁量比较大、期限比较长或具有经常性时,就形成了一种长期性筹资,这种长期性筹资到期时必须支付租金,会对企业的偿债能力产生影响。因此,如果企业经常发生经营租赁业务,应考虑租赁费用对偿债能力的影响。

(2) 债务担保。担保项目的时间长短不一,有的涉及企业的长期负债,有的涉及企业的流动负债。在分析企业长期偿债能力时,应根据有关资料判断担保责任带来的潜在长期负债问题。

(3) 未决诉讼。未决诉讼一旦判决败诉,便会影响企业的偿债能力,因此在评价企业长期偿债能力时要考虑其潜在影响。

▶ 3. 偿债能力保障程度分析

偿债能力保障程度主要用来衡量公司对固定利息费用所提供的保障程度。反映偿债能力保障程度的财务比率有利息保障倍数、长期债务与营运资金比率。

1) 利息保障倍数

利息保障倍数是指息税前利润为利息费用的倍数,其计算公式如下:

$$利息保障倍数 = \frac{息税前利润}{利息费用} = \frac{净利润 + 利息费用 + 所得税费用}{利息费用}$$

通常,可以用财务费用的数额作为利息费用,也可以根据报表附注资料确定更准确的利息费用数额。

长期债务不需要每年还本,却需要每年付息。利息保障倍数表明1元债务利息有多少倍的息税前收益作为保障,它可以反映债务政策的风险大小。如果企业一直保持按时付息的信誉,则长期负债可以延续,举借新债也比较容易。利息保障倍数越大,利息支付越有保障。如果利息支付尚且缺乏保障,归还本金就很难指望。因此,利息保障倍数可以反映长期偿债能力。

如果利息保障倍数小于1,表明自身产生的经营收益不能支持现有的债务规模。利息保障倍数等于1也是很危险的,因为息税前利润受经营风险的影响是不稳定的,而利息的支付却是固定数额。利息保障倍数越大,公司拥有的偿还利息的缓冲资金越多。

2) 长期债务与营运资金比率

长期债务与营运资金比率是根据公司的长期债务与营运资金计算出来的,其计算公式如下:

$$长期债务与营运资金比率=\frac{长期负债}{流动资产-流动负债}$$

一般情况下,长期债务不应超过营运资金。长期债务会随时间延续不断转化为流动负债,并需运用流动资产来偿还。保持长期债务不超过营运资金,就不会因为这种转化而造成流动资产小于流动负债,从而使长期债权人和短期债权人感到贷款有安全保障。

4.4.2 营运能力分析

营运能力比率也称为资产管理比率,是用来衡量公司资产管理效率的财务比率。常用的指标有应收账款周转率、存货周转率、流动资产周转率和总资产周转率等。

▶ 1. 应收账款周转率

应收账款和存货一样,在流动资产中有着举足轻重的地位。及时收回应收账款,不仅增强了企业的短期偿债能力,也反映出企业管理应收账款方面的效率。

应收账款周转率是销售收入与平均应收账款的比率,它反映年度内应收账款转为现金的平均次数,说明应收账款流动的速度。应收账款天数是应收账款周转率的倒数乘以360天,也称应收账款回收期或平均收现期,表示公司从取得应收账款的权利到收回款项转换为现金所需要的时间。其计算公式分别如下:

$$应收账款周转率=\frac{销售收入}{平均应收账款}$$

其中,

$$平均应收账款=\frac{年初应收账款余额+年末应收账款余额}{2}$$

$$应收账款周转天数=\frac{360}{应收账款周转率}$$

一般来说,应收账款周转率越高,平均收账期越短,说明应收账款的收回越快。否则,企业的营运资金会过多地滞留在应收账款上,影响正常的资金周转。影响该指标正确计算的因素有季节性经营、大量使用分期付款结算方式、大量的销售使用现金结算、年末销售大幅度增加或下降。财务报表的外部使用者可以将计算出的指标与该企业前期、行业平均水平或其他类似企业相比较,判断该指标的高低。

▶ 2. 存货周转率

在流动资产中,存货所占的比重较大,存货的流动性将直接影响企业的流动比率,因此,必须特别重视对存货的分析。存货的流动性一般用存货的周转速度指标来反映,即存货周转率或存货周转天数。

存货周转率是衡量和评价企业购入存货、投入生产、销售收回等各环节管理状况的综合性指标。存货周转率是销售成本被平均存货所除得到的比率,也称为存货的周转次数。用时间表示的存货周转率就是存货周转天数,其计算公式如下:

$$存货周转率=\frac{销货成本}{平均存货}\times 100\%$$

$$存货周转天数=\frac{360}{存货周转率}$$

式中,销货成本来自损益表,平均存货来自资产负债表中的期初存货与期末存货的平均数。

一般来讲，存货周转速度越快，存货的占用水平越低，流动性越强，存货转换为现金或应收账款的速度越快。提高存货周转率可以提高企业的变现能力，存货周转速度越慢则变现能力越差。

存货周转率和存货周转天数指标的好坏反映存货管理水平，它不仅影响企业的短期偿债能力，也是整个企业管理的重要内容。企业管理者和有条件的财务报表的外部使用者，除了分析批量因素、季节性生产的变化等情况外，还应对存货的结构及影响存货周转速度的重要项目进行分析，如分别计算原材料周转率、在产品周转率或某种存货的周转率等。其计算公式如下：

$$原材料周转率=\frac{耗用原材料成本}{平均原材料存货}$$

$$在产品周转率=\frac{制造成本}{平均在产品存货}$$

存货周转率分析的目的是从不同的角度和环节上找出存货管理中的问题，使存货管理在保证生产经营连续性的同时，尽可能少占用经营资金，提高资金的使用效率，增强企业短期偿债能力，促进企业管理水平的提高。

▶ 3. 流动资产周转率

流动资产周转率是销售收入与全部流动资产的平均余额的比值，其计算公式如下：

$$流动资产周转率=\frac{销售收入}{平均流动资产}$$

其中，

$$平均流动资产=\frac{期初流动资产+期末流动资产}{2}$$

$$流动资产周转天数=\frac{360}{流动资产周转率}$$

流动资产周转率反映流动资产的周转速度。周转速度快，相当于扩大资产投入，增强公司盈利能力；而延缓周转速度，需要补充流动资产参加周转，造成资金浪费，降低公司盈利能力。

▶ 4. 总资产周转率

总资产周转率是销售收入与平均资产总额的比值，其计算公式如下：

$$总资产周转率=\frac{销售收入}{平均资产总额}$$

其中，

$$平均资产总额=\frac{年初资产总额+年末资产总额}{2}$$

总资产周转率反映资产总额的周转速度。周转率越大，说明总资产周转越快，反映销售能力越强。企业可以通过薄利多销的办法，加速资产的周转，带来利润绝对额的增加。

4.4.3 盈利能力分析

盈利能力是公司获取利润的能力。公司的盈利能力只涉及正常的营业状况，非正常的营业状况虽然也会给公司带来收益或损失，但不能说明公司的能力。在分析公司盈利能力时，应当排除以下因素：证券买卖等非正常项目、已经或将要停止的营业项目、重大事故或法律更改等特别项目、会计准则和财务制度变更带来的累计影响等。反映公司盈利能力的指标很多，主要包括销售毛利率、销售净利率、资产收益率、净资产收益率和主营业务利润率等。

▶ 1. 销售毛利率

销售毛利率是毛利占销售收入的百分比，简称毛利率。其中，毛利是销售收入与销售成本之差。其计算公式如下：

$$销售毛利率 = \frac{销售收入 - 销售成本}{销售收入} \times 100\%$$

销售毛利率表示每1元销售收入扣除销售产品或商品成本后，有多少钱可以用于各项期间费用和形成盈利。毛利率是企业销售净利率的最初基础，没有足够大的毛利率便不能盈利。

▶ 2. 销售净利率

销售净利率是指净利与销售收入的百分比，其计算公式如下：

$$销售净利率 = \frac{净利润}{销售收入} \times 100\%$$

销售净利率表示每1元销售收入带来的净利润有多少，反映销售收入的收益水平。从销售净利率的计算公式来看，净利润与销售净利率成正比关系，而销售收入与销售净利率成反比关系。企业在增加销售收入的同时，必须相应地获得更多的净利润，才能使销售净利率保持不变或有所提高。通过分析销售净利率的升降变动，可以促使企业在扩大销售的同时，注意改进经营管理，提高盈利水平。

▶ 3. 资产收益率

资产收益率是企业净利润与平均资产总额的百分比，其计算公式如下：

$$资产收益率 = \frac{净利润}{平均资产总额} \times 100\%$$

其中，

$$平均资产总额 = \frac{期初资产总额 + 期末资产总额}{2}$$

资产收益率即把企业一定期间的净利润与企业的资产相比较，表明企业资产利用的综合效果。该指标值越高，表明资产的利用效率越高，说明企业在增加收入和节约资金使用等方面取得了良好的效果；否则，相反。同时，企业的资产是由投资者投入或举债形成的，收益的多少与企业资产的多少、资产的结构、经营管理水平有着密切的关系。资产收益率是一个综合指标，为了正确评价企业经济效益的高低，挖掘提高利润水平的潜力，可以用该项指标与本企业前期、计划、本行业平均水平和本行业内先进企业进行对比，分析形成差异的原因。影响资产收益率高低的主要因素有产品的价格、单位成本的高低、产品的产量和销售的数量、资金占用量的大小等。另外，还可以利用资产收益率来分析经营中存在的问题，提高销售利润率，加速资金周转。

▶ 4. 净资产收益率

净资产收益率是净利润与平均股东权益的百分比，其计算公式如下：

$$净资产收益率 = \frac{净利润}{平均股东权益} \times 100\%$$

净资产收益率反映股东权益的收益水平,指标值越高,说明投资带来的收益越高。

▶ 5. 主营业务利润率

主营业务利润率是主营业务利润与主营业务收入的百分比,其计算公式如下:

$$主营业务利润率 = \frac{主营业务利润}{主营业务收入} \times 100\%$$

主营业务利润率反映公司主营业务的获利水平,只有当公司主营业务突出,即主营业务利润率较高的情况下,才能在竞争中占据优势地位。

4.4.4 投资收益分析

▶ 1. 普通股每股收益

普通股每股收益是净利润与公司发行在外的普通股总数的比值,由于我国《公司法》没有关于发行优先股的规定,所以其计算公式如下:

$$普通股每股收益 = \frac{净利润 - 优先股股息}{发行在外的加权平均普通股股数}$$

普通股每股收益反映普通股的获利水平,指标值越高,每一股份可得的利润越多,股东的投资效益越好;反之,则越差。

▶ 2. 股利支付率

股利支付率是普通股每股股利与每股收益的百分比,其计算公式如下:

$$股利支付率 = \frac{每股股利}{每股净收益} \times 100\%$$

股利支付率反映普通股股东从每股的全部净收益中分得多少,就单独的普通股投资者来讲,这一指标比每股净收益更能直接体现当前利益。股息发放率的高低取决于公司的股利支付策略,公司要综合考虑经营扩张资金需求、财务风险、最佳资本结构来决定支付股利的比例。

▶ 3. 普通股获利率

普通股获利率是每股股利与每股市价的百分比,其计算公式如下:

$$普通股获利率 = \frac{每股股利}{每股市价} \times 100\%$$

普通股获利率是衡量普通股股东当期股利收益率的指标。这一指标在用于分析股东投资收益时,分母应采用投资者当初购买股票时支付的价格;在用于对准备投资的股票进行分析时,则使用当时的市价。普通股获利率既可揭示投资该股票可能获得股利的收益率,也可反映出售或放弃投资这种股票的机会成本。

投资者可利用股价和获利率的关系及市场调节机制预测股价的涨跌。当预期股利不变时,股票的获利率与股票市价成反方向运动。当某股票的获利率偏低时,说明股票市价偏高;反之,若获利率偏高,则说明股价偏低,投资者会竞相购买,又会导致股价上升。

▶ 4. 本利比

本利比是每股股价与每股股息的比值,其计算公式如下:

$$本利比 = \frac{每股股价}{每股股利}$$

本利比是获利率的倒数，表明目前每股股票的市场价格是每股股利的几倍，以此来分析相对于股利而言，股票价格是否被高估及股票有无投资价值。

▶ 5. 市盈率

市盈率是每股市价与每股税后净利润的比率，也称本益比，其计算公式如下：

$$市盈率 = \frac{每股市价}{每股收益}$$

式中，每股市价是指每股普通股在证券市场上的买卖价格。

市盈率是衡量股份制企业盈利能力的重要指标，用股价与每股税后净利润进行比较，反映投资者对每1元净利所愿支付的价格。这一比率越高，意味着公司未来成长的潜力越大。一般来说，市盈率越高，说明公众对该股票的评价越高。但在市场过热、投机气氛浓郁时，常有被扭曲的情况，投资者应特别小心。

使用市盈率指标时应注意以下问题：一是该指标不能用于不同行业公司的比较，成长性好的新兴行业的市盈率普遍较高，而传统行业的市盈率普遍较低，但这并不意味着后者的股票没有投资价值；二是在每股收益很小或亏损时，由于市价不会降为零，此时公司的市盈率会很高，但不能说明任何问题；三是市盈率的高低受市场价格影响，而影响市场价格的因素很多，因此观察市盈率的长期趋势很重要。

▶ 6. 每股净资产

每股净资产是净资产除以发行在外的普通股股数的比值，其计算公式如下：

$$每股净资产 = \frac{净资产}{发行在外的普通股股数}$$

式中，净资产是资产总额与负债总额之差，即所有者权益。每股净资产反映每股普通股所代表的股东权益额，可以帮助投资者了解每股的权益。

▶ 7. 市净率

市净率是每股市价与每股净资产的比值，其计算公式如下：

$$市净率 = \frac{每股市价}{每股净资产}$$

市净率是将每股股价与每股净资产相比，表明股价在以每股净资产的若干倍流通转让，评价股价相对于每股净资产而言是否被高估。市净率越小，说明股票的投资价值越高，股价的支撑越有保证；反之，则投资价值越低。这一指标同样是投资者判断某股票投资价值的重要指标。

4.4.5 现金流量分析

▶ 1. 流动性分析

流动性是指将资产迅速转变为现金的能力，真正能用于偿还债务的是现金流量，所以现金流量和债务的比较可以更好地反映公司偿还债务的能力。

1) 现金到期债务比

现金到期债务比是经营现金流量与本期到期债务的比值，其计算公式如下：

$$现金到期债务比 = \frac{经营现金净流量}{本期到期的债务}$$

式中，本期到期的债务是指本期到期的长期债务和本期应付的应付票据。

2）现金流动负债比

现金流动负债比是经营现金净流量与流动负债的比值，其计算公式如下：

$$现金流动负债比 = \frac{经营现金净流量}{流动负债}$$

3）现金债务总额比

现金债务总额比是经营现金净流量与负债总额的比值，其计算公式如下：

$$现金债务总额比 = \frac{经营现金净流量}{债务总额}$$

▶ 2．获取现金能力分析

获取现金能力是指经营现金净流入和投入资源的比值。

1）营业现金比率

$$营业现金比率 = \frac{经营现金净流量}{营业收入}$$

式中，营业收入是指营业收入和应向购买者收取的增值税进项税额。营业现金比率反映每1元营业收入得到的净现金，数值越大越好。

2）每股营业现金净流量

$$每股营业现金净流量 = \frac{经营现金净流量}{普通股股数}$$

每股营业现金净流量反映公司最大的分红派息能力。

3）全部资产现金回收率

$$全部资产现金回收率 = \frac{经营现金净流量}{资产总额}$$

全部资产现金回收率反映公司资产产生现金的能力。

▶ 3．财务弹性分析

财务弹性是指公司适应经济环境变化和利用投资机会的能力。

1）现金满足投资比率

$$现金满足投资比率 = \frac{近5年经营活动现金净流量}{近5年资本支出、存货增加、现金股利之和}$$

现金满足投资比率越大，资金自给率越高。该比率达到1时，说明公司可以用经营活动获取的现金满足扩充所需资金；若该比率小于1时，说明公司扩充所需资金是靠外部融资来补充。

2）现金股利保障倍数

$$现金股利保障倍数 = \frac{每股营业现金净流量}{每股现金股利}$$

现金股利保障倍数越大，说明公司支付现金股利的能力越强。

▶ 4．收益质量分析

收益质量是指报告收益与公司业绩之间的关系。如果收益能够如实反映公司业绩，则认为收益的质量好；如果收益不能很好地反映公司业绩，则认为收益的质量不好。收益质量分析涉及的主要财务比率是营运指数。

$$营运指数 = \frac{经营现金净流量}{经营所得现金}$$

其中，

经营所得现金＝经营净收益＋非付现费用＝净利润－非经营收益＋非付现费用

如果营运指数小于1，一是说明一部分收益尚没有取得现金，停留在实物或债务形态，而实物和债权资产的风险大于现金，所以未收现的收益质量低于已收现的收益；二是说明营运资金增加了，反映公司为取得同样的收益占用了更多的营运资金，所以同样的收益代表着较差的业绩。

4.5 杜邦财务分析法

杜邦财务分析法是利用几种主要的财务比率之间的关系来综合地分析企业的财务状况，这种分析方法最早由美国杜邦公司使用，故名杜邦财务分析法，简称杜邦分析法。杜邦分析法是用来评价公司盈利能力和股东权益回报水平，从财务角度评价企业绩效的一种经典方法。杜邦分析法的基本思想是将企业净资产收益率逐级分解为多项财务比率乘积，这样有助于深入分析比较企业经营业绩。

杜邦分析法以净资产收益率为主线，将企业在某一时期的主营业务成果及资产营运状况全面联系在一起，层层分解，逐步深入，形成了完整的分析体系，如图4-1所示。

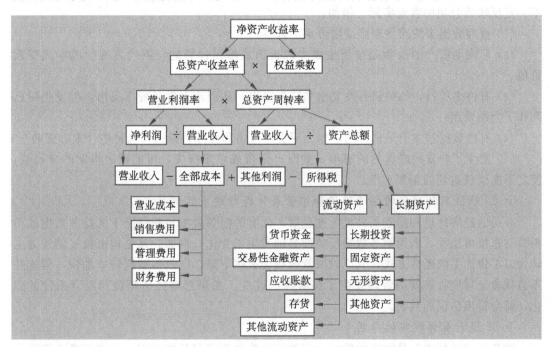

图 4-1　杜邦分析

（1）净资产收益率是杜邦分析中的核心内容，净资产的不断增值是财务管理的最终目的，体现了企业经营活动的最终成果。根据杜邦分析图可知，净资产收益率不仅取决于总资产收益率，而且取决于股东权益的结构比重，因此净资产收益率是企业资产使用效率与企业融资状况的综合体现。

（2）总资产收益率是企业营业利润率与资产周转率的综合表现。营业利润率反映了营业收入与利润的关系，要提高营业利润率，不仅要增加营业收入，而且应努力降低各项成本。要提高总资产周转率，不仅要增加营业收入，而且应降低资金的占用。

（3）降低各项成本开支是企业财务管理的一项重要内容，通过各项成本开支的列示，有利于进行成本、费用的结构分析，加强成本控制。为了详细了解企业成本费用的发生情况，在具体列示成本总额时，还可根据重要性原则，将影响较大的费用单独列示，以便为寻求降低成本的途径提供依据。

（4）影响资产周转率的一个重要因素是资产总额。资产总额由流动资产与长期资产组成，它们的结构是否合理直接影响资金的周转速度。流动资产与长期资产两者之间应该有一个合理的比率关系，如果某一项资产比重过大，就应深入分析原因。

4.6 财务分析中应注意的问题

▶ 1. 财务报表本身的局限性

财务报表是按《企业会计准则》编制的，有特定的假设前提，并要执行统一的规范，但不一定反映该公司的客观实际。例如：

（1）报表数据未按通货膨胀或物价水平调整；

（2）非流动资产的余额是按历史成本减折旧或摊销计算的，不代表现行成本或变现价值；

（3）有许多项目，如科研开发支出和广告支出，从理论上看是资本支出，但发生时列作了当期费用；

（4）有些数据基本上是估计的，如无形资产摊销和开办费摊销，这种估计未必正确；

（5）发生了非常的或偶然的事项，如财产盘盈或坏账损失，可能歪曲本期的净收益，使之不能反映盈利的正常水平。

▶ 2. 根据不断变化的经济环境和经营条件进行适当的调整

公司的经济环境和经营条件发生变化后，原有的财务数据与新情况下的财务数据就不再具有直接可比性，因为财务数据反映的基础发生了变化。例如，某公司由批发销售为主转为以零售为主的经营方式，其应收账款数额会大幅下降，应收账款周转率加快，但这并不意味着公司应收账款的管理发生了突破性的改变。如果忽略经济环境和经营条件的变化，就会得出错误的判断。

▶ 3. 进行具体现实的分析

财务报表的数据只是粗略的数字，它并不反映这些数字具体的细分，要想真正细致分析，得出客观恰当的结论，还应对财务报表数据进行细化分析。例如，两个公司的财务数据完全相同，其中一个公司的应收账款账龄均为1年以内，另一个公司的应收账款账龄有50%以上超过2年，显然后者的应收账款管理水平较差，发生坏账的可能性更大，其流动比率的可信度低于前者。因此，要准确地把握公司财务状况，还要透过现象看本质，对报表数据背后反映的情况进行具体现实的分析。

4.7 公司财务状况综合分析

为了对公司的投资价值做出科学的评估,需要对公司的财务状况进行综合评价和分析,这里主要介绍公司财务状况综合评分法。

公司财务评价的主要内容是公司的盈利能力、偿债能力和成长能力,三者之间大致可按 5∶3∶2 来分配比重,如以 100 分为总评分,则评分标准分配如表 4-5 所示。

表 4-5 公司财务评价评分标准

指标		评分值	标准比率/%	行业最高比率/%	最高评分	最低评分	每分比率的差/%
盈利能力	总资产净利率	20	10	20	30	10	1.0
	营业净利率	20	4	20	30	10	1.6
	净资产报酬率	10	16	20	15	5	0.8
偿债能力	权益负债比率	8	40	100	12	4	15
	流动比率	8	150	450	12	4	75
	应收账款周转率	8	600	1200	12	4	150
	存货周转率	8	800	1200	12	4	100
成长能力	销售增长率	6	15	30	9	3	5.0
	净利润增长率	6	10	20	9	3	3.3
	人均净利增长率	6	10	20	9	3	3.3
合计		100					

使用表 4-5 进行综合评价时,标准比率应以本行业平均数为基础,适当进行修正。在给每个指标评分时,应规定上限和下限,上限可规定为正常评分值的 1.5 倍,下限可规定为正常评分值的 1/2,通过规定上下限,可以减少个别指标异常对总分值造成的不合理影响。另外,给分时,不采用乘的关系,而采用加或减的关系来处理。例如,某项指标的标准值为 10%,标准评分为 20 分;行业最高比率为 20%,最高评分为 30 分,则每分的财务比率 $=\dfrac{20\%-10\%}{30-20}\times 100\%=1\%$,即该指标每提高 1%,多给 1 分,最高不超过 30 分。

4.8 虚假财务报表的识别

4.8.1 虚假财务报表的常见表现形式

虚假财务报表的常见表现形式一般有两类,一类是人为编造财务报表数据;另一类是利用会计方法的选择调整财务报表的有关数据。

人为编造的财务报表往往是根据所报送对象的要求,通过虚减、虚增资产、费用、利润等,人为编造有利于企业本身的财务数据,但这样做的结果往往导致报表不平衡(子项之和不等于总数)、账表不相符、报表与报表之间钩稽关系不符、前后期报表数据不衔接等,识别起来较为容易。

利用会计方法的选择形成的虚假财务报表,手段较为隐蔽,技术更为高级,更难以识别,常见的手段如下。

▶ 1. 调整收入确认方式,使利润虚增或虚减

现行会计制度规定可以采取三种收入确定方式:

(1) 销售行为完成(商品已销售,商品发出,取得权利;劳务已提供),无论货款是否收到,即可视为收入实现;

(2) 按生产进度确认(完工程度或工程进度);

(3) 按合同约定确认,主要指分期付款销售方式,同时规定,在确认营业收入时,还应扣除折扣、折让、销售退回。

造假时,企业可根据需要随时调整收入确认方式或调整扣除项目。

▶ 2. 调整存货等计价方法,从而虚增、虚减资产和费用

例如,通过选择先进先出法、加权平均法等,使账面资产或产品成本费用虚增、虚减。

▶ 3. 调整折旧计提方法,延长或缩短折旧年限,虚增、虚减成本费用,从而调整利润的高低

略。

▶ 4. 利用资产重组调节利润

资产重组是企业为了优化资本结构,调整产业结构,完成战略转移等目的而进行的资产置换和股权置换。但目前资产重组被个别公司利用来做假账,典型做法有:

(1) 借助关联交易,由非上市的企业以优质资产置换上市公司的劣质资产;

(2) 由非上市的企业将盈利能力较高的下属企业廉价出售给上市公司;

(3) 由上市公司将一些闲置资产高价出售给非上市公司的企业。

这些做法的特点有:一是利用时间差,如在会计年度即将结束前进行重大资产买卖,确认暴利;二是不等价交换,即借助关联交易,在上市公司和非上市母公司之间进行"以垃圾换黄金"的利润转移。

▶ 5. 利用关联交易调节利润

利用关联交易调节利润的主要方式如下:

（1）虚构经济业务，人为抬高上市公司业务和效益；
（2）利用远高于或低于市场价格的方式，进行购销活动、资产置换和股权置换；
（3）以旱涝保收的方式委托经营或受托经营，抬高上市公司的经营业绩；
（4）以低息或高息发生资金往来，调节财务费用。
（5）以收取或支付管理费，或者分摊共同费用来调节利润。

利用关联交易调节利润的最大特点：一是亏损大户可在一夜之间变成盈利大户，且关联交易的利润大都体现为"其他业务利润""投资收益"或"营业外收入"，但上市公司利用关联交易赚取的"横财"往往带有间发性；二是非上市公司企业的利润大量转移到上市公司，导致国有资产的流失。

▶ **6. 利用资产评估消除潜亏**

按照会计制度的规定和谨慎原则，企业的潜亏应当依照法定程序，通过利润表予以体现。然而许多企业，特别是国有企业，往往在股份制改组、对外投资、租赁、抵押时，通过资产评估，将坏账、滞销和毁损存货、长期投资损失、固定资产损失及递延资产等潜亏确认为评估减值，冲抵"资本公积"，从而达到粉饰会计报表，虚增利润的目的。

▶ **7. 利用虚拟资产调节利润**

根据国际惯例，资产是指能够带来未来经济利益的资源。不能带来经济利益的项目，即使符合权责发生制的要求列入了资产负债表，严格地说，也不是真正意义上的资产，由此产生了虚拟资产的概念。所谓虚拟资产，是指已经发生的费用或损失，但由于企业缺乏承受能力而暂时挂列为待摊费用、递延资产、待处理流动资产损失和待处理固定资产损失等资产项目。

企业通过不及时确认、少摊销或不摊销已经发生的费用和损失，从而达到减少费用，虚增利润的目的。

▶ **8. 利用利息资本化调节利润**

根据现行会计制度的规定，企业为在建工程和固定资产等长期资产而支付的利息费用，在这些长期资产投入使用前，可予以资本化计入这些长期资产的成本。长期资产投入使用后，则必须将利息费用计入当期损益。但有些企业在长期资产投入使用后仍将利息费用予以资本化，明显滥用配比原则和区分资本性支出与经营性支出原则，虚增了利润。

利用利息资本化调节利润的更隐秘的做法是，利用自有资金和借入资金难以界定的事实，通过人为划定资金来源和资金用途，将用于非资本性支出的利息资本化。

▶ **9. 利用股权投资调节利润**

利用股权投资调节利润的主要做法是在对外投资中，企业根据需要通过选择权益法或成本法来进行对外投资核算，从而增大投资收益，达到虚增利润的目的。例如，对于盈利的被投资企业，采用权益法核算，对于亏损的被投资企业，即使股权比例超过20%，仍采用成本法核算。

另外，根据财政部有关规定，如果上市公司以实物资产或无形资产对外投资，必须进行资产评估，并将评估增值部分计入资本公积，但规定公司将对外投资转让时，必须借记这项投资的资本公积，同时贷记营业外收入。这一规定无疑给企业虚增利润提供了借口。如公司通过与其他企业协议相互以实物资产或无形资产投资，评估资产时彼此将对方资产价值高估,再将所持股权转让给对方的关联企业,从而将高估的资产价值作为营业外收入虚增彼此的利润。这是利用股权投资调节利润的又一方法。

此外,还有利用其他应收款和其他应付款等科目调节利润、虚增资本金等手段。

4.8.2 虚假财务报表的识别方法

▶ 1. 对人为编造财务报表数据的识别方法

对于人为编造的财务报表数据,主要采取掌握证据、对比分析、查账核实等手段进行识别,一般有下列方法:

(1) 尽可能多地通过不同渠道收集同一时点的财务报表,对比异同点,对差异的数据提出质疑;

(2) 连续向企业索取同一时点的财务报表,对有差异的数据进行质疑;

(3) 核对各财务报表内部的平衡关系和报表之间的钩稽关系,找出疑点;

(4) 与平时观察掌握的经营状况进行对比,找出关键或重要财务项目的漏洞、疑点;

(5) 现场调查,进行账表、账账、账证和账实核对。

▶ 2. 对会计方法选择形成的虚假报表的识别方法

此类情况的会计处理较为高明,往往做到了报表平衡及账表、账账、账证等相符,因此在识别时宜采取以下方法。

(1) 不良资产剔除法。这里所说的不良资产除包括待摊费用、待处理流动资产净损失、待处理固定资产净损失、开办费、长期待摊费用等虚拟资产项目外,还包括可能产生潜亏的资产项目,如高龄应收款项、存货跌价和积压损失、投资损失、固定资产损失等。其方法的运用,一是将不良资产总额与净资产进行比较,如果不良资产总额接近或超过净资产,既说明企业的持续经营能力可能有问题,也表明企业可能在过去几年因人为夸大利润形成"资产泡沫";二是将当期不良资产的增加额和增加幅度与当期的利润总额和利润增加幅度相比较,如果不良资产的增加额及增加幅度超过利润总额的增加额及增加幅度,说明企业当期的损益表含有"水分"。

(2) 关联交易剔除法。关联交易剔除法是指将来自关联企业的营业收入和利润总额予以剔除,分析某一特定企业的盈利能力在多大程度上依赖于关联企业,以判断该企业的盈利基础是否扎实、利润来源是否稳定。如果企业的营业收入和利润来源主要来自关联企业,就应特别关注关联交易的定价政策,分析企业是否存在以不等价交换方式与关联企业交易从而虚增或虚减利润的现象。

关联交易剔除法的延伸运用是将上市公司的会计报表与其母公司编制的合并会计报表进行对比分析。如果母公司合并会计报表的利润总额(应剔除上市公司的利润总额)大大低于上市公司的利润总额,就意味着母公司通过关联交易将利润转移到上市公司。

(3) 异常利润剔除法。异常利润剔除法是指将其他业务利润、投资收益、补贴收入、营业外收入从企业的利润总额中剔除,以分析企业利润来源的稳定性。当企业利用资产重组或股权投资等方式调节利润时,主要在这些科目中反映,因而该方法对此类情况特别有效。

(4) 现金流量分析法。现金流量分析法是指将经营活动产生的现金流量、投资活动产生的现金流量、现金净流量分别与主营业务利润、投资收益和净利润进行比较分析,以判断企业主营业务利润、投资收益和净利润的质量。如果企业的现金净流量长期低于净利润，则意味着与已经确认为利润相对应的资产可能属于不能转化为现金流量的虚拟资产，表明企业可能存在虚增利润的情况。

本章小结

本章主要介绍了公司主要财务报表，财务分析的目的、方法和原则，财务比率分析，杜邦分析法，财务状况综合分析，以及虚假财务报表的识别。其中，重点是公司财务比率分析，财务比率分析是同一个财务报表的不同项目之间、不同类别之间，或两个不同的资产负债表、损益表的有关项目之间，用比率来反映它们的相互关系，这些财务比率涉及公司经营管理的各个方面，因此能从各个不同的侧面反映公司的经营状况。

本章练习

一、单项选择题

1. 某公司上年度和本年度的流动资产年均占用额分别为 100 万元和 120 万元，流动资产周转率分别为 6 次和 8 次，则本年比上年营业收入增加（　　）万元。
   A. 180　　　　　　B. 360　　　　　　C. 32　　　　　　D. 80

2. 某企业 2017 年流动资产平均余额为 100 万元，流动资产周转率为 7 次。若企业 2017 年净利润为 210 万元，则 2017 年销售净利率为（　　）。
   A. 30%　　　　　B. 50%　　　　　C. 40%　　　　　D. 15%

3. 某公司 2017 年税后利润 201 万元，所得税税率为 25%，利息费用为 40 万元，则该公司 2017 年已获利息倍数为（　　）。
   A. 7.70　　　　　B. 8.25　　　　　C. 6.45　　　　　D. 6.70

4. 某公司年末会计报表上部分数据为：流动负债 80 万元，流动比率为 3，速动比率为 1.6，营业成本 150 万元，年初存货为 60 万元，则本年度存货周转率为（　　）。
   A. 1.60 次　　　　B. 2.5 次　　　　C. 3.03 次　　　　D. 1.74 次

5. 下列指标中，不能反映企业偿付长期债务能力的是（　　）。
   A. 速动比率　　　　　　　　　　　B. 已获利息倍数
   C. 有形资产净值债务率　　　　　　D. 资产负债率

6. 计算存货周转率，不需要用到的财务数据是（　　）。
   A. 年末存货　　　B. 营业成本　　　C. 营业收入　　　D. 年初存货

7. （　　）指标的计算不需要使用现金流量表。
   A. 现金到期债务比　　　　　　　　B. 每股净资产
   C. 每股经营现金流量　　　　　　　D. 全部资金现金回收率

8. 在现金流量分析中，下列不属于流动性分析的财务指标是（　　）。
   A. 现金到期债务比　　　　　　　　B. 现金流动负债比
   C. 现金债务总额比　　　　　　　　D. 现金股利保障倍数

9. 某公司年初净资产为800万元,年末净资产为1 000万元,税息前利润为200万元,利息费用为40万元,公司所得税为25%,则公司的净资产收益率为( )。
   A. 13%   B. 10%   C. 14%   D. 12%
10. 已获利息倍数又称为( )。
    A. 利息费用倍数   B. 税前利息倍数
    C. 利息保障倍数   D. 利息收益倍数
11. 总资产周转率与( )无关。
    A. 营业收入   B. 平均资产总额
    C. 年末固定资产   D. 营业成本
12. 企业综合评价方法中,成长能力、盈利能力、偿债能力之间的比重分配方式为( )。
    A. 5∶3∶2   B. 2∶5∶3   C. 3∶2∶5   D. 3∶5∶2
13. 资产负债率公式中的"资产总额"是扣除( )后的净额。
    A. 累计折旧   B. 无形资产   C. 应收账款   D. 递延资产
14. 市净率的计算公式为( )。
    A. 每股市价×每股净资产   B. 每股市价/每股净资产
    C. 每股市价×每股总资产   D. 每股市价/每股总资产
15. ( )是反映公司在一定时期内生产经营成果的财务报表。
    A. 资产负债表   B. 所有者权益变动表
    C. 利润表   D. 现金流量表

二、多项选择题
1. 下列关于资产负债表的说法中,正确的有( )。
   A. 它是反映企业在某一会计期间财务状况的会计报表
   B. 我国资产负债表按账户式反映
   C. 总资产=负债+净资产
   D. 提供期初数和期末数的比较资料
2. 影响长期偿债能力的其他因素包括( )。
   A. 长期租赁   B. 担保责任   C. 或有项目   D. 经济波动
3. 下列关于应收账款周转率的说法中,正确的是( )。
   A. 应收账款周转率说明应收账款流动的速度
   B. 应收账款周转率等于营业收入与期末应收账款的比值
   C. 应收账款周转率越高,平均收账期越短,应收账款的收回越快
   D. 应收账款周转率是企业从取得应收账款的权利到收回款项转换为现金所需要的时间
4. 在计算速动比率时,要把存货从流动资产中剔除的主要原因是( )。
   A. 在流动资产中,存货的变现能力最强
   B. 由于某种原因,部分存货可能已损失报废,但还没处理
   C. 部分存货已抵押给某债权人
   D. 存货估价还存在成本与当前市价相差悬殊的问题

5. 下列关于资产负债率的说法中，正确的是（　　）。
   A. 反映在总资产中有多大比例是通过借债来筹资的
   B. 衡量企业在清算时保护债权人利益的程度
   C. 是负债总额与资产总额的比值
   D. 也称举债经营比率
6. 下列关于已获利息倍数的说法中，正确的是（　　）。
   A. 反映企业经营收益为所需支付的债务利息的多少倍
   B. 也称利息保障倍数
   C. 是指企业经营业务收益与利息费用的比率
   D. 可以测试债权人投入资本的风险
7. 利润表主要反映的内容包括（　　）。
   A. 营业收入由主营业务收入和其他业务收入组成
   B. 营业收入减去营业成本、营业税金及附加、营业费用、管理费用、财务费用、资产减值损失，加上公允价值变动收益、投资收益，即为营业利润
   C. 利润总额（或亏损总额）在营业收入的基础上加营业外收入，减营业外支出后得到
   D. 净利润（或净亏损）在营业利润的基础上，减去本期计入损益的所得税费用后得出
8. 公司财务状况的综合评价方法评价的主要内容有（　　）。
   A. 盈利能力　　　B. 偿债能力　　　C. 生存能力　　　D. 成长能力
9. 比率分析涉及公司管理的各个方面，比率指标也特别多，大致可归纳为（　　）。
   A. 变现能力分析　　　　　　　B. 营运能力分析
   C. 盈利能力分析　　　　　　　D. 现金流量分析
10. 下列关于现金流量表的说法中，正确的有（　　）。
    A. 反映现金流量与净利的关系
    B. 反映企业一定期间现金的流入和流出
    C. 表明企业获得现金和现金等价物的能力
    D. 反映公司资产负债平衡关系
11. 和公司营运能力有关的指标有（　　）。
    A. 存货周转率　　B. 流动资产周转率　　C. 销售净利率　　D. 销售毛利率
12. 和公司长期偿债能力有关的指标为（　　）。
    A. 资产负债率　　　　　　　　B. 有形资产净值负债率
    C. 产权比率　　　　　　　　　D. 已获利息倍数
13. 下列各项中，会增强公司变现能力的因素有（　　）。
    A. 可动用的银行贷款指标　　　B. 准备很快变现的长期资产
    C. 偿债能力的声誉　　　　　　D. 公司为其他企业提供担保
14. 下列各项中，会减弱公司变现能力的因素有（　　）。
    A. 可动用的银行贷款指标　　　B. 未做记录的或有负债
    C. 偿债能力的声誉良好　　　　D. 担保责任引起的负债
15. 下列各项中，可以反映投资收益的指标是（　　）。
    A. 资本化率　　B. 每股收益　　C. 市盈率　　D. 存货周转率

16. 财务报表的比较分析方法包括（   ）。
    A. 单个年度的财务比率分析
    B. 对公司不同时期的财务报表进行比较分析
    C. 与同行业其他公司进行比较分析
    D. 与不同行业其他公司进行比较分析

17. 下列关于每股收益的说法中，正确的有（   ）。
    A. 每股收益是衡量上市公司盈利能力最重要的财务指标
    B. 每股收益部分反映股票所含有的风险
    C. 不同公司间每股收益的比较不受限制
    D. 每股收益多，不一定意味着多分红

18. 下列关于资产净利率的说法中，正确的有（   ）。
    A. 指标越高，表明资产的利用效率越高，说明公司在增加收入和节约资金使用等方面取得了良好的效果
    B. 净利润的多少与公司资产总量、资产结构、经营管理水平没有关系
    C. 证券分析师可以用该项指标与本公司前期、计划、本行业平均水平和本行业内先进公司进行对比，分析形成差异的原因
    D. 影响资产净利率高低的因素主要有产品的价格、单位成本的高低、产品的产量和销售的数量、资金占用量的大小等

19. 下列关于市盈率指标的说法中，错误的有（   ）。
    A. 该指标不能用于不同行业公司的比较
    B. 在每股收益很小或亏损时的高市盈率说明公司未来发展潜力大
    C. 市盈率的高低受市价的影响，而影响市价变动的因素很多，包括投机炒作等，因此观察市盈率的长期趋势很重要
    D. 考虑到行业特征差异等因素，市盈率的理想取值范围有一个统一标准

三、简答题
1. 现金流量比率与现金比率有什么区别？
2. 使用财务比率分析应注意哪些问题？
3. 为什么说应收账款的变现能力影响速动比率的真实性？
4. 如何分析资产负债率指标？
5. 如何进行公司财务比率分析？

第2篇

证券投资技术分析

第5章 技术分析理论

知识目标
1. 理解主要技术分析理论的要点；
2. 结合证券市场行情的不同情况，掌握主要技术分析理论的具体应用技巧。

技能目标
1. 能够有效地识别每一技术分析理论的局限性；
2. 能够灵活地运用主要技术分析理论进行证券市场的行情分析。

案例导入

小林家境殷实，经朋友介绍进入股市进行投资。他来到大户室后，总听到老股民侃侃而谈：道氏理论、波浪理论、江恩理论、缺口理论、循环周期理论、随机漫步理论，什么江恩圆形图、江恩方形图、江恩角度线、江恩轮中轮，还有突破性缺口、持续性缺口、消耗性缺口……自己也插不上嘴。小林很是困惑，于是他来到书店，买了大量股市技术分析理论方面的书籍，看过后大有感悟……

5.1 道氏理论

道氏理论是一切股市分析方法的理论基础，必须了解道氏理论才能更好地学习其他理论，波浪理论、形态理论、量价关系理论、随机漫步理论等都不会绝对适合哪个市场，也没有绝对的对与错，综合运用、相互借鉴、相互佐证才能提高判断的准确性。

5.1.1 道氏理论概述

▶ 1. 道氏理论的背景

道氏理论起初来源于新闻记者、首位《华尔街日报》的记者和道琼斯公司的共同创立者查尔斯·亨利·道(1851—1902),创始人声称其理论并不是用于预测股市,甚至不是用于指导投资者,而是一种反映市场总体趋势的晴雨表。1902 年,查尔斯·亨利·道去世以后,威廉姆·彼得·汉密尔顿(William Peter Hamilton)和罗伯特·雷亚(Robert Rhea)继承了道氏理论,并在其后有关股市的评论写作过程中,将道氏理论加以组织与归纳成为如今广大读者所见到的理论,《股市晴雨表》、《道氏理论》成为后人研究道氏理论的经典著作。雷亚在所有相关著作中都强调,道氏理论在设计上是一种提升投机者或投资者知识的配备工具,并不是脱离经济基本条件与市场状况的一种全方位的严格技术理论。道氏理论是一种技术理论,换而言之,它是根据对价格模式的研究来推测未来价格行为的方法。雷亚在《道氏理论》一书中论述了道氏理论中极其重要的三个假设和五个定理。

▶ 2. 道氏理论的基本要点

1) 道氏理论的三个假设

道氏理论有极其重要的三个假设,与人们平常所看到的技术分析理论的三大假设有相似之处,然而,道氏理论更侧重于市场含义的理解。

(1) 假设之一:人为操作。指数或证券每天、每星期的波动都可能受到人为操作的影响,次级折返走势也可能受到这方面的影响,如常见的调整走势,然而,主要趋势不会受到人为操作的影响。

(2) 假设之二:市场指数信息化。市场指数会适当地反映未来事件的影响,如果发生洪涝、地震、战争等灾难,市场指数也会迅速地加以评估。

(3) 假设之三:客观化分析。运用道氏理论协助投机或投资行为需要客观判断,市场中 95% 的投资者运用的是主观化操作,而这 95% 的投资者属于"七赔二平一赚"中的"七赔"人士。

2) 道氏理论的五个定理

(1) 定理一:道氏的三种趋势。道氏理论表现为三种不同的趋势,即主要趋势、次级趋势、短暂趋势。主要趋势代表整体的基本趋势,通常称为多头或空头市场,持续时间可能在一年以内,乃至数年之久;次级趋势又称次级回应,是对主要趋势的修正,是走势的中断和反方向运动,持续期超过 3 个星期,幅度为主要趋势的 $1/3 \sim 2/3$;短暂趋势是市场每日、每时的价格变化情况,只反映股票市价的短期变化,持续时间不超过 6 天。

(2) 定理二:道氏的主要趋势。主要趋势代表整体的基本趋势,持续时间为一年乃至数年。正确判断主要趋势的方向是投机行为成功与否的最重要因素,没有任何已知的方法可以预测主要趋势的持续期。主要趋势的把握是成功投机或投资的最起码条件,虽然没有明确的预测方法,但可以利用历史上的价格走势资料,以统计方法归纳主要趋势与次级趋势。统计数据显示目前正态分布的情况与雷亚当时的资料几乎完全相同,这一现象表明驱动市场价格走势的心理因素基本保持不变。这对专业投机者具有重大的意义:目前面临的价格走势很可能落在历史对应资料平均数的有限范围内。如果某个价格走势超出对应的平均数水准,介入该走势的统计风险便与日俱增。

(3) 定理三:道氏的主要空头市场。主要的空头市场是长期向下的走势,其中夹杂重要的反弹,它来自各种不利的经济因素,唯有股票价格充分反映可能出现的最糟情况后,这种走势才会结束。不利的经济因素是指政府行为的结果:干预性的立法、非常严肃的税务与贸易政策、不负责任的货币与财政政策,以及重要战争。空头市场会经历三个主要的阶段:第一阶段,市场参与者不再期待股票可以维持过度膨胀的价格;第二阶段,卖压反映经济状况与企业盈余的衰退;第三阶段,不论市价如何,许多人急于抛售股票。重要的反弹(次级的修正走势)是空头市场的特色,但不论是工业指数,还是运输指数,都绝对不会穿越多头市场的顶部,两项指数也不会同时穿越前一个中期走势的高点。

(4)定理四:道氏的主要多头市场。主要的多头市场是一种整体性的上涨走势,其中夹杂次级的折返走势,平均的持续期间长于两年。在此期间,由于经济情况好转与投机活动转盛,所以投资性与投机性的需求增加,并因此推高股票价格。多头市场有三个阶段:第一阶段,人们恢复对于未来经济的信心;第二阶段,股票对于已知的公司盈余改善产生反应;第三阶段,投机热潮到来且市价明显膨胀,这阶段的市价上涨是基于期待与希望的。多头市场的特征是所有主要指数都持续联袂走高,拉回走势不会跌破前一个次级折返走势的低点,然后再继续上涨。与此同时,在次级的折返走势中,指数不会同时跌破先前的重要低点。

(5)定理五:道氏的次级折返走势。次级折返走势是多头市场中重要的下跌走势或空头市场中重要的上涨走势,持续的时间通常在3个星期至数个月,此期间内折返的幅度为前一次级折返走势结束之后主要走势幅度的1/3~2/3。次级折返走势经常被误认为是主要趋势的改变,因此,判断次级折返走势是道氏理论中最微妙、最困难的一关。判断中期趋势是否为次级折返走势时,需要观察成交量的关系、修正走势的历史概率的统计资料、市场参与者的普遍态度。雷亚的经验分析得出:相对于主要趋势而言,次级折返走势有暴涨暴跌的倾向,大多数次级修正走势的折返幅度约为前一个主要走势波段(介于两个次级折返走势之间的主要走势)的1/3~2/3,持续的时间大约为3个星期至数个月。

5.1.2 道氏理论的应用

▶ 1. 道氏理论的应用规则

道琼斯指数由工业股价平均指数、运输业股价平均指数和公用事业股价平均指数三部分组成,其中,工业和运输业两种分类指数最具代表性,任何单一指数所显示的变动都不能作为判定趋势有效反转的信号。成交量作为对主要趋势判断的依据,在多头市场中,价格上升,成交量增加,价格下跌,成交量减少;在空头市场中,价格下跌,成交量增加,反弹时,成交量减少。一个盘局出现于一种或两种指数中,持续了两个或三个星期,有时达数月之久,价位仅在约5%的幅度中波动。价位向上突破盘局的上限是多头市场的征兆,相反,价位向下跌破盘局的下限是空头市场的征兆。盘局的时间越久,价位越窄,其最后的突破就越容易。道氏理论并不关注一个交易日当中的最高价、最低价,而只关注收盘价,因为收盘价是当天价格的最后评价,多数投资者根据这个价位来进行证券交易。

▶ 2. 道氏理论的局限性

道氏理论将价格走势归类为三种趋势,其具体的应用规则为:对于投资者而言,如果长期趋势向上,在次级的折返走势中做空交易,并在修正走势的转折点附近,以空头寸的获利追加多头寸的规模;对于投机者而言,根据短期趋势的发展,观察中期趋势的变化,但不在次级的折返走势中持有反向头寸,而是顺着中期趋势的方向建立头寸。对于未来市价大趋势的判断,道氏理论能够发挥较为稳健的评价;对于每日、每时的价格趋势判断,道氏理论就显得力不从心了。另外,道氏理论反应的市价趋势具有显著的滞后性,道氏理论每次都要用两种指数相互确认,这样做已经慢了半拍,错过了最好的入货和出货机会,因此,在投资分析中,道氏理论的应用要结合基本面分析。

5.2 波浪理论

5.2.1 波浪理论概述

▶ 1. 波浪理论的背景

波浪理论是由美国证券分析家拉尔夫·纳尔逊·艾略特(Ralph Nelson Elliott,1871—1948)于1934年提出的。该理论早期用于分析股市的价格走势,后来被推广到期货和外汇市场,利用道琼斯工业股价平均指数作为研究工具,发现不断变化的市价结构性形态体现了自然和谐之美。根据这一发现,他提出了一套相关的市场分析理论,提炼出市场的13种形态或称波,这些形态在市场上重复出现,但是出现的时间间隔及幅度大小并不一定具有再现性。尔后,他又发现了这些呈结构性形态的图形可以连接起来形成同样形态的更大图形。据此,他提出了一系列权威性的演绎法则用来解释市场的行为,并特别强调波动原理的预测价值,这就是久负盛名的艾略特波段理论,又称波浪理论(Elliott Wave Theory)。波浪理论将不同规模的趋势分成九大类,最长的超大循环波是横跨200年的超大型周期,而最小的次微波则只覆盖数小时之内的走势。

▶ 2. 波浪理论的基本要点

波浪理论是股票技术分析的一种理论,认为市场走势不断重复一种模式,每一周期由5个上升浪和3个下跌浪组成(见图5-1)。该理论的前提是市价随主趋势而行时,依5波的顺序波动;逆主趋势而行时,则依3波的顺序波动。一个波浪周期由上升浪1～上升浪5和下跌浪A～下跌浪C组成,其中,上升浪1、上升浪3、上升浪5为冲力波,上升浪2、上升浪4为上升浪1、上升浪3、上升浪5的调整波,而下跌浪A、下跌浪B、下跌浪C为整个上升浪的调整波。无论是多头市场还是空头市场,第5波段的升幅或跌幅最大。波浪的形态会因时间长短而变化,但波浪的走势不会改变,上升浪与调整浪交替出现。没有永恒上升或下降的波浪,只有在上升过程中不断出现下降波浪,这样的上升趋势才会得以维持。在每一个大

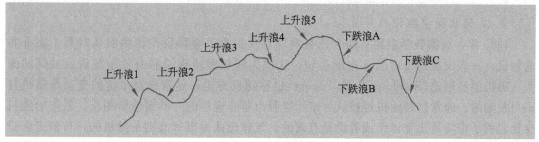

图5-1 波浪理论

波浪中，又可细分为多个小的波浪，波浪区分细致，有益于投资者把握股市买卖的时机。

5.2.2 波浪理论的应用

▶ 1. 波浪理论的应用规则

波浪理论的应用要结合黄金分割规律，因为黄金分割规律不仅反映在每一次价格的回吐上(38.2%，50%，61.8%)，而且贯穿于整个价格的涨跌过程。波浪理论使用斐波那契数列来预测波动周期的峰顶与谷底。斐波那契数列指的是这样一个数列：1、1、2、3、5、8、13、21、…，每个数字是相邻前两个数字之和，任何数字是前一个数字的近似1.618倍，而且是后一位数字的近似0.618倍。在多头市场的一个循环中，前五个波段呈现看涨行情，而后三个波段呈现看跌行情；在前五个波段中，上升浪1、3、5是上升的，而上升浪2、4是反弹整理，下跌浪A、B、C为回升整理的过程。在空头市场的一个循环中，前五个波段呈现看跌行情，而后三个波段呈现看涨行情；在前五个波段中，上升浪1、3、5是下跌的，而上升浪2、4是反弹整理；下跌浪A、B、C为回跌整理的过程。

▶ 2. 波浪理论的局限性

波浪理论的学者们对现象的看法并不统一，包括艾略特本人，很多时候都会受一个问题的困扰，就是怎样判断一个浪已经完成而开始了另外一个浪呢？一个人认为是第一浪，另外一个人认为是第二浪，差之毫厘，失之千里，一套不能确定的理论应用在风险奇高的股市，判断错误足以使投资者损失惨重。艾略特的模式基本取材于美国道琼斯指数，这就决定了其应用的局限性和技术缺陷。由于"波浪是永远向上的"这一先决条件的规定，也就必然产生波浪的结构是顺5逆3，就是5个推动浪，3个调整浪。5个推动浪的意思是上升是波浪的主流趋势，下跌只是上升的调整，因此，下跌只是3个调整浪。这一理论的不足体现在两个方面：一是股市的走势并不是永远向上，即波浪的形态不再是顺5逆3；二是即使上升的主流趋势不变，转为调整的下跌趋势，也不是坚守调整3浪的模式，而是常常见到非常标准的下跌5浪的分割。波浪理论的缺陷在于大浪和小浪不易区分，浪的形式多样不易判断，因此主要用于分析、预测股市行情的总趋势，不适用于对个股的投资分析。

5.3 随机漫步理论

5.3.1 随机漫步理论概述

▶ 1. 随机漫步理论的背景

1900年，法国数学家路易斯·巴舍利耶首次提出了金融资产价格服从对数正态分布的假设，并假设股票市价服从布朗运动，这成为随机漫步理论和有效市场假说共同的源头。随机漫步理论(Random Walk Theory)也称随机游走，是指股票市价的变动是随机且不可预测的。通常这种随机性被认为暗示着股市是非理性的，然而恰恰相反，股市的随机变化表明了市场是正常运作或者说是有效的。该理论认为市价波动是随机的，市价走向受到多方面因素的影响，在长期市价走势图上，可以看出市价上下起伏的概率几乎是均等的。随机游走接近于布朗运动，是布朗运动的理想数学状态，单个的随机事件是不可预测的，但随机大量的群体行为却是精确可知的，这就是概率世界的魅力，在偶然中隐含着必然。随机性造成了低尺度下的差异性，但在高尺度下又表现为共同的相似性。

▶ 2. 随机漫步理论的基本要点

股票市场由无数的亚单元即投资者构成，每个投资者被个人经验、感情和不完全信息所左右，其决策立足于其他投资的决策及汇总的信息中的随机事件，在经济学上研究这样的决策叫作博弈论。当然，单个投资者的行为不可预测，但长期来看，股票市价进行某种带漂移的无规则行走，驱动这种无规则行走的事件包括投资者的突发奇想、自然灾难、公司倒闭，以及其他不可预知的新闻事件。股市要求公开信息资源，使得一个投资者没有更多战胜其他投资者的有用信息。在信息完全公开的情况下，长期的股市价格曲线应该近似于一维无规则行走。

在股市信息完全对称的情况下，股票市价反映了供求关系，即市价走势反映了股票的内在价值，内在价值由每股资产价值、市盈率、派息率等基本因素决定。股票的市价已经代表了投资者的看法，构成了一个合理价位，市价会围绕着内在价值上下波动，这些波动却是随意而没有任何轨迹可寻的。造成波动的原因是：①新的经济、政治新闻和消息是随意、不固定地流入市场；②这些消息使基本分析人士重新估计股票的价值，而做出买卖交易，致使股票市价发生新变化；③这些消息无迹可寻，事前并无人能够预告估计，市价走势推测并不成立；④由于股市没有记忆系统，企图用市价波动找出一个原理去战胜市场常常是要失败的。

5.3.2 随机漫步理论的应用

▶ 1. 随机漫步理论的应用规则

股市上的信息是完全公开的，如价格、成交量、每股收益等，因此，根据理性的技术图表分析，大部分股民不会用 20 元去买一个价值仅为 1 元，甚至亏损的股票，也不会以低价卖出价值高的绩优股票。这也正是公开信息导致的理性分析，实际是无效的分析，结果往往事与愿违。影响股市变化的是那些突发的、随意的、看似不相关的信息，而且是以随机漫步的方式影响股市。正因如此，所以股市的未来趋势是无法预测的，图表技术的分析无法预知这些非公开的随机漫步信息。股票的市价遵循正态分布规律，即大部分股票升跌幅度很窄，约为 10%～30%，处于中间高端位置；暴涨 100% 以上和暴跌 100% 以下的股票是极少数，它们处于两头低端位置。所以，买卖股票是否盈利很大程度上取决于人的运气。目前的图表技术的分析基本是滞后的，时常导致严重错误的结论。

▶ 2. 随机漫步理论的局限性

随机漫步理论的前提条件是有效市场假说，即市场走势是随机的而无法预测，价格制定人一定是理性的并且掌握充分的信息。根据这一理论，金融市场又被进一步划分为弱式（技术分析失效）、次强式（基本分析失效）和强式（内幕消息也失效）三类市场。然而，完全追求经济效用最大化的理性经济人并不存在，交易者不可能同时获得相同的信息，对相同的信息也不会做出同样的反应。从历史走势出发对未来的价格涨跌做出部分预测是完全可能的，过去的价格或信息都会对未来市场走势造成影响，历史走势也因此具有不容忽视的研究价值。市场的局部有效性不能消除超额利润的存在，收益率并不服从正态分布，然而，每一个交易者几乎都是为谋求超额利润而走进金融市场。

5.4 循环周期理论

5.4.1 循环周期理论概述

▶ 1. 循环周期理论的背景

著名的循环周期理论大师有爱德华·R.杜威、J.M.薛斯、威廉·江恩、杰克·伯恩斯坦和沃尔特·布莱斯特等,循环周期理论主要是对时间的分析,从过去循环周期的长短去推测未来循环周期的高点和低点可能出现的日期,从而制定交易策略。循环周期理论认为不论什么样的价格运动都不会向一个方向永远走下去,价格的波动过程必然产生局部的高点和低点,这些高低点的出现在时间上有一定的规律,并以一个循环周期与另一个循环周期相距的时间作为度量基础,通常以循环低点至循环低点计算来分析市价走势。一般而言,周期长度的度量都是从波谷到波谷进行的,原因是绝大多数走势的变异都出现在波峰上,也就是说波峰的形成比较复杂,波谷更为可靠些。在运用循环周期理论分析股市时,牛市以波谷法度量较为准确,熊市以波峰法度量较为准确。

▶ 2. 循环周期理论的基本要点

每一次出现的循环周期并不一定与上一次循环周期完全相同,但会倾向于集中在一定的时间范围之内,仅有较小的误差,否则也不可能成为可靠的周期,通常来说,变动的范围在平均时间加或减15%左右。时间长短差不多的周期重复出现的次数越多,表示该周期的可靠性越高。长期周期可以分割为几个低一级的中期周期,中期周期又可以分割为几个低一级的短期周期。周期并不受基本因素的影响,相反,循环周期具有领先作用,可以领导经济事件跟随一定的周期运行。另外,循环周期并不受价位涨跌的影响,不论价位如何暴涨暴跌,循环周期的低点或高点都会依次地出现。

在实践中,可把循环周期分为四级:基本趋势以明显低点为准,是长循环周期,时间跨度从几年到几十年;次级趋势以明显的低点为准,是中循环周期,时间跨度从两三个星期到几个月;短期趋势以明显的低点为准,是小循环周期,时间跨度在两个星期以内;微型趋势的时间跨度在几分钟到两小时之间。以四个以上连续的明显低(高)点之间的时间间隔为基础,计算出的算术平均值即为某一级的循环周期。循环周期理论研究市价变化的时间规律,只有市价发生涨跌变化才能分析并确认循环周期的存在,所以,对循环周期的分析离不开对市价变化的研究。

5.4.2 循环周期理论的应用

▶ 1. 循环周期理论的应用规则

循环周期理论的代表人物伯恩斯提出循环周期理论的四种买卖信号,即突破信号、转向信号、高低收盘价信号和三高在低信号。

突破信号包括:当市价由下向上突破向右下方倾斜的压力线时,循环低点确立并可以买入;当市价由上向下突破向右上方倾斜的支撑线时,循环高点确立并可以卖出。

转向信号按方向分为向上转向和向下转向两种,按信号的强烈程度分为普通转向和特殊转向(强烈转向)两种,即共有四种转向信号。向上普通转向信号,即当日最低价位于前一日最低价之下,同时当日收盘价高于前一日收盘价,属买入信号;向上特殊转向信号,即当日最低价位于前一日最低价之下并且当日最高价位于前一日最高价之上,同时当日收盘价高于前一日收盘价,属较强买入信号;向下普通转向信号,即当日最高价高于前一日最高价,同时当日收盘价低于前一日收盘价,属卖出信号;向下特殊转向信号,即当日最低价低于前一日最低价并且当日最高价高于前一日最高价,同时当日收盘价低于前一日收盘价,属较强卖出信号。

高低收盘价信号是指把当日的K线全长定义为当日的波幅,当日最高与当日收盘价之差小于当日波幅的10%,即接近最高价收盘称为高收;当日收盘价与当日最低价之差不大于当日波幅的10%,即接近最低价收盘称为低收。如果某日收盘价低收,后一日收盘价高收,构成由低到高的转势特征,是买入信号。如果某日收盘价高收,后一日收盘价低收,构成由低到高的转势特征,是卖出信号。

三高在低信号是指如果当日收盘价高于相邻的前三个交易日的收盘价是买入信号;如果当日收盘价低于相邻的前三个交易日的收盘价是卖出信号。

▶ 2. 循环周期理论的局限性

循环周期分为基本趋势、次级趋势、短期趋势、微型趋势,以四个以上连续的明显低(高)点之间的时间间隔为基础计算出的算术平均值即为某一级的循环周期。对于明显低点的判别,可按趋势的某一级别来确定,即以某个循环低(高)点为准,按循环周期计算出的下一个循环低(高)点会有15%的误差,所以按5%确定时间区间(称为时间窗口)。在时间窗口内,按时出现的低(高)点越多,说明计算出的循环周期越可靠。除重大突发事件影响外,循环周期不会改变其周期或时间窗口,循环低(高)点不会完全在同一价水平上出现。如果计算出的循环周期是正确的,则大部分循环低(高)点都会按时出现在时间窗口内,但也有例外现象,个别循环低(高)点提前或推后而不在时间窗口出现。循环周期理论并不保证未来从循环低点上涨的幅度或由循环高点下跌的幅度,这种幅度往往不相等。

5.5 江恩理论

5.5.1 江恩理论概述

▶ 1. 江恩理论的背景

威廉·江恩是20世纪美国最著名的投资家之一,他经历了第一次世界大战、1929年历史性的股市暴跌、30年代的经济恐慌及第二次世界大战,他所创造的将时间与价格完美结合起来的理论,至今仍为投资界人士所津津乐道、倍加推崇。江恩线的数学表达有两个基本要素,即时间与价格,通过圆形、方形、六边形、轮中轮等图形将时间与价格完美地融合起来。股票与期货市场的交易也同样遵守自然规则,市价的运动趋势并不是杂乱的,他建立了时间法则、价格法则、角度线等,用于揭示价格将在何时发生回调及回调的幅度。时间是交易的最重要因素,时间法则用于揭示价格发生回调的规律。在江恩理论中,7是一个非常重要的数字,在划分市场周期循环时,江恩经常使用7或7的倍数,例如,将圆周分成7等份,就得到一组重要数字,分别为51.4、102.8、154.3、205.7、257.1、308.6、360.0。

▶ 2. 江恩理论的基本要点

1) 江恩圆形图

将圆周的360°按照1/2、1/3、1/4、1/8的比例进行分割,时间上的月数、周数、日数都如此进行分割。一天24小时被分割为三等份、四等份和八等份后,每天的3点、6点、8点、9点、12点、15点、16点、18点、21点和0点都是重要的时刻。一小时60分钟也按照上述的标准分割,最小周期是4分钟。圆周上的弧度转化为天数就是45天、90天、120天、135天、180天、225天、240天、270天、360天,其中,90天、180天、270天和360天较为重要。在江恩价位中,50%、63%、100%最为重要,分别与几何图形45°、63°和90°相对应,计算50%回调位的方法是:将最高价与最低价之差除以2,再将所得结果加上其最低价或从其最高价中减去。回调是指价格在主运动趋势中的暂时反转运动,50%、63%、100%作为回调位置,对价格运动趋势构成强大的支撑或压力。

2) 江恩方形图

在一张方格纸上,以商品价格某个中期性的低点或者高点作为中心,按逆时针方向旋转,将单位价格依次填入,然后在这张布满价格的方格纸上,画出支撑线和压力线,也就是江恩线。在X轴上建立时间t,在Y轴建立价格p,江恩线符号由"TXP"表示,分别以3和8为单位进行划分,如1/3、1/8等,这些江恩线构成了市场回调或上升的重要支撑位和压力位。1999年,美国芝加哥期货交易所以大豆期货指数最低点402美分为起点构造江恩方形图,如图5-2所示。

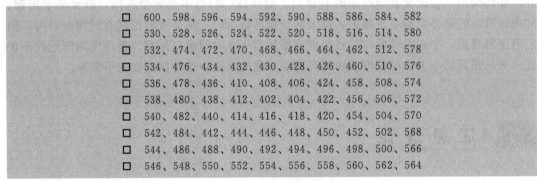

图5-2 江恩方形图

右上角的582与1998年的最高价582.5极为接近;1999年12月13日,这一周的最低价446.2很接近402下方的446;2000年8月7日,这一周的最低价436.7接近402左侧的438;2000年9月4日,这一周的最高价515.5接近右上角的514;2000年12月18日,这一周的最高价正好是514。投资者凭借江恩方形图能有效地找到市场内在的一些关键支撑和阻力点位,而且有些点位与传统技术分析理论中关于支撑和压力的论述不尽相符。

3) 江恩角度线

股市价格的支撑位和阻力位能够通过角度线获得,包括上倾角度线和下倾角度线。上倾角度线是指在图表的最低位,建立直角坐标系,从下至上画出7.5°线,称8×1角度线;再画出15°线,称4×1角度线;再画出18.25°线、26.25°线、45°线、63.75°线等。下倾角度线是指在图表的最高位,建立直角坐标系,从上至下画出7.5°线,称8×1角度线;再画出15°

线，称 4×1 角度线；再画出 18.25°线、26.25°线、45°线、63.75°线等。在市价从低位向高位回升的过程中，通常会在这些上倾角度线处遇到压力，一旦突破某条上倾角度线，则这条线将成为日后回落的支撑。在市价从高位向低位回落的过程中，通常会在这些下倾角度线处遇到支撑，一旦突破某条下倾角度线，则这条线将成为日后回升的压力（见图 5-3）。

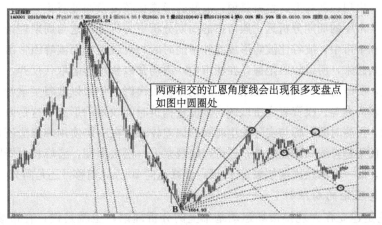

图 5-3　江恩角度线

4）江恩轮中轮

首先画出一个空心圆形，然后把圆周的 360°分为 24 等份，每一等份为 15°；再围绕这个圆形，从 1 填写至 24 为一个圆周，第二周从 25 填写至 48，依此类推。轮中轮预测价位的方法与方形图类似，但轮中轮图上的价位是保持不变的，而方形图上的价位是变动的。观察 8 等分线，即圆周上的 0°线、45°线、90°线、135°线、180°线、225°线、270°线、315°线的支撑和压力。圆周的 360°看作 36 个月，则商品价格运行至 90°时为 9 个月，运行至 180°时为 18 个月，运行至 270°时为 27 个月，依此类推；也可以把圆周的 360°看作 36 年。各种商品的长短周期都可能在轮中轮图中重叠出现，商品价格在某个时间见顶后，运行了 90°、180°、360°后，通常可以见到另一个顶部。同理，商品价格见底后，运行了 90°、180°、360°后，通常可以见到另一个底部（见图 5-4）。

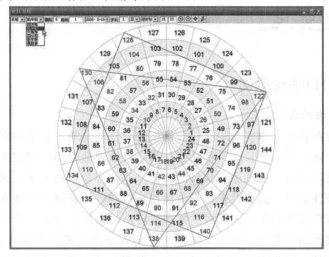

图 5-4　江恩轮中轮

5.5.2 江恩理论的应用

▶ 1. 江恩理论的应用规则

循环周期是江恩理论分析的重要基础,周期长度的度量大都是从波谷到波谷,原因是绝大多数周期的变异出现在波峰上,也就是说,波峰的形成比较复杂而波谷更为可靠些。从实际应用情况来看,牛市中的周期分析远比熊市中的周期分析更为优异,这与周期理论研究倾向于关注底部有关。在牛市中,波谷比波峰形成或驻留的时间相对较短,而波峰因常出现强势整理的态势,变得复杂起来,所以较难把握。在熊市中,市场常以整理形态取代反弹,波峰比波谷的形成时间要短,所以易于把握。在运用周期理论分析股市时,牛市以波谷度量较为准确,而熊市以波峰度量较为准确。投资者之所以倾向于度量构筑时间较短的形态,这是因为这样的形态比较容易判别,预测时间目标与实际发生时间的偏差较小。在决定使用峰测法还是谷测法度量的时候,除了使用趋势线来筛选之外,还可以先观察上一层次周期,波峰相对周期时间中线是左移还是右移,即一个涨跌周期如果是 40 天,波峰是向 20 天之前移,还是向 20 天之后移。

▶ 2. 江恩理论的局限性

江恩理论是建立在大规模市场运动基础上的分析理论,也就是说,在市场足够大、个股权重足够分散的情况下,运用这一理论来推测股指较为合适(波段时间的分析可以精确到周)。当前的中国股市存在三个明显缺陷:政策频繁影响、权重过于集中、监管力度不够,这就使得江恩理论经常出现短线预测的较大误差。另外,由于当前市场中大盘股相对稀少,而庄股或被少数机构操纵的小盘股众多,这也就违背了权重足够分散的原则。因此,在运用江恩理论分析个股时,投资者需要尽量多地参考大盘波形和板块趋势。江恩理论的一些玄妙的计算方式过于遵循自然法则,其统计研究往往只是针对过去的数据而不能充分地反映未来。由于江恩理论过于强调技术分析层面,所以,无法从投资者的角度来看待股市的发展问题。江恩理论比较适用于股市的短期投机或期货市场交易,但对于长线投资则力所不及,这是因为市场对投机的容忍度和吞吐量都是有限的。

5.6 缺口理论

5.6.1 缺口理论概述

▶ 1. 缺口理论的背景

缺口是指市价在快速大幅变动中有一段价格没有任何交易,显示在市价趋势图上是一个真空区域,这个区域称为缺口,又称跳空。当市价出现缺口后,经过几天,甚至更长时间的变动,然后反转过来,回到原来缺口的价位时,称为缺口的封闭,又称补空。缺口分为普通缺口、突破性缺口、持续性缺口与消耗性缺口四种。普通缺口通常在密集的交易区域中出现,因此许多需要较长时间形成的整理或转向形态如三角形、矩形等,都可能有这类缺口形成;突破性缺口是当一个密集的反转或整理形态完成后突破盘局时产生的缺口,当市价以一个很大的缺口跳空远离形态时,这表示真正的突破已经形成了;持续性缺口亦称为量度性缺口,是任何离开形态或密集交易区域后的急速上升或下跌过程中形成的缺口,这种缺口可以用来估计未来后市波幅;消耗性缺口大多是在恐慌性抛售或消耗性上升的末段出现,这时价格的跳升(或跳空下跌)很可能发生。

▶ 2. 缺口理论的基本要点

1)缺口的市场含义

普通缺口并无特别的分析意义,一般在几个交易日内就会完全填补,它只能用于识别某种形态的形成;当发现发展中的三角形和矩形有许多缺口,就应该增强它是整理形态的判断。突破缺口的分析意义较大,经常在重要的转向形态如头肩式的突破时出现,这种缺口可用于识别突破信号的真伪。如果市价突破支撑线或压力线后,以一个很大的缺口跳离形态,可见突破强而有力。假如缺口发生前有大的交易量,而缺口发生后成交量却相对减少,则有一半的可能缺口不久将被封闭。若缺口发生后成交量并未随着市价的远离缺口而减少,反而加大,则短期内缺口将不会被封闭。持续性缺口的技术性分析意义最大,它通常是在市价突破后远离形态至下一个反转或整理形态的中途形成,因此,持续性缺口能大约地预测市价未来可能移动的距离,其量度的方法是从突破点开始到持续性缺口始点的垂直距离,这就是未来市价将会达到的幅度。消耗性缺口的出现表示市价趋势将暂告一段落,持续缺口是市价大幅变动中途产生的,因此不会于短期内封闭。但是消耗性缺口是变动即将到达终点的最后现象,所以多半在2~5天的短期内被封闭。

2)缺口的分析

K线图中的缺口是指由于受到利好或者利空消息的影响,市价大幅上涨或者大幅下跌,导致日K线图出现当日最低价超过前一交易日最高价或者当日最高价低于前一交易日最低价的图形形态的一种现象。一般缺口都会填补,消耗性缺口和普通缺口可能在短期内补回,而突破缺口、持续性缺口未必会填补,最少不会马上填补,所以,缺口填补与否对分析者观察后市的影响不大。若突破缺口出现之前有大量成交,而缺口出现后成交相对减少,那么迅即填补缺口的概率仅是50%;若缺口出现之后成交量大幅递增,市价在继续移动远离形态时仍保持大量的成交,那么,缺口短期填补的可能性将很低。消耗性缺口通常是形成缺口的一天成交量最高(但也有可能在成交量最高的翌日出现),接着成交减少,显示市场购买力(或沽售力)已经消耗殆尽,于是市价很快便告回落(或回升)。在一次上升或下跌的过程中,缺口出现越多,显示其趋势越快接近终结;当升势出现第三个缺口时,暗示升势快告终结;当第四个缺口出现时,短期下跌的可能性加大。

5.6.2 缺口理论的应用

▶ 1. 缺口理论的应用规则

缺口是行情延续过程中经常出现的一种技术图形。当缺口出现以后,行情往往会朝着某个方向快速发展,该缺口也成为日后较强的支撑或压力区域。除了四种基本的缺口类型之外,还有其他类型的缺口,如除权缺口、连续性缺口和岛形缺口,下面分别就各种缺口的应用加以说明(见图5-5)。

1)普通缺口

普通缺口是指没有特殊形态或特殊功能的缺口,它可以出现在任何走势形态之中,但大多数是出现在整理形态的行情中。普通缺口具有一个比较明显的特征,该缺口出现之

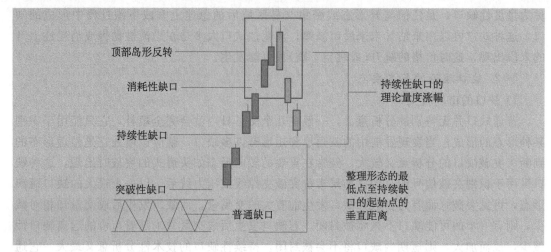

图 5-5　缺口理论

后，很快就会被回补。当向上方向的普通缺口出现之后，投资者可在缺口上方的相对高点附近做卖出交易，然后待缺口封闭之后再买回；而当向下方向的普通缺口出现之后，投资者可在缺口下方的相对低点附近做买入交易，然后待缺口封闭之后再平仓卖出。这种操作方法的前提是必须明确缺口是否为普通缺口，而且必须是在宽幅震荡整理行情中，才能采取这种高抛低吸的策略。

2）突破性缺口

突破性缺口的出现预示后市将会出现一波爆发性的行情，因此，突破性缺口的分析具有重大的意义。突破性缺口的出现有两种情况：一是向上的突破性缺口；二是向下的突破性缺口。向上的突破性缺口的特点是突破时成交量明显增大，且缺口不被封闭，该缺口出现后，投资者可以大胆买入中线持有，并以缺口作为风险控制的止损价位。向下的突破性缺口的特点是向下突破时成交量明显增大，且缺口不被封闭，当向下的突破性缺口出现后，如果投资者持有多单，应该立即果断地止损，并反手做空；如果投资者持有空单，则可以继续加码卖出，并中线持有，以缺口作为风险控制的止损价位。

3）持续性缺口

持续性缺口是行情在向某一方向有效突破之后，由于运动急速而在途中出现的缺口，该缺口出现后，行情会朝着原来的方向继续发展，并且发展距离大于或等于突破缺口至持续性缺口之间的距离。由于持续性缺口出现后短期内不被回补，所以投资者可在该缺口出现后，继续开仓或加码做买入或卖出交易，并以该缺口作为风险控制的止损价位。持续性缺口的特点：①该缺口是一种二次形态的缺口，它只能伴随突破性缺口的出现而出现，即没有突破性缺口，该缺口也就不存在；②该缺口一般都不会被封闭；③该缺口可以大致测算行情未来的发展距离，即不小于突破性缺口与该缺口之间的距离。

4）消耗性缺口

消耗性缺口一般出现在行情趋势发展的末端，该缺口的出现有时会伴随着反转行情的出现，在高位会出现顶部岛形反转，在低位会出现底部岛形反转。消耗性缺口的显著特点是出现在高位或低位，并且出现后短时间内很快被回补。根据其特点，投资者可采取的交易策略是当行情持续拉升后出现了消耗性缺口，在缺口被回补以后，投资者应该果断将手中的多单平仓,并反手在高位建立空单,中线持有,以该缺口作为风险控制的止损价位;当行情持续下跌后出现了消耗性缺口时,在缺口被回补以后,投资者应该果断将手中的空单平仓,并反手在低位建立多单,中线持有,以该缺口作为风险控制的止损价位。

5) 除权缺口

除权缺口是上市公司每年分红派息或配股、送股等除权形成的缺口,除权缺口常常处于庄股最活跃的投资区域。除权是由于公司股本增加,导致每股股票所代表的企业实际价值(每股净资产)有所减少,需要在发生该事实之后从股票市场价格中剔除这部分因素。增发新股的上市公司的股票在除权当日确实出现了与大盘独立的下跌走势,不可避免地造成老股东持有股票价值"缩水"的情况。在牛市中,强庄股往往发动填权行情;在熊市中,高比例的送股往往会将庄股的市价拉低,使投资者感觉后市还有继续上涨的可能,而庄家则乘机借助除权缺口出逃。

6) 连续性缺口

连续性缺口常发生在强劲的趋势中间,价格将持续创新高或新低而不会填补缺口,该缺口的发生频率较低,但具有重要的技术分析意义,是市场主导力量所展现的新攻势。连续性缺口的性质类似于突破性缺口,唯一的差别是发生的位置:突破性缺口发生在趋势的起点,连续性缺口发生在趋势的中间。连续性缺口可以协助估算趋势的可能长度,当连续性缺口发生时,以缺口为基准,顺着趋势方向投射该距离,即为该趋势的目标价位。当连续性缺口出现时,成交量应该较前几日的平均水准高出50%,在缺口发生之后的几日之内,如果股票市价始终没有再创新高或新低,这意味着消耗性缺口即将出现。

7) 岛形缺口

岛形缺口是在股市持续地上升一段时间后,某日出现跳空缺口并加速上升,但随后市价在高位徘徊,不久市价却以向下跳空缺口的形式下跌,而这个下跌缺口和上升跳空缺口基本处在同一价格区域的水平位置附近。从K线图表上来看,高位争持的区域就像是一个岛的形状,岛形的左侧为上升消耗性缺口,右侧为下跌突破性缺口,是以缺口填补缺口,左右两边缺口使该区域像岛屿孤立地立于海洋之上,这就是顶部的岛形反转形态。岛形反转是股市形态学中的一个重要反转形态,就是说这种形态出现之后,股市的走势往往会转向相反方向。

(1) 底部岛形反转。底部岛形反转时常伴随很大的成交量,如果成交量很小,这个底部岛形反转图形就很难成立。通常,在底部发生岛形反转后,股市免不了会出现激烈的上下震荡,但多数情况下,股市在下探上升缺口处会戛然止跌,然后再次发力向上。投资者面对这种底部岛形反转的个股,应首先想到形势可能已经开始逆转,不可再看空了。

(2) 顶部岛形反转。股市在前期上涨时留下一个向上跳空缺口之后,继续上行,但走势已明显转弱并逐渐转化成向下;当下行到前期的向上跳空缺口位置,突然以一个向下跳空缺口,展开加速下跌态势,形成顶部岛形反转。顶部岛形反转为极强的见顶信号,此时,持筹的投资者只能认输出局,如果继续持股必将受更大的损失;而空仓的投资者近期也要远离该股,即使中途有什么反弹,也尽量不要参与。

▶ 2. 缺口理论的局限性

对于缺口种类的区分,首先要按缺口出现的顺序依次划分,一般在行情的发展过程中,最先出现的是突破性缺口;其次是持续性缺口;最后才是消耗性缺口,而普通缺口则会出现在任何行情的任何阶段。但是，在实际投资中，不能仅仅按照顺序来识别缺口，因为市场行情千变万化不能一概而论，有时某种类型的缺口可能不会出现，而个别的缺口如持续性缺口则会出现多次，所以，在投资分析中，投资者还要重视分析股市的运行趋势。

本章小结

本章属于证券投资技术分析中的理论部分，从技术分析理论的理解与应用两个角度来阐述技术分析的基本内涵。通过这一章的学习，投资者应该掌握道氏理论、波浪理论、随机漫步理论、循环周期理论、江恩理论、缺口理论的应用规则及局限性，并初步具备行情技术分析的能力，能在不同的股市行情中，灵活地运用技术分析理论，为下一步的量价关系分析奠定基础。

本章练习

一、填空题

1. _____、_____ 和 _____ 是道氏理论的三个基本假设。
2. 道氏理论的三种趋势分别是 _____、_____、_____。
3. 波浪理论认为市场走势不断重复一种模式，每一周期由 _____ 和 _____ 组成，该理论的前提是市价随主趋势而行时，_____；逆主趋势而行时，_____。
4. 江恩回调是指价格在主运动趋势中的暂时反转运动，_____、_____、_____ 作为回调位置，对价格运动趋势构成强大的支撑或压力。
5. 行情发展过程中的三种主要缺口有 _____、_____ 和 _____。

二、单项选择题

1. 下列关于道氏理论的次级折返走势的说法中，不正确的是（　　）。
   A. 持续的时间通常在3个星期至数个月
   B. 与主趋势的运动方向相反
   C. 折返幅度约为前一个主要走势波段的1/4～2/4
   D. 有暴涨暴跌倾向

2. 下列关于随机漫步理论的说法中，正确的是（　　）。
   A. 随机漫步理论认同于图表分析技术
   B. 市价运动近乎布朗运动，而且是有规律可循的
   C. 市价走势不能有效地反映股票的内在价值
   D. 随机漫步理论的前提条件是有效市场假说

3. 下列关于周期理论应用的说法中，正确的是（　　）。
   A. 牛市以波峰法度量较为准确
   B. 熊市以波谷法度量较为准确
   C. 周期长度以波谷之间的度量更为可靠
   D. 循环周期受价位涨跌幅度的影响

4. 下列关于江恩理论的说法中，正确的是（　　）。

A. 在江恩价位中，50%、63%、80%最为重要
B. 在市价从低位向高位回升的过程中，通常会在下倾角度线处遇到压力
C. 在市价从高位向低位回落的过程中，通常会在上倾角度线处遇到支撑
D. 一旦突破某条下倾角度线，则这条线将成为日后回升的压力

5. 下列关于缺口理论的说法中，不正确的是（　　）。
A. 需要较长时间形成的整理或转向形态如三角形、矩形等，都可能形成普通缺口
B. 当一个密集的反转或整理形态完成后突破盘局时，将产生突破性缺口
C. 任何接近形态或密集交易区域后的急速上升或下跌中，将形成持续性缺口
D. 在恐慌性抛售或消耗性上升的末段将出现消耗性缺口

三、多项选择题

1. 成交量作为对主要趋势判断的依据有（　　）。
A. 在多头市场中，价位上升，成交量减少
B. 在空头市场中，价位上升，成交量减少
C. 在多头市场中，价位下跌，成交量增加
D. 在空头市场中，价位下跌，成交量增加
E. 在多头市场中，价位上升，成交量增加

2. 道氏理论的局限性有（　　）。
A. 道氏理论能够对未来市价大趋势做出稳健的评价
B. 道氏理论对于每日、每时的价格趋势判断显得力不从心
C. 道氏理论反应的市价趋势具有显著的滞后性
D. 道氏理论每次都要用三种以上的指数相互确认
E. 道氏理论的应用要结合基本面分析

3. 下列关于波浪理论的叙述中，正确的有（　　）。
A. 在多头市场的一个循环中，前5个波段呈现看涨行情，而后3个呈现看跌行情
B. 多头市场的前5个波段中，上升浪1、3、5是下跌的，而上升浪2、4是反弹整理，下跌浪A、B、C为回升整理的过程
C. 在空头市场的一个循环中，前5个波段呈现看跌行情，而后3个波段呈现看涨行情
D. 空头市场的前5个波段中，上升浪1、3、5是上升的，而上升浪2、4是反弹整理；下跌浪A、B、C为回跌整理的过程
E. 空头市场的前5个波段中，上升浪1、3、5是下跌的，而上升浪2、4是反弹整理；下跌浪A、B、C为回跌整理的过程

4. 波浪理论的局限性有（　　）。
A. 波浪序列的识别问题
B. 艾略特的模式基本取材于美国道琼斯指数
C. "波浪是永远向上的"这一先决条件的规定
D. 波浪理论的缺陷在于大浪和小浪不易区分，浪的形式多样不易判断
E. 波浪理论主要用于分析、预测股市行情的总趋势

5. 随机漫步理论的局限性有（　　）。
A. 理论的前提条件是有效市场假说

B. 价格制定人一定是理性的并且掌握充分的信息
C. 交易者对相同的信息会做出同样的反应
D. 过去的价格或信息都会对未来市场走势造成影响
E. 市场的局部有效性不能消除超额利润的存在。

6. 循环周期理论的应用有（   ）。

A. 当市价由下向上突破向右下方倾斜的压力线时，循环低点确立并可以买入
B. 当市价由上向下突破向右上方倾斜的支撑线时，循环高点确立并可以卖出
C. 当日最低价于前一日的最低价，同时当日收盘价高于前一日收盘价，属买入信号
D. 当日最高价高于前一日最高价，同时当日收盘价低于前一日收盘价，属卖出信号
E. 某日收盘价低收，后一交易日收盘价高收，构成由低到高的转势特征，是买入信号

7. 循环周期理论的局限性有（   ）。

A. 循环周期的计算
B. 波峰与波谷的有效性识别
C. 时间窗口的计算误差问题
D. 个别循环低（高）点提前或推后而不在时间窗口出现
E. 除重大突发事件影响外，循环周期不会改变其周期或时间窗口

8. 江恩理论的局限性有（   ）。

A. 仅适用于在大规模市场运动基础上的分析
B. 要求市场足够大、个股权重足够分散
C. 用于推测股指较为合适（波段时间的分析可以精确到周）
D. 计算方式过于遵循自然法则
E. 仅局限于技术分析层面

9. 下列关于缺口理论的说法中，正确的有（   ）。

A. 普通缺口只能用于识别某种形态的形成
B. 突破缺口可用于识别突破信号的真伪
C. 持续性缺口能大约地预测市价未来可能移动的距离
D. 消耗性缺口是变动即将到达终点的最后现象
E. 缺口又称为跳空，是行情延续过程中经常出现的一种技术图形

10. 缺口理论的局限性有（   ）。

A. 各类型缺口出现的顺序不是一成不变的
B. 各类型缺口的出现具有不确定性
C. 投资者不能完全地参照缺口的出现与否来指导投资实践
D. 缺口类型较多导致投资者难以做出理性的判断
E. 投资者还要结合股市的运行趋势来规避缺口的不确定性

四、判断题

1. 道氏理论并不关注一个交易日当中的最高价、最低价而只关注收盘价。（   ）
2. 波浪理论的应用要结合黄金分割规律，因为黄金分割规律不仅反映在每一次市价的回吐上（38.2%、50%、61.8%），而且也贯穿于整个市价的涨跌过程。（   ）
3. 随机漫步理论认为市价波动是随机的，在长期市价走势图上，市价上下起伏的概

率几乎是不均等的。（　　）

4. 在运用江恩理论分析个股时，投资者要尽量少地参考大盘波形和板块趋势。（　　）

5. 一般缺口都会填补，消耗性缺口和普通缺口可能在短期内补回，而突破性缺口、持续性缺口未必会填补，最少不会马上填补。（　　）

五、计算题

图 5-6 为 999998A 股指数的日 K 线图，在江恩回调法则中，回调是指价格在主运动趋势中的暂时反转运动，50％、63％、100％作为回调位置，对价格运动趋势构成强大的支撑或压力。并在近期的市价走势中，2 569.99 为重要的高价位，2 348.68 为重要的低价位。计算未来 50％的回调价位是多少？

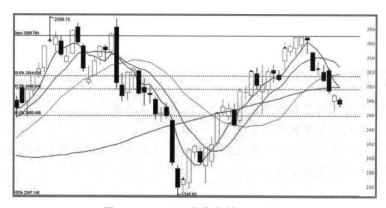

图 5-6　999998A 股指数的日 K 线图

六、案例题

深交所发布创业板指数的基日为 2010 年 5 月 31 日，基点为 1 000 点，图 5-7 为 399006 创业板指数的日 K 线图。根据道氏理论的三种历史趋势及成交量情况，来预测未来市价的总趋势及短暂趋势，并根据江恩角度线理论验证道氏理论的分析结论。

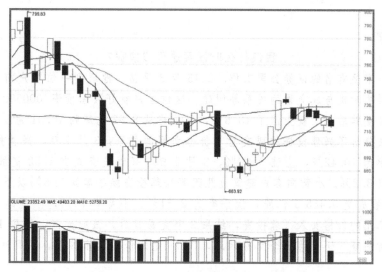

图 5-7　399006 创业板指数的日 K 线图

第6章
量价关系理论

> **知识目标**
> 1. 理解量价关系理论的基本内容、重要性和基本原则;
> 2. 掌握大盘及个股的量价关系的基本分析方法;
> 3. 了解逆时钟曲线法、葛兰碧九大法则等古典量价关系理论的基本内容;
> 4. 了解常见的成交量指标。

> **技能目标**
> 1. 能够进行大盘及个股的量价关系的基本分析;
> 2. 掌握个股量价关系的特点及基本分析知识;
> 3. 初步具备分析证券市场中各种股票的量价关系的能力。

案例导入

我该什么时候买这只股票呢?

小黄在一家很有名的证券公司工作。2013年3月初,他遇到一位客户前来寻求帮助,咨询购买股票的时机与成交量的关系等问题。这位客户看好兴蓉投资(000598),看到这只股票3月4日复牌后2天就上涨了13.5%,其价格从8.82元涨到10.01元。

小黄仔细分析了兴蓉投资的成交量与价格之间的关系:3月4日,兴蓉投资成交1.8亿股,换手率为10.42%,上涨9.98%;3月5日,兴蓉投资成交1.52亿股,换手率为8.83%,上涨3.2%。小黄向客户建议过几天等兴蓉投资换手率达到5%以下时再买入。3月13日,该股成交0.4855亿股,换手率为2.81%,下降0.79%,小黄建议可以买入。该客户以8.7元的价格买入兴蓉投资,结果3个交易日后,该股大涨,达到10.25元。该客户又在小黄的建议下于第8个交易日后,以11元的价位卖出该股,获利达26%,大赚了一笔!

6.1 量价关系理论的基础

6.1.1 量与价

▶ 1. 成交量和股价

量指的是一只股票在单位时间内的成交量，有日成交量、月成交量、年成交量等；价指的是一只股票的市场价格，一般以收盘价为准，此外还有开盘价、最高价、最低价等。一只股票价格的涨跌与其成交量大小之间存在一定的内在关系。投资者可以通过分析此关系来判断形势，并决定买卖股票。

在技术分析中，研究量与价的关系占据了极其重要的地位。成交量是推动股价上涨的原动力，市场价格的有效变动必须有成交量的配合，量是价的先行指标，是测量证券市场行情变化的温度计，通过量增加或减少的速度可以推断多空双方"战争"规模的大小和大盘指数、个股股价涨跌的幅度。然而到目前为止，人们并没有完全掌握量价之间的准确关系。这里仅对目前常用的量价关系理论进行介绍。

▶ 2. 成交量的五种形态

因为市场就是各方力量相互作用的结果。控盘主力常常利用广大散户对技术分析的一知半解而在各种指标上做文章，但成交量却不容易做假，成交量是最客观的指标和要素之一。

1) 市场分歧促成成交

所谓成交，当然是有买有卖才会达成，光有买或光有卖绝对达不成成交。成交必然是一部分人看空后市，另外一部分人看多后市，造成巨大的分歧，又各取所需，才会成交。

2) 缩量

缩量是指市场成交极为清淡，大部分人对市场后期走势十分认同，意见十分一致。这里面又分两种情况：一是市场人士都十分看淡后市，造成只有人卖，却没有人买，所以急剧缩量；二是市场人士都对后市十分看好，只有人买，却没有人卖，所以急剧缩量。缩量一般发生在趋势的中期，大家都对后市走势十分认同，下跌缩量，碰到这种情况，就应坚决出局，等量缩到一定程度，开始放量上攻时再买入。同样，上涨缩量，碰到这种情况，就应坚决买进，坐等获利，等股价上冲乏力，有巨量放出的时候再卖出。

3) 放量

放量一般发生在市场趋势发生转折时的转折点处，市场各方力量对后市分歧逐渐加大，在一部分人坚决看空后市时，另一部分人却对后市坚决看好。相对于缩量来说，放量有很大的虚假成分，控盘主力利用手中的筹码大手笔对敲放出天量是非常简单的事。

4) 堆量

当主力意欲拉升时，常把成交量做得非常漂亮，几日或几周以来，成交量缓慢放大，价格慢慢推高，在近期的K线图上，成交量形成一个状似土堆的形态，形状越漂亮，就越可能产生大行情。相反，在高位的堆量表明主力正在大举出货。

5) 量不规则性放大缩小

这种情况如果发生在没有突发利好或大局基本稳定的情况下，一般是妖庄所为。市场风平浪静时突然放出历史巨量,随后又没了下文,一般是实力不强的庄家在吸引市场关注,以便出货。

6.1.2 成交量与股价的变动关系

▶ 1. 量价关系的两种情况

量价关系有两种主要情况:量价同向和量价背离。量价同向即股价与成交量变化方向相同。股价上升,成交量也相伴而升,是市场继续看好的表现;股价下跌,成交量随之而减少,说明卖方对后市看好,持仓惜售,转势反弹仍大有希望。量价背离即股价与成交量呈相反的变化趋势。股价上升而成交量减少或持平,说明股价的升势得不到成交量的支撑,这种升势难以维持;股价下跌但成交量上升,是后市低迷的前兆,说明投资者担心大祸降临而抛售股票。成交量是反映股市人气聚散的一面镜子。人气旺盛才可能买卖踊跃,买气高涨,成交量自然放大;相反,人心动摇、举棋不定、人气低迷时,成交量必定萎缩。成交量是观察庄家大户动态的有效途径。资金巨大是庄家大户的实质,他们的一切意图都要通过成交量来实现。成交量骤增,很可能是庄家在买进卖出。

▶ 2. 市场成交量与价格的关系

1) 确认当前价格运行趋势

市场上行或下探,其趋势可以用较大的成交量或日益增加的成交量进行确认。逆趋势而行可以用成交量日益缩减或清淡成交量进行确认。

2) 趋势呈现弱势的警告

如果市场成交量一直保持锐减,则是在警告投资者,目前趋势正开始弱化。尤其是市场在清淡成交量情况下创新高或新低,以上判断的准确性更高。在清淡成交量情况下创新高或新低应该值得怀疑。

3) 区间突破的确认方法

市场失去运行趋势时即处于区间波动,创新高或新低即实现对区间的突破,将伴随成交量的急剧增加。价格得到突破,但缺乏成交量的配合,预示市场尚未真正改变当前运行区间,所以应谨慎。这里需要特别说明的是,买盘与卖盘相加不等于成交量。

4) 关于股市成交量的部分看法

(1) 成交量催化股价涨跌,一只股票成交量的大小,反映的是该股票对市场的吸引程度。当更多的人或更多的资金对股票未来看好时,他们就会投入资金;当更多的人或资金不看好股票未来时,他们就会卖出手中的股票,从而引起价格下跌。但是无论如何,这是一个相对的过程,也就是说,不会所有的人对股票"一致"地看好或看坏。这是一个比较单纯的看法,更深层的意义在于:股票处于不同的价格区域,看好的人和看淡的人数量会产生变化。例如,市场上现在有100个人参与交易,某股票价格在10元时,可能有80个人看好,认为以后会出现更高的价格,而当这80个人都买进后,果真引起价格上升;股价到了30元时,起先买入的人中可能有30个人认为价格不会继续上升,因此会卖出股票,而最初看跌的20个人可能改变了观点,认为价格还会上升,这时,价格产生了瞬间不平衡,卖出的有30人,买入的只有20人,则价格下跌。看好、看淡的人数会重新组合并决定下一步走势。

(2) 大多数人都有一个错误的看法:成交量越大,价格就越涨。要知道,对于任何一个买入者,必然有一个相对应的卖出者,无论在任何价格,都是如此。在一个价格区域,如果成交量出乎意料地放大，只能说明在这个区域人们有非常大的分歧，例如，50个人看涨，50个人看跌；如果成交量非常清淡，则说明有分歧的人很少或者人们对该股票毫不关心，例如，5个人看涨，5个人看跌，90个人无动于衷或在观望。

（3）可以从成交量变化分析某股票对市场的吸引程度。成交量越大，说明越有吸引力，以后的价格波动幅度可能会越大。

（4）可以从成交量变化分析某股票的价格压力和支撑区域。在一个价格区域，如果成交量很大，说明该区域有很大的压力或支撑，趋势将在这里产生停顿或反转。

（5）可以观察价格走出成交密集区域的方向。当价格走出成交密集区，说明多空分歧得到了暂时的统一，如果是向上走，那价格倾向于上升；若向下走，则价格倾向于下跌。

（6）可以通过观察成交量在不同价格区域的相对值大小，来判断趋势的健康性或持续性。随着某股票价格的上升，成交量应呈现阶梯性减弱，一般来说，股票的价格越高，感兴趣或敢于参与的人就越少。这一点，从成交额的角度来看，会更加简单扼要。

（7）仅仅根据成交量并不能判断价格趋势的变化，至少还要通过价格来确认。成交量是价格变化的通过重要因素之一，也是一个可能引起本质变动的因素，但是在大多数时候，只起到催化剂的作用。

（8）市场上有这样一种认识，个股或股指的上涨必须要有量能的配合，如果是价升量增，则表示上涨动能充足，预示个股或股指将继续上涨；反之，如果缩量上涨，则视为无量空涨，量价配合不理想，预示个股或股指不会有较大的上升空间或难以持续上行。

6.2 古典量价关系理论

6.2.1 逆时钟曲线法

逆时钟曲线法是最浅显、最易入门的量价关系理论。它是通过观测市场供需力量的强弱，来研判未来走势方向的量价关系理论方法。逆时钟曲线如图6-1所示。

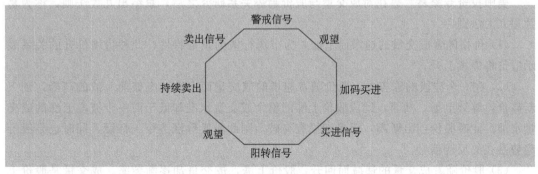

图6-1 逆时钟曲线

▶ 1. 逆时钟曲线法的应用

逆时钟曲线法的应用有8个阶段。

(1) 阳转信号。股价经过一段跌势后,下跌幅度缩小,止跌趋稳。同时,在低位盘旋时,成交量明显由萎缩转而递增,表示低位承接力转强,此为阳转信号。

(2) 买进信号。成交量持续扩增,股价回升,逆时钟曲线由平向上时,为最佳买入时机。

(3) 加码买进。当成交量增至某一高水准时,不再急剧增加,但股价仍继续上升,此时逢股价回调时,宜加码买进。

(4) 观望。股价继续上涨,但涨势趋缓,成交量未能跟上,走势开始有减退的迹象,此时价位已高,不宜再追高抢涨。

(5) 警戒信号。股价在高位盘整,已难创新高,成交量明显减少,此为警戒信号。此时投资者应做好卖出准备,宜抛出部分持股。

(6) 卖出信号。股价从高位滑落,成交量持续减少,逆时钟曲线的走势由平转下时,进入空头市场,此时应卖出手中股票,甚至融券放空。

(7) 持续卖出。股价跌势加剧,呈跳水状,同时成交量均匀分布,未见萎缩,此为出货行情,投资者应果断抛货,不要犹豫或心存侥幸。

(8) 观望。成交量开始递增,股价虽继续下跌,但跌幅已小,表示谷底已近,此时多头不宜杀跌,空头也不宜肆意打压,应伺机回补。

▶ 2. 逆时钟曲线法的不足

(1) 尽管逆时钟曲线简单易懂,但对于复杂的K线,量价关系无法做出有效诠释。

(2) 股价剧烈波动,时常发生单日反转,若刻板地应用,会有慢半拍之感,不易掌握良好的买卖点。

(3) 高位时价跌量增、量价背离形态未能呈现出来,无法掌握绝佳卖点;低位时的价稳量缩也无法呈现出来,不易抓住绝佳买点。

(4) 逆时钟曲线法的观望阶段,极易与高位价跌量增、杀盘沉重观念相互混淆。

尽管逆时钟曲线法有诸多缺点,但仍有其易于应用的正面价值,可以结合实际情况适当加以运用,但切勿陷入教条。

6.2.2 葛兰碧九大法则

美国投资专家葛兰碧在对成交量与股价趋势关系研究之后,总结出九大法则,称为葛兰碧九大法则。

(1) 价格随着成交量的递增而上涨,为市场行情的正常特性,此种量增价升的关系表示股价将继续上升。

(2) 在一个波段的涨势中,股价随着递增的成交量而上涨,突破前一波的高峰,创下新高价,继续上扬。然而,此段股价上涨的整个成交量水准却低于前一个波段上涨的成交量水准。此时股价创出新高,但量却没有突破,则此段股价涨势令人怀疑,同时也是股价趋势潜在的反转信号。

(3) 股价随着成交量的递减而回升,股价上涨,成交量却逐渐萎缩。成交量是股价上升的原动力,原动力不足显示出股价趋势潜在的反转信号。

(4) 有时股价随着缓慢递增的成交量而逐渐上升,渐渐地,走势突然成为垂直上升的喷发行情,成交量急剧增加,股价跃升暴涨;紧随此波走势而来的是成交量大幅萎缩,同时股价急速下跌。这种现象表明涨势已到末期,上升乏力,显示出趋势有反转的迹象。反转所具有的意义则根据前一波股价上涨幅度的大小及成交量增加的程度而不同。

(5)股价走势因成交量的递增而上升,是十分正常的现象,并无特别暗示趋势反转的信号。

(6)在一波段的长期下跌形成谷底后,股价回升,成交量并没有随股价上升而递增,股价上涨欲振乏力,然后再度跌落至原先谷底附近,或高于谷底。当第二谷底的成交量低于第一谷底时,是股价将要上升的信号。

(7)股价向下跌落一段相当长的时间,市场出现恐慌性抛售,此时随着日益放大的成交量,股价大幅度下跌;继恐慌卖出之后,预期股价可能上涨,同时,恐慌卖出所创的低价将不可能在极短的时间内突破。因此,随着恐慌大量卖出之后,往往是(但并非一定是)空头市场的结束。

(8)股价下跌,向下突破股价形态、趋势线或移动平均线,同时出现了大成交量,是股价下跌的信号,明确表示出下跌的趋势。

(9)当市场行情持续上涨数月之后,出现急剧增加的成交量,而股价却上涨无力,在高位整理,无法再向上大幅上升,显示了股价在高位大幅震荡,抛压沉重,上涨遇到了强压力,此为股价下跌的先兆,但股价并不一定必然会下跌。股价连续下跌之后,在低位区域出现大成交量,而股价却没有进一步下跌,仅出现小幅波动,此即表示进货,通常是上涨的前兆。

6.3 量价关系理论的要点

6.3.1 量价关系的基本法则

交易量和价格的关系可以体现为量价变动规律的基本法则,如表6-1所示。

表6-1 量价关系的基本法则

价　　格	交　易　量	股　票　价　格
上涨	增加	上升
上涨	减少	下降
下跌	增加	下降
下跌	减少	上升
下跌	不变	不定

▶ 1. 法则一:价升量增,价格上升

当大盘指数或个股股价上升,同时成交量也随之而增加(环比)时,则预示着未来大盘指数或个股股价也将上升。

2. 法则二：价升量缩，价格下降

当大盘指数或个股股价上升，同时成交量却随之萎缩时，则预示着未来大盘指数或个股股价将下降。

3. 法则三：价跌量增，价格下降

当大盘指数或个股股价下跌，同时成交量却随之增加时，则预示着未来大盘指数或个股股价将下降。

4. 法则四：价跌量缩，价格上升

当大盘指数或个股股价下跌，同时成交量也随之而萎缩时，则预示着未来大盘指数或个股股价将转而上升。

5. 法则五：价跌量平，价格不定

当大盘指数或个股股价下跌，同时成交量却保持不变时，则预示着未来大盘指数或个股股价将难以判定。

6.3.2 量价一致下的股价走势

同步量是指股价的涨跌与成交量成正比的关系。同步量又分为两种情况：上涨同步和下跌同步。

上涨同步即价涨量增，如国际实业(000159)2010年4月末的走势，如图6-2所示。

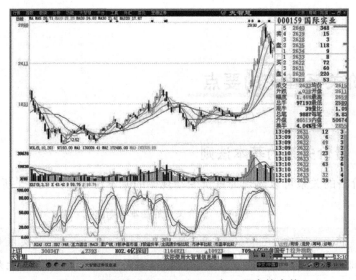

图 6-2　国际实业(000159)2010年4月末的走势

下跌同步即价跌量增，如贵州茅台(600519)2010年4月末的走势，如图6-3所示。

6.3.3 量价背离下的股价走势

背离量是指股价的涨跌与成交量成反比的关系。背离量也分为两种情况：上涨背离和下跌背离。

上涨背离即价涨量减，如图6-2所示，2010年4月末，国际实业先是价涨量增，随后就是价涨量减的走势。

图 6-3　贵州茅台(600519)2010 年 4 月末的走势

下跌背离即价跌量减,如图 6-3 所示,2010 年 4 月末,贵州茅台先是价跌量增,随后就是价跌量减的走势。

量价背离下的特殊情况有正背离(价大涨量大减)和负背离(价小涨量大增)。

6.3.4　涨跌停板制度下的量价关系

由于涨跌停板制度限制股票一天的涨跌幅度,使多空的能量得不到彻底的宣泄,容易形成单边市。很多投资者存在追涨杀跌的意愿,而涨跌停板制度下的涨跌幅度比较明确,在股票接近涨幅或跌幅限制时,很多投资者可能经不起诱惑,挺身追高或杀跌,形成涨时助涨、跌时助跌的趋势。而且,涨跌停板的幅度越小,这种现象就越明显。在沪、深证券市场中,由于 ST 板块的涨跌幅度限制在 5%,因此它的投机性也是非常强的,涨时助涨、跌时助跌的现象最为明显。

在实际涨跌停板制度下,大涨(涨停)和大跌(跌停)的趋势继续下去,是以成交量大幅萎缩为条件的。在以前,看到价升量增,一般会认为价量配合好,涨势形成或会继续,可以追涨或继续持股;如上涨时成交量不能有效配合放大,说明追高意愿不强,涨势难以持续,应不买或抛出手中个股。但在涨跌停板的制度下,如果某只股票在涨跌停板时没有成交量,一般认为卖主目标更高,想今后卖出好价,因此不愿意以此价抛出,买方买不到,所以才没有成交量。第二天,买方会继续追买,会出现续涨。然而,当出现涨停后中途打开,而成交量放大,说明想卖出的投资者增加,买卖力量发生变化,有望下跌。

另外,如价跌缩量,说明空方惜售,抛压较轻,后市可看好;价跌量增,则表示跌势形成或继续,应观望或卖出手中筹码。但在涨跌停板制度下,若跌停,买方寄希望于明天以更低价买入,因此收手,结果在缺少买盘的情况下成交量小,跌势反而不止;反之,如果收盘仍为跌,但中途曾被打开,成交量放大,说明有主动性买盘介入,跌势有望止住,有望盘升。

在涨跌停板制度下,量价分析的基本判定如下。

(1) 涨停量小,将继续上扬;跌停量小,将继续下跌。

(2) 涨停中途被打开次数越多、时间越久、成交量越大，反转下跌的可能性越大；同样，跌停中途被打开次数越多、时间越久、成交量越大，则反转上升的可能性越大。

(3) 涨停关门时间越早，次日涨势可能性越大；跌停关门时间越早，次日跌势可能越大。

(4) 封住涨停的买盘数量大小和封住跌停的卖盘数量大小说明买卖盘力量大小，这个数量越大，继续当前走势的概率越大，后续涨跌幅度也就越大。

不过要注意庄家借涨跌停板反向操作。例如，庄家想卖，先以巨量买单挂在涨停位，因买盘量大集中，抛盘措手不及而惜售，股价少量成交后收涨停。自然，原先想抛的就不抛了，而这时有些投资者以涨停价追买，此时庄家撤走买单，填卖单，自然成交了。当买盘消耗差不多时，庄家又填买单接涨停价位处，以进一步诱多；当散户又追入时，庄家又撤买单再填卖单……如此反复，以达到高挂买单而虚张声势诱多，在不知不觉中悄悄高位出货。反之，庄家想买，先以巨量在跌停价位处挂卖单，吓出大量抛盘时，悄悄撤除原先卖单，然后填上买单，吸纳抛盘。当抛盘吸纳将尽时，庄家又抛巨量在跌停板价位处，再恐吓持筹者，以便吸筹……如此反复。所以，在这种场合，巨额买单卖单多是虚的，不足以作为判定后市继续先前态势的依据。判断虚实的根据是是否存在频繁挂单、撤单行为，涨跌停是否经常被打开，当日成交量是否很大。若是，则这些量必为虚，反之，则为实，从而可依先前标准做出判断结论。

6.4 常见成交量指标的应用

6.4.1 简易波动指标

简易波动指标（EMV）是根据成交量和人气的变化，构成一个完整的股价系统循环，指示投资者在人气聚集且成交热络的时候买进股票，并且在成交量逐渐展现无力，而狂热的投资者尚未察觉能量即将用尽时，卖出股票。

▶ 1. EMV 指标简介

EMV 指标是一个将价格与成交量的变化结合在一起的指标，如图 6-4 所示。其设计者认为，价格在上升趋势的保持过程中不会耗用太多的能量，仅当趋势发生转折时成交量才会放大。这种说法虽然与传统价升量增的观点相悖，但确有独到之处。

从 EMV 指标的设计理念来看，通过指标的变动情况，就能得出一个主力资金粗略的控盘程度，投资者应当高度重视其所发出的信号。

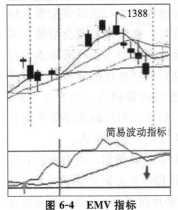

图 6-4 EMV 指标

▶ 2. 计算公式

$$A = \frac{今日最高 + 今日最低}{2}$$

$$B = \frac{\text{前日最高} + \text{前日最低}}{2}$$

$$C = \text{今日最高} - \text{今日最低}$$

$$\text{EM} = \frac{(A-B) \cdot C}{\text{今日成交额}}$$

$$\text{EMV} = N \text{ 日内 EM 的累积之和}$$

$$\text{MAEMV} = \text{EMV 的 } M \text{ 日简单移动平均 EMV 指标}$$

式中，参数 N 为 14；参数 M 为 9。

▶ 3．应用法则

(1) EMV 指标上升代表放量上升，在股价上升阶段是正常信号；EMV 指标下降代表缩量下跌，在股价下跌阶段也是正常信号。

(2) EMV 由下往上穿越 0 轴时，视为中期买进信号；EMV 由上往下穿越 0 轴时，视为中期卖出信号。

(3) MAEMV 穿越 0 轴所发出的信号，可信度较高。

(4) EMV 与 MAEMV 之间的交叉状况值得注意。

(5) EMV 指标应与趋向指标 DMI 配合使用。当 DMI 中的 ADX 低于 PDI 及 MDI 时，或 ADXR 出现"指标失效"信号时，应停止使用 EMV 指标。

(6) EMV 指标同样适用于形态理论。

▶ 4．注意要点

EMV 指标反映的是价格运行全过程中成交量的动态变化情况。因此，指标对价格的中长期走势更具有警示性。实际中，须长期使用 EMV 指标，才能获得最佳投资效果。

▶ 5．实践应用

EMV 指标在实践应用中的买卖原则如下。

(1) EMV 值上升，代表量跌价增；EMV 值下降，代表量跌价跌。

(2) EMV 趋向于 0，代表大成交量；EMV>0，应买进；EMV<0，应卖出。

6.4.2 换手率

换手率也称周转率，是指在一定时间内市场中股票转手买卖的频率，是反映股票流通性强弱的指标之一。

▶ 1．换手率的计算公式

$$\text{换手率} = \frac{\text{某一段时期内的成交量}}{\text{发行总股数}} \times 100\%$$

在我国，换手率的计算公式如下：

$$\text{换手率} = \frac{\text{某一段时期内的成交量}}{\text{流通总股数}} \times 100\%$$

▶ 2．换手率的级别

换手率的高低往往意味着以下几种情况：70%的股票的换手率基本在 3%以下，3%就成为一种分界；当一只股票的换手率在 3%～7%时，该只股票进入相对活跃状态；7%～10%时，则为强势股，股价处于高度活跃当中，并广为市场关注；10%～15%时，大庄密切操作；超过 15% 的换手率并持续多日的话，此股也许成为最大的黑马。

▶ 3. 换手率的寓意

(1) 股票的换手率越高，意味着该股票的交投越活跃，人们购买该股票的意愿越高，属于热门股；反之，股票的换手率越低，则表明该股票少人关注，属于冷门股。

(2) 换手率高一般意味着股票流通性好，进出市场比较容易，不会出现想买买不到、想卖卖不出的现象，具有较强的变现能力。然而值得注意的是，换手率较高的股票，往往也是短线资金追逐的对象，投机性较强，股价起伏较大，风险也相对较大。

(3) 将换手率与股价走势相结合，可以对未来的股价做出一定的预测和判断。某只股票的换手率突然上升，成交量放大，可能意味着有投资者在大量买进，股价可能会随之上扬。如果某只股票持续上涨了一个时期后，换手率又迅速上升，则可能意味着一些获利者要套现，股价可能会下跌。

(4) 相对高位成交量突然放大，主力派发的意愿是很明显的，然而，在高位放出量来也不是容易的事儿，一般伴随有一些利好出台时，才会放出成交量，主力才能顺利完成派发，这种例子是很多的。

(5) 新股上市之初换手率高是很自然的事儿，一度也曾上演过新股不败的神话，然而，随着市场的变化，新股上市后高开低走成为常态。显然已得不出换手率高一定能上涨的结论，但是换手率高也是支持股价上涨的一个重要因素。

(6) 底部放量的股票，其换手率高，表明新资金介入的迹象较为明显，未来的上涨空间相对较大，越是底部换手充分，上行中的抛压越轻。此外，目前市场的特点是局部反弹行情，换手率高有望成为强势股，强势股就代表了市场的热点，因此有必要对其加以重点关注。

6.4.3 能量潮指标

能量潮指标(on balance volume，OBV)又称累积能量线，是美国投资分析家 Joe Granville 于 1981 年创立的。简单地说，能量是因，股价是果，即股价的上升要依靠资金能量源源不断地输入才能完成，能量潮指标是从成交量变动趋势的角度来分析股价转势的技术指标。

▶ 1. OBV 的计算

计算 OBV，首先要累计上市股票每日的总成交量，逐点连成曲线，其计算公式如下：

$$OBV = 前一天的 OBV \pm 当日成交量$$

当日收盘价高于前日收盘价，成交量定义为正值，取加号；当日收盘价低于前日收盘价，成交量定义为负值，取减号；两者相等时计为 0。OBV 曲线需要与股价曲线并列于同一图中相互参照使用。

▶ 2. 应用原则

(1) OBV 曲线呈 N 字形波动，当 OBV 曲线超越前一次 N 字形的高点时，则记一个向上的箭头；当 OBV 曲线跌破前一次 N 字形的低点时，则记一个向下的箭头，如图 6-5 所示。

(2) 当 OBV 曲线连续形成 N 字形上涨状态，则上涨的股价将要出现反转。

(3) 当 OBV 曲线在连续小 N 字形上涨时，又出现大 N 字形上涨状态，则行情随时可

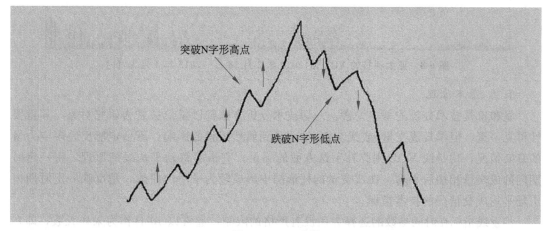

图 6-5　OBV 曲线

能出现反转，如图 6-6 所示。

（4）OBV 曲线的走向与股价曲线产生背离时，说明当时的走势是虚假的，不管当时股价是上涨行情还是下跌行情，都随时有反转的可能，需要格外留心，如图 6-7 所示。

图 6-6　OBV 曲线连续小 N 字形
上涨又出现大"N"字形上涨

图 6-7　OBV 曲线的走向与
股价曲线产生背离

（5）OBV 曲线如果持续一个月以上横向移动后突然上冲，预示大行情随时可能发生。如图 6-7 所示，OBV 曲线经过长达一个月的横盘突然上冲，在成交量的配合下，股价一路上扬。

6.4.4　成交量指标

成交量是指个股和大盘的成交总手，在形态上用一根立式的柱子来表示。左面的坐标值与柱子的横向对应处，就是当日当时的成交总手。如果当天收盘价高于当天均价，成交柱呈红色；反之，成交柱呈蓝色。红柱表示当天收盘指数是上涨的，蓝柱表示当天收盘指数是下跌的。(5，10，20)分别代表 5 天、10 天、20 天的平均成交量。均量线 VOL 是成交量类指标中最简单、最常用的指标，它由成交量柱线和三条简单平均线组成，如图 6-8 所示。

图 6-8 亚太科技的 VOL 图(2014 年 2 月 28 日—2015 年 3 月 30 日)

▶ 1. 基本原理

量和价是技术分析的基本要素,一切技术分析方法都以量价关系为研究对象,其重要性可见一斑。但单日成交量(或成交额)往往受到偶然因素的影响,不一定能反映多空力量的真实情况,均量线 VOL 则弥补了这方面的不足。它借鉴移动平均线的原理,将一定时期内的成交量相加后平均,在成交量的柱形图中形成较为平滑的曲线,是反映一定时期内市场平均成交情况的技术指标。

均量线指标在时间参数的选择方面没有严格的限制,通常以 10 日作为采样天数,即在 10 日平均成交量的基础上绘制,也可以选择 20 日或 30 日作为采样天数以反映更长周期的交投趋势。

▶ 2. 计算方法

VOL 是当日实际成交量的反映,用公式计算如下:

$$\mathrm{VOL} = \frac{\sum n V_i}{N}$$

式中,$i=1,2,3,\cdots,n$;N 为选定的时间参数,如 10 或 30;V_i 为 i 日成交量。

▶ 3. 运用原则

(1) 用均量线指标进行技术分析必须结合价格的变动,重点在于量价的配合情况,通常以价格与均量变动趋向是否一致来判断价格变动是否具备成交量基础。

一般情况下,当两种趋向一致时,表明价格走势得到成交量的支持,这种走势可望得到延续。在上涨行情初期,均量线随股价不断创出新高,显示市场人气的聚集过程,行情将进一步展开,是买入的时机。在此后过程中,只要均量线继续和股价保持向上态势,可继续持有或追加买入。当两种趋向发生背离时,说明成交量不支持价格走势,股价的运行方向可能发生转变。如下跌行情快结束时,虽然股价仍在创出新低,但均量线已经开始走平,甚至可能有上升迹象,出现量价背离,提示价格可能见底,上涨行情有望展开,是逢低买入的良机。

(2) 可以设置两条甚至多条均量线,根据它们的相互位置及交叉情况来作为研判依据。当均量线形成多头排列时,股价将保持上涨的趋势,提示投资者可买入或继续持有;而当均量线呈现空头排列时,股价将保持下跌的趋势,提示投资者出局或持币观望;当均量线出现拐头走势,即由上升转为回落或由下滑转为上升时,提示价格走势可能发生改变;一旦短期均量线上穿长期均量线形成金叉时,将对股价转势上涨进行确认,而一旦短期均量线下破长期均量线形成死叉时,将对股价转势下跌进行确认。当然,当 10 日均量线与 30 日均量线的乖离率过大时,价格将很可能随时回落,甚至反转。

▶ 4. 指标特点

(1) 均量线指标自动适应并根据不同周期、品种和时间环境的变化而变化,完全用图表示可能有几十种形态。

(2) 均量线能够统一市场量能基础，可以横向比较市场。
(3) 通过均量线指标可以及时观察缩放量。
(4) 通过均量线指标能观察到明显的量能头部，为卖在最高点提供量能指标。

▶ **5. 注意事项**

由于均量线指标侧重于反映阶段性状况，具有一定的滞后性，特别是当市场没有明显趋势时更是如此。如处于震荡整理阶段时，不同周期的均量线很可能出现黏合，此时形成的金叉或死叉确认突破的可靠程度并不高。因此，它是一种辅助性指标，投资者在研判行情时，要结合成交量及其他技术指标。

▶ **6. 特别用法**

1) 短线技法

对于持续稳定放量的短线行情，涨升角度大(30°以上)，爆发力强，对成交量的需求也大，其平均换手率通常保持在3%～8%以上的较高水平，VOL柱线一根比一根高，并维持在5日均量线之上。一旦成交不足，VOL柱线一根比一根短，并连续2～3天跌至5日均量线下，量价失衡滞涨，是第一警示信号。如柱线继续跌至10日均量线下，可确认上涨趋势将发生改变，是短线最后一次逢高卖出机会。当涨幅已较大时出现高位大阴线或长上影线的放量，虽量柱线仍在5日均线之上，但对这种情况需要警惕。

在庄家主宰的市场，成交量的急剧变化在很大程度上是庄家行为和意愿的体现。所以，不管庄家的拉升目的何在，只要停止动作，成交就立刻缩减，小资金散户只跟风，无力维持股价。

2) 对于间歇性不规则放量上涨行情

间歇性不规则放量上涨行情是市场中最常见的，对于这种情况，上述的短线技法不再奏效。但由于能量释放均衡，股价涨升虽较缓慢但持久，累计涨幅也会较大，是中线波段上涨的主要形式。加之市场庄家众多、手法各异，他们往往根据自身状况，针对不同行情、不同市场背景而采取不同的运作方法。但不管怎样，只要庄家有意愿和信心发动行情，首先就会在成交量上体现出来。在一个较长的时间周期内，成交量表现可以很不规则，但总能量的释放必然呈递增之态，也才能进二退一地推动股价持续上涨。相应的，改善成交不规则性的途径是改用长分析周期，例如，将周期内成交量进行累计，并算出其平均成交量后，就仍可依照短线技法对成交量的变化进行分析了，这也称累计平均量SVOL。

| **本章小结** |

本章属于证券投资技术分析中最基本的分析方法之一，是投资者必须掌握的基本功。本章从量价关系理论的基础出发，逐步由浅入深地介绍了古典量价关系理论、量价关系理论的要点，以及常见成交量指标的应用等内容。

通过这一章的学习，投资者应该熟练掌握成交量与股价的变动关系，以及逆时钟曲线法、葛兰碧九大法则等古典量价关系理论、量价关系理论的要点、常见成交量指标的应用等主要内容，并初步具备用量价关系理论进行股市分析的基本能力，能在证券市场中用量价关系理论预测大盘及个股的未来走势，为证券投资下一步的精确分析奠定坚实的基础。

本章练习

一、单项选择题

1. 价跌量减实质就是表示（　　）。
   A. 上涨同步   B. 下跌同步   C. 上涨背离   D. 下跌背离

2. 当大盘指数或个股股价上升，同时成交量却随之萎缩时，则预示着未来大盘指数或个股股价将（　　）。
   A. 上升   B. 下降   C. 不定   D. 横盘

3. 价跌量缩则股指将（　　）。
   A. 上升   B. 下降   C. 不定   D. 盘整

4. 量价关系理论中的价指的是（　　）。
   A. 开盘价   B. 收盘价   C. 最新价   D. 最高价

二、多项选择题

1. 逆时钟曲线法包括（　　）阶段。
   A. 阳转信号   B. 买进信号   C. 加码买进   D. 警戒信号
   E. 持续卖出

2. 地量出现得较多的情况有（　　）。
   A. 在行情清淡时   B. 在股价即将见底时
   C. 在庄家震仓洗盘的末期   D. 在庄家大幅拉升时
   E. 在拉升前整理的时候

3. 常见的成交量指标有（　　）。
   A. 换手率   B. EMV   C. OBV   D. VOL
   E. HSL

三、判断题

1. 量价关系有两种主要情况：量价同向和量价背离。（　　）
2. 背离量就是指股价的涨跌与成交量成反比的关系。（　　）
3. 量价关系实际上是先有价后有量。（　　）
4. 量价同向即股价与成交量变化方向相同。股价上升，成交量也相伴而升，是市场继续看好的表现；股价下跌，成交量随之而减少，说明卖方对后市看好，持仓惜售，转势反弹仍大有希望。（　　）

四、简答题

1. 画图并简答量价关系的基本法则。
2. 简述换手率的级别。

第7章 K线理论

> **知识目标**
> 1. 理解K线的基本形状及各种K线组合形态；
> 2. 掌握K线图的画法及单根K线的含义；
> 3. 了解K线及K线组合的应用时机。

> **技能目标**
> 1. 能够进行证券K线图的基本分析，掌握各种K线图的画法及特点，以及K线图分析的基本知识；
> 2. 初步具备分析证券市场中各种K线图及K线组合的能力。

案例导入

我该不该现在就买张裕A股？

小黄在一家证券公司工作，几乎每天都有客户向他咨询有关K线的问题。2013年6月4日，欧盟宣布对我国光伏企业实行双反调查，征收11.8%的临时反倾销税和两个月后实行47.6%的税率。同时，中国政府也启动对欧盟葡萄酒行业的反倾销和反补贴调查程序。消息一出，葡萄酒行业最大受益股票张裕A(000896)开盘就封上涨停板，当天(5日)买不进来，第二天(6日)该股开盘又高开上涨了2%左右，达到46元左右。客户小王找到小黄，询问现在能否进货购买该股？

小黄看了该股的K线图走势后，帮助客户分析该股的K线组合形态，告诉小王张裕A这两天的K线组合形态叫作"孤岛组合"，预示张裕A股后市已不看好，所以，小黄建议客户再等一两天看看。结果，第二天(7日)张裕A就暴跌，股价又回到了42元左右。客户小王由于听从了小黄的建议，规避了一次追高被套牢的厄运。

7.1 K线概述

7.1.1 K线的来源与名称

K线理论是目前证券市场上最基础、最普遍的应用技术分析理论，该理论还广泛应用于期货、外汇、大宗商品等多种投资中。K线起源于300多年前的日本，当时日本粮食市场上有一位叫本间宗久的商人，他每天观察市场米价的变化情况，以此来分析预测市场米价的涨跌规律，并将米价波动用图形记录下来，这种图形就是K线的最初雏形，后来被推广到证券市场并成为股票技术分析的一种理论，同时在全世界得到了广泛应用。

用K线方法绘制出来的柱状图形颇似一根根的蜡烛，加之这些柱状图形有黑白之分，因此又称为蜡烛线或阴阳线。

7.1.2 K线的绘制

▶ 1. K线的基本要素

K线有四个基本要素：开盘价、收盘价、最高价和最低价。开盘价是每个交易日第一笔成交价格；收盘价是每个交易日最后一笔成交价格，代表这个交易日内多数投资者对这段走势的认可程度；最高价是每个交易日最高一笔成交价格；最低价是每个交易日最低一笔成交价格。最高价和最低价反映当日的震荡幅度，是市场买卖双方的一天争斗情况；四个价格中，收盘价是最重要的，人们常说的目前股票价格就是指收盘价。

▶ 2. K线的实体和影线

K线是一条柱状的线条，由实体和影线组成，实体又分为阳线和阴线，影线可分为上影线和下影线，如图7-1所示。实体表明当天的开盘价和收盘价，而影线表明当天交易的最高价和最低价。影线在实体上方的部分叫上影线，下方的部分叫下影线。

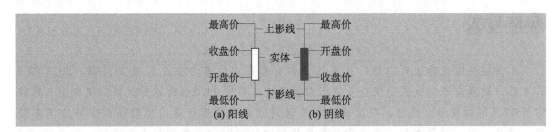

图7-1 K线的实体和影线

收盘价高于开盘价时，则开盘价在下收盘价在上，两者之间的长方柱用红色或空心绘出，称为阳线；其上影线的最高点为最高价，下影线的最低点为最低价。收盘价低于开盘价时，则开盘价在上收盘价在下，两者之间的长方柱用黑色或实心绘出，称为阴线，其上影线的最高点为最高价，下影线的最低点为最低价。

影线部分通常是市场买卖气氛与力道受阻的象征。上影线多数都象征股价的上涨动能受到阻挠与反抗，下影线多数都预示股价下跌遭到阻挠与反抗。上下影线拉得越长，越不利于股价朝着这个方向发展；反之，亦然。

3. K线图的分类

K线图的种类繁多,根据K线的计算周期可分为日K线、周K线、月K线和年K线。周K线是指根据周一的开盘价、周五的收盘价、全周最高价和全周最低价而画的K线图;月K线是指根据一个月的第一个交易日的开盘价、最后一个交易日的收盘价和全月最高价与全月最低价而画的K线图(见图7-2);同理可以推得年K线定义。周K线和月K线常用于研判中期行情。对于短线操作者来说,众多分析软件提供的5分钟K线、15分钟K线、30分钟K线和60分钟K线也具有重要的参考价值。

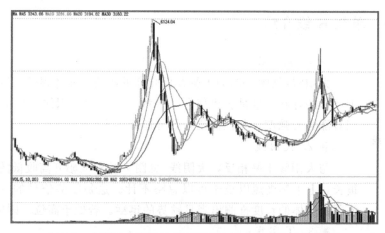

图7-2 上证综合指数月K线(2001年6月—2018年1月)

总之,K线图分析的最大优势在于各种反转形态中,能较敏感地发现股价的转变。若能结合其他分析方法对其加以补充,将更加有助于投资者把握时机,以获得最大的收益。

4. 利用K线判断股价的方法

(1) 单线观察,即根据一个K线图中的实体的长短及上下位置来判断行情是坚挺还是疲软。采用单线观测时,重视买卖能量的均衡点、高价及低价的中心值,就可以根据相对于该中心值的形状位置以及下一周的开盘价,直接做出买卖决策。

(2) 双线观察,即把两根K线并列在一起,对其进行观察,以预测未来价格的变化。

(3) 多线观察,即把多根K线进行排列组成K线图,根据其形状位置及变动趋势预测将来股价的变化。

7.1.3 K线图的优点和缺点

1. K线图的优点

通过K线图可以全面、透彻地观察到市场的真正变化,既可看到股价(或大市)的趋势,同时也可以了解到每日市况的波动情形。

2. K线图的缺点

(1) K线图的绘制方法十分繁复,是众多走势图中最难制作的一种。

(2) 阴线与阳线的变化繁多,对于初学者来说,不如柱线图简单易懂。

K线代表市场上多方与空方势力消长的情况,也是股市多空争战的记录,它可以显示多空的实际力量,探测股价的变化趋势,是一切技术分析的基础。

7.2 单根 K 线分析

在 K 线图中，每一个 K 线符号均表现出市场多空双方争执的情况，预示下一个单位时间可能到来的股价变化。单根 K 线分析是 K 线分析的基础，是双线、多线分析的前提。

7.2.1 单根 K 线介绍

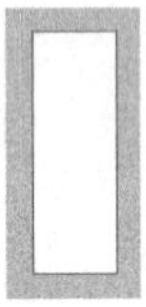

图 7-3 大阳线

▶ 1. 大阳线

大阳线（见图 7-3）即大幅开低收高的阳线，实体很长，以至于可忽略上下影的存在。这是涨势信号的一种，且可由该阳线实体的长度推测出当日涨势的强度。若在低位，则可逢低买入。

▶ 2. 大阴线

与大阳线正好相反，大阴线（见图 7-4）即大幅开高收低的阴线，实体很长，上下影极短以至于可以忽略不计。这是跌势信号的一种，且可由该阴线实体的长度推测出当日跌势的迅猛。若处于高位，则应逢高卖出。

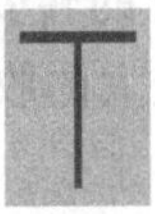

图 7-4 大阴线

▶ 3. T 字线

图 7-5 T 字线

平开走低又收高于开盘价格附近收盘，通常情况下在相对低位报收 T 字线（见图 7-5），表明盘中的多头力量较为强盛，但也有在相对高位报收 T 字线后多头无力上攻，结果可能退守败走而形成相对的头部。通常该图形不适合做空，因此以买入或观望为宜。

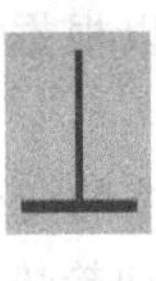

▶ 4. 倒 T 字线

图 7-6 倒 T 字线

平开走高又收低并于开盘价附近收盘，通常情况下在相对高位报收倒 T 字线（见图 7-6），表明盘中空头力量较为迅猛，但也有在相对低位报收倒 T 字线后空头无力下压，结果可能收缩回撤形成相对的底部。通常该图形不适合做多，因此以卖出或观望为宜。

▶ 5. 十字星

图 7-7 十字星

开盘和收盘均几乎处于同一价位附近但含有上下影线即为十字星（见图 7-7），表明盘中多空的分歧及争斗程度的激烈。由于分歧的存在，观察次日开盘后的趋势将至关重要。因此，当盘中收出十字星时，多空双方都应引起警觉。

▶ 6. 一字线

图 7-8 一字线

在涨跌停板制度的前提下，当发生涨停板开盘并一直没有打开而维持至收盘，或当发生跌停板开盘并一直没有打开而维持至收盘，这时的 K 线就呈现出一字线（见图 7-8）。

当在相对低位报收一字线，短期内的涨幅将相当强劲，应择机买入做多；反之，在相对高位报收跌停一字线时，表明大的套多行情将要或已经发生，应择机卖出做空。

▶ 7. 锤头

在一个下跌过程中的相对低位产生实体较短，仅有较长下影线的光头 K 线（阴阳不论）即为锤头（见图 7-9），表明此时空方的抛售做空能力已经大为减弱，是较为典型的低位当日反转信号。此时，只要次日行情不再创出新低，就不应再行抛售，反而应在盘中择低买入。

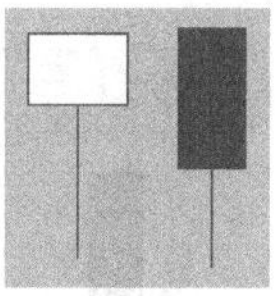

图 7-9 锤头

▶ 8. 倒锤头

在一个上升过程中的相对高位产生实体较短仅有较长上影的光脚 K 线（阴阳不论）即为倒锤头（见图 7-10），表明此时多方的做多能力已经大为减弱，是较为典型的高位当日反转信号。此时，只要第二日行情不再创出新高，就不应再做多，反而应在盘中择高卖出。

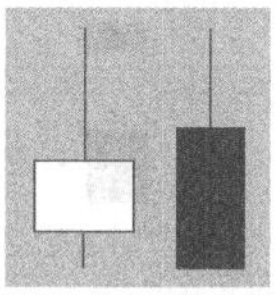

图 7-10 倒锤头

7.2.2 单根 K 线的应用

若阳线出现在盘整或股价下跌趋势末期时，代表股价可能会开始反转向上；若阴线出现在盘整或股价上涨趋势末期时，代表股价可能会开始反转向下。单根 K 线的应用如表 7-1 所示。

表 7-1 单根 K 线的应用

图形	名称	意义
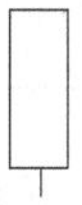	收盘光头阳线	强力上升线
	开盘光头阳线	上升力强，但应谨慎进出
	光头阳线	代表强烈涨势，是转换行情的分歧点
	小阳线	行情扑朔迷离
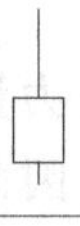	上影阳线	暗示行情走低
	上吊线	行情看涨
	光头阴线	弱线，在高位出现暗示行情极坏
	收盘光头阴线	属先涨后跌型，行情看跌

续表

图　形	名　称	意　义
	开盘光头阴线	显示行情有反弹的迹象
	极阴线	行情疲软模糊不清
	下影阴线	行情疲软，但底部有较强的支撑力
	四价重合线	市场疲软，投资人观望
	T字线	卖方虽强但买方力量会更大，行情出现转机
	下长十字线	行情会出现反转
	倒T字线	买方虽强但卖方更强，行情看跌
	十字线	买卖双方的攻防点，暗示转盘

出现极长的下影线时，表示买方支撑力道强。因此，若此种K线出现在股价下跌趋势末期时，再配合大成交量，则表示股价可能反弹回升；若此种K线出现在股价上涨趋势末期或高位盘整期时，再配合大成交量，则表示主力大户可能盘中卖货，盘尾拉升，应注意卖出的时机。出现极长的上影线时，表示卖压大。因此，若此种K线出现在股价上涨趋势末期时，再配合大成交量，表示股价可能一时难以突破，将陷入盘整，甚至回跌。

十字线可视为反转信号，若此种K线出现在股价高位时，并且次日收盘价低于当日收盘价，表示卖方力道较强，股价可能回跌；若此种K线出现在股价低位时，并且次日收盘价高于当日收盘价，表示买方力道较强，股价可能上扬。

因为K线仅就股票价格观察，所以应用时必须配合成交量来观察买方与卖方力量强弱状况，找出股价支撑区与压力区。每日开盘价与收盘价较易受主力大户的影响，因此也可参考周K线图，因为主力大户较难全盘影响一周的K线走势。

7.3　常见的K线组合形态分析

K线组合是指两根或三根K线形成的组合图形。K线组合有很多种，其对股市预测的精准程度优于单根K线。这里，我们只介绍常见的几种K线组合，如乌云盖顶组合、孤岛组合、中流砥柱组合、包容组合、孕育组合、黎明之星组合、黄昏之星组合、红三兵组合、三只小乌鸦组合和白三鹤组合等，如表7-2所示。

表 7-2　常见的几种 K 线组合及说明

名　称	形　态	说　明
乌云盖顶组合		在价格出现阳线上涨之后，又出现阴线，且该阴线令价格落到前阳线实体 1/2 以下。这一组合常在市势已经大涨一段，甚至创下天价的时候出现，表示市势逆转，随后将为下跌行情
孤岛组合		一段上涨行情之后，出现一个跳空的阴线，形如孤岛。这一组合，尽管阴线收盘价仍比昨日高，但已可窥见市场人士心态之虚弱及前期获利者的操盘手法，表示后市已不看好
中流砥柱组合		这一组合与乌云盖顶组合相对。在价格出现阴线下跌之后，又出现阳线，且该阳线令价格升到前阴线实体 1/2 以上。这一组合常在市势已经大跌一段，甚至创下地价的时候出现，表示市势逆转，随后将为上升行情
包容组合	(a)　　(b)	实体间为阴阳两性，但都是今日的长实体将昨日的小实体完全包容，预示后市将沿长实体的方向发展
孕育组合	(a)　　(b)	实体间为阴阳两性，但与包容组合形式相反，今日的小实体被昨日的大实体所包容，形似为娘胎所孕，故称为孕育组合，预示后市的方向往往为母体的方向，即阳孕阴生阳，阴孕阳生阴
黎明之星组合		这一组合是在阴线之后，下方先出现一条小阳线或小阳十字线，接着再出现跳空上升的一条大阳线。这一组合多出现在久跌或久盘之后，这时下方出现的小阳线犹如市场人士心目中久盼的启明星，随后再出现的有力上升的阳线，表明长夜已经过去，市势迎来光明。所以，黎明之星组合是市势反转上升的转折点
黄昏之星组合		这一组合恰与黎明之星组合相反，成为市势反转下跌的转折点。顶部的跳空的十字线在随后出现的跳空下跌的大阴线形成后，成为一颗黄昏之星。如果顶部是中长上影的倒 T 字线，则又形象地称这一组合为射击之星
红三兵组合		在低档区出现连续三个小阳线上升的组合时，表示市势已经走出长期的下跌阴影，步入反弹上升的趋势
三只小乌鸦组合		在高档区出现连续三个黑小卒下跌的组合时，表示上升市势已经完结，下跌市势已经开始
白三鹤组合		下跌途中的白三鹤一般出现在高档区、低档区行情的中途

7.4 K线组合在沪深股市实战中的运用

前面通过对单根K线和K线组合的分析讲解，对K线知识有了基本的了解。下面，我们通过一些基本K线图形的实例，尝试着将K线理论应用于实盘投资分析之中。

▶ 1. 红三兵、三只乌鸦和黄昏之星在实战中的运用

当指数连续出现小阳线后，一段时间的累加会有一波不小的涨幅。但正在这个时候又出现了三根破位阴线，这种图形的名称是什么呢？这种图形的后市会如何运行呢？例如，上证指数2009年6月24日—2009年8月7日K线走势如图7-11所示。

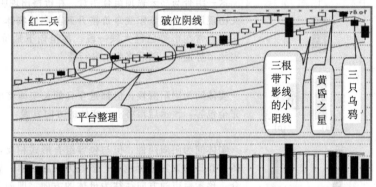

图7-11 上证指数2009年6月24日—2009年8月7日K线走势

前期的三根阳线被称为红三兵，接着出现一个平台整理，尤其是6个交易日的K线运行范围基本在三根小阳线的实体之内，股指的横盘未能将前期的战果吞没，因此，可以考虑把接近三根阳线点位的股价作为买入点，理由是后市看涨。

当股指攀升一段时间后，首先，出现一根破位阴线，这种破位阴线起到了警示作用；其次，出现三根带有下影线的小阳线，将股指推回阴线之上。此时，应考虑是否会形成一组不规则的K线组合整理图形，由于此时还不能确定后期走势，所以应该继续观察。当股指运行到前期高点位置时，股指K线收为小十字星，紧接着第二天又收出阴K线。仅从K线组合图形角度考虑，这是一个不规则的黄昏之星组合，预计市场将有选择向下运行的可能，后面两天又是连续收阴线，就形成了三只乌鸦的走势。此后，大盘表现为一路回调，验证了之前的判断。

实际应用中，需要注意以下两点：①实战图形不可能和教科书上的图形完全一致，一般总会有一定的差异之处，这就要求我们平时加强训练，逐步提高研判能力；②看到某一种图形之后，不要简单地只依赖于某一个方面的分析工具，也不能仅以此来判断未来大盘或个股是下跌还是上涨，只有当支持我们判断的论据足够的时候，才可以下定论。

▶ 2. 垂头线、好友反攻在实战中的运用

首先考虑当时股指运行的位置，如果股指是在向上运行一段时间后，达到一定高度的时候出现垂头K线组合，即为见顶信号；反之，在行情下跌一段时间后，到达相对低位的时候出现好友反攻K线组合，即为下跌告一段落的信号。

例如，上证指数2007年4月13日—2007年7月30日K线走势如图7-12所示。图中有2个垂头线和3个好友反攻的图形。

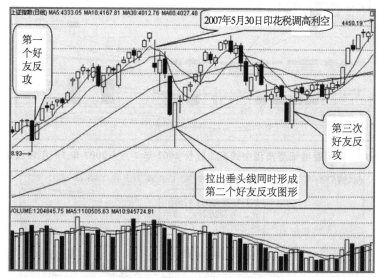

图7-12　上证指数2007年4月13日—2007年7月30日K线走势

第一个好友反攻图形出现后，有一波上涨波段，但2007年5月30日单日股指出现了较大幅度的回调。第一天的回调带有利空性（交易印花税由1‰调整到3‰），一般理智的投资者这个时候就应该减仓出局。在连续回调之后，在前期低点的位置拉出垂头线，并形成好友反攻图形，此时就是短线积极参与的信号。短线得手之后，股指很快反弹到前期高点，可以考虑短期双头。因此，应当降低手中仓位，二次头部的K线组合形成一个小级别的顶部，手中的短线资金基本可以离场，资金离场后等待股指调整，当调整一段时间和一定深度之后，股指再次见底反弹，出现了第三次好友反攻，此时可以对比前期两次好友反攻的图形，从而判断反弹高度和力度。

在实际操作中，只是分析大盘指数K线组合图，从中进行判断决策，需要注意：①通过各个K线组合之间强弱的对比，可以预测后市涨跌的幅度；②各个周期、不同级别的K线组合应配合使用。

▶ 3. 蛟龙出海、断头铡刀在实战中的运用

绝大部分证券投资者都在追求时间最短化、利益最大化，可是，事实往往是时间最短化、亏损最大化，很难有人真正做到长期投资、战略投资。我们较为熟悉的股神巴菲特以价值投资而闻名，我们用技术分析的方法探究一下，寻找他价值投资的成功内因。

例如，巴菲特在我国香港市场投资中国石油股份（0857），中国石油股份2002年7月—2007年10月K线走势如图7-13所示。

图7-13所示是中国石油股份（0857）香港市场的走势，那么巴菲特是什么时候买股票的呢？2002年11月出现1.430港元之后，月线级别的多条均线在这个位置黏合，同期股指成交量也同比放大，一根月线级别的阳K线带领股价突破了前期的重筹码区，这根阳线就是蛟龙出海，它的启动位置是在一根长期均线之上，同期穿越多根均线，之后的涨幅如图7-14所示。此后，巴菲特一路增持该股，最后他在该股上面的收益也是众所周知的。

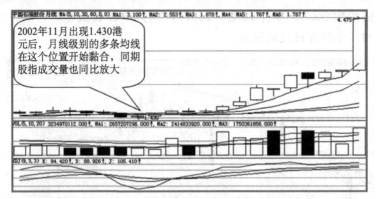

图 7-13　我国香港证券市场中国石油股份 2002 年 7 月—2007 年 10 月 K 线走势

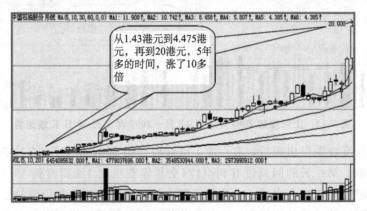

图 7-14　我国香港证券市场中国石油股份 2002 年 2 月—2007 年 11 月 K 线走势

再如，我们可以从 A 股市场中可以找到同样的案例。大商股份（600694）2001 年 12 月—2006 年 2 月 K 线走势如图 7-15 所示。

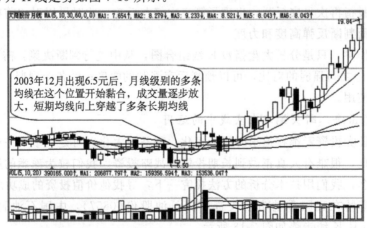

图 7-15　大商股份 2001 年 12 月—2006 年 2 月 K 线走势

图 7-13 与图 7-15 相比，不同市场的两个股票，它们的表现却是惊人的相似。当股价出现 6.50 元后成交量开始放大，股价随后开始上攻，并且突破了前期的重筹码区，也是一根阳 K 线穿越了几根均线，多条月均线在这个位置黏合，之后的涨幅如图 7-16 所示。

这几个案例就是我们在实际操作中，只是使用大盘或个股的 K 线走势图，分析并得到

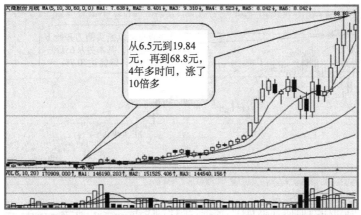

图 7-16　大商股份 2003 年 1 月—2007 年 8 月 K 线走势

的结论，需要注意：①是在什么时间级别的 K 线走势图中看到有价值的图形的？所看到的图形能够支持多长时间的调整或者上攻？②当蛟龙出海的图形出现时，应一路持有还是波段操作，必须要选择适合自己的操盘习惯。

股价（大阴 K 线）是否有效击穿重要均线，这根重要均线就是明显地在近期支撑 K 线的均线，即断头铡刀。

例如，江苏吴中（600200）2008 年 2 月 13 日—2008 年 4 月 14 日 K 线走势如图 7-17 所示。

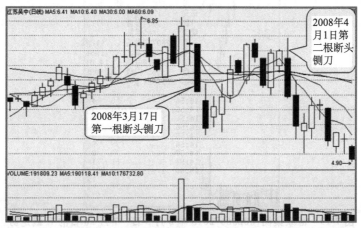

图 7-17　江苏吴中 2008 年 2 月 13 日—2008 年 4 月 14 日 K 线走势

从图 7-17 中可以看到，股价一直围绕均线上下震荡，直至 2008 年 3 月 17 日和 2008 年 4 月 1 日两次由一根大阴线同时将一组多条均线跌穿。断头铡刀一般出现的位置是股价高位盘整的时候，或者是股价从高位经过一段时间下跌，在停止下跌后进行一段时间的横盘整理之时。判断的准确性主要由 K 线图的周期所决定。如果断头铡刀是在日 K 线图中出现，那么，首先考虑是日线级别的调整，一般这种图形出现，后市不会很好。如图 7-18 所示，当日 K 线出现这种图形之后，股价在后面的行情上还有一段不小的跌幅，如果投资者在股价盘整的时候建仓了，那么此图形出现后应离场。

德联集团（002666）2015 年 6 月 3 日—7 月 20 日的 K 线走势如图 7-19 所示，6 月 16 日、6 月 18 日就形成了比较典型的断头铡刀 K 线组合形态。

实际操作中需要注意：①股价破位下跌，如果投资者已被套其中，此时果断离场则还

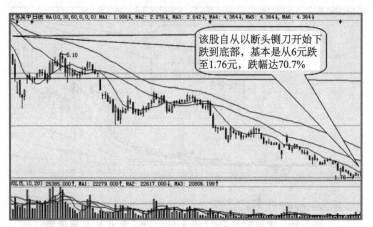

图 7-18　江苏吴中 2008 年 4 月 15 日—2008 年 11 月 7 日 K 线走势

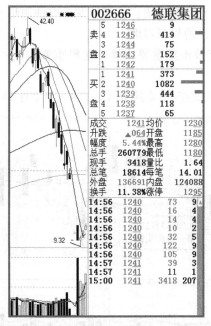

图 7-19　德联集团(002666)2015 年 6 月 3 日—7 月 20 日的 K 线走势

会有机会；若是继续持股，那么短时间之内面临的是更深的套牢。②如果股指没有起稳回升的迹象，千万不要轻易抄底，要记住股市的一句名言——股市不言底。

本章小结

本章属于证券投资技术分析中最基本的分析方法之一，是投资者必须掌握的基本功。本章从 K 线的基本要素与基本形状出发，逐步由浅到深地介绍了单根 K 线的应用、K 线组合形态及 K 线组合在沪深股市实战中的运用等内容。通过这一章的学习，投资者应该熟练掌握 K 线的基本要素与基本形状、单根 K 线的应用、K 线组合形态等内容，并初步具备用 K 线进行分析的能力，能通过 K 线预测大盘及个股的未来走势，为证券投资下一步的精确分析奠定基础。

本章练习

一、单项选择题

1. 两根K线的组合中，第二天多空双方争斗的区域越高，表示（　　）。
   A. 越有利于上涨　　B. 越有利于下跌　　C. 不涨不跌　　D. 无法判断
2. 人们常说的目前股票价格是指（　　）。
   A. 开盘价　　B. 收盘价　　C. 最高价　　D. 最低价
3. 每个交易日第一笔成交价格是（　　）。
   A. 开盘价　　B. 收盘价　　C. 最高价　　D. 最低价
4. K线起源于（　　）。
   A. 美国　　B. 英国　　C. 中国　　D. 日本

二、多项选择题

1. 各种K线组合形态包括（　　）。
   A. 乌云盖顶组合　　B. 孤岛组合　　C. 中流砥柱组合　　D. 凤凰组合
   E. 孕育组合
2. 各种K线组合形态包括（　　）。
   A. 红三兵组合　　B. 三个黑小卒组合　　C. 白三鹤组合　　D. 黑三鸦组合
   E. 黑鸭子组合
3. 预示将要上涨的K线组合形态有（　　）。
   A. 乌云盖顶组合　　B. 中流砥柱组合　　C. 黄昏之星组合　　D. 黎明之星组合
   E. 红三兵组合
4. 预示将要下跌的K线组合形态有（　　）。
   A. 三个黑小卒组合　　B. 红三兵组合　　C. 凤凰组合　　D. 黑鸭子组合
   E. 射击之星组合

三、判断题

1. 收盘价高于开盘价时，则开盘价在下收盘价在上，两者之间的长方柱用红色或空心绘出，称为阴线。（　　）
2. 黄昏之星组合，如果顶部是中长上影的倒T字线，则又形象地称这一组合为射击之星。（　　）
3. 实体间为阴阳两性，但都是今日的长实体将昨日的小实体完全包容，这种组合称为孕育组合。（　　）
4. 孕育组合预示后市的方向往往为母体的方向，即阳孕阴生阳，阴孕阳生阴。（　　）

四、简答题

1. 画图并简答单根K线图中阳线的图形、名称及含义。
2. 画图并简答单根K线图中阴线的图形、名称及含义。
3. 画图并简答单根K线图中星线的图形、名称及含义。

第8章 形态理论

知识目标

1. 理解证券价格移动的规律；
2. 掌握持续整理和反转突破各种形态的含义及形成过程；
3. 了解各种形态的运行机理。

技能目标

1. 能够在K线走势图中识别各种形态；
2. 能够根据形态判断股价未来的走势。

案例导入

在哪一点买入才是最合适的呢？

汪小梦工作多年，积累了50万元的闲置资金，由于近年来严重通货膨胀，她打算将这笔闲置资金投资到股市。经过对公司基本面的认真研究，她认为，东阿阿胶作为国家中药保护品种具有良好的保健功能，近年来价格不断上涨，公司发展前景广阔，经过前期的下跌，公司股票具备了投资价值。

面对图8-1所示的走势形态，汪小梦困惑了，在哪一点买入才是最合适的呢？买入的依据又是什么？

8.1 价格移动的规律和两种形态类型

8.1.1 价格移动的规律

价格在波动过程中会留下移动的轨迹。形态理论正是通过研究价格所走过的轨迹，分

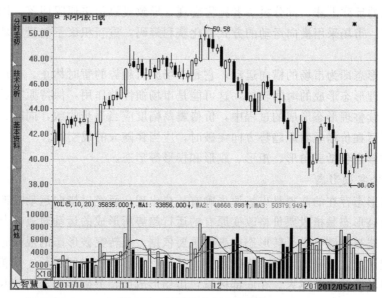

图8-1　东阿阿胶日K线走势

析和挖掘价格走势曲线所体现的多空双方力量的对比。

股价是完全按照多空双方力量对比大小和所占优势的大小而移动的。一个时期内，多方处于优势，股价将向上移动；在另一个时期内，如果空方处于优势，则股价将向下移动。多空双方的一方占据优势的情况又是多种多样的。有的只是稍强一点，股价向上（下）不久就会遇到压力或支撑；有的优势大一些，可以把股价向上（下）拉得多一些；有的优势是决定性的，则完全占据主动，对方几乎没有什么力量与之抗衡，股价的向上（下）移动势如破竹。

根据多空双方力量对比可能发生的变化，可以知道股价的移动应该遵循这样的规律：第一，股价应在多空双方取得均衡的位置上下来回波动；第二，原有的平衡被打破后，股价将寻找新的平衡位置。这种股价移动的规律可以描述为：持续整理、保持平衡→打破平衡→新的平衡→再打破平衡→再寻找新的平衡→……

证券市场中的胜利者往往是在原来的平衡快要打破之前或者是在打破的过程中采取行动而获得收益的。原平衡已经打破，新的平衡已经找到，这时才开始行动就已经晚了。

8.1.2　两种形态类型

根据股价移动的规律，可以把股价走势曲线的形态分成持续整理形态和反转突破形态两大类型。持续整理形态保持平衡，反转突破形态打破平衡。股价只要在一个范围内变动，都属于保持了平衡，这个范围的选择就成为判断平衡是否被打破的关键。

▶ 1. 持续整理形态

持续整理形态成立的前提是市场事先确有趋势存在，例如，市场经过一段上涨趋势运动后，积累了大量的获利筹码，随着获利盘纷纷套现，价格出现回落，但同时对后市继续看好的交易者大量入场，对市场价格构成支撑，因此价格在高价区小幅震荡，市场采用横向运动的方式消化获利筹码，重新积聚了能量，然后又恢复原先的趋势。又如，市场经过一段下跌趋势运动后，有投资者认为股票价格已经很低，股价随时会反弹，纷纷买入股票,随着股票的反弹上涨,部分投资者抛售套现,导致股票价格遇阻回落,因此价格在低价区小幅震荡,市场采用横向运动的方式消化获利筹码,重新积聚了能量,然后又恢复原先的趋势。

持续整理形态即为市场的横向运动,它是市场原有趋势的暂时休止。与反转突破形态相比,持续整理形态形成的时间较短,这可能是市场惯性的作用,保持原有趋势比扭转趋势更容易。持续整理形态形成的过程中,价格震荡幅度应当逐步收敛,同时,成交量也应逐步萎缩。最后在价格顺着原趋势方向突破时,应当伴随大的成交量。

持续整理形态包括三角形、矩形、旗形和楔形等形态。

▶ 2. 反转突破形态

反转突破形态存在的前提是市场原先确有趋势出现,而经过横向运动后改变了原有的方向。反转突破形态是指股票价格改变原有的运行趋势所形成的运动轨迹。某一条重要的支撑线或压力线被突破,是反转形态突破的重要依据。反转突破形态的规模包括空间和时间跨度,决定了随之而来的市场动作的规模,某个形态形成的时间越长,规模越大,则反转后带来的市场波动也就越大。在底部区域,市场形成反转突破形态需要较长的时间,而在顶部区域,则经历的时间较短,但其波动性远大于底部形态。交易量是确认反转突破形态的重要指标,向下突破时,交易量可能作用不大,而在向上突破时,交易量更具参考价值。

反转突破形态包括头肩形、双(三)重顶(底)形、圆弧形、喇叭形和V形等形态。

8.1.3 应用形态理论应注意的问题

形态理论是技术分析理论中较早得到应用的方法,相对来说比较成熟,为我们提供了很多价格运动轨迹的形态。但是在应用形态理论的时候,还应注意以下问题。

▶ 1. 形态识别具有多样性

站在不同的角度,面对不同时间区间的价格形态图形,对同一位置的某个形态可能有不同的解释。例如,头肩形可能被认为是某个局部的顶部或底部的反转形态,但是,如果从更大的范围来看,它有可能仅仅是一个更大的波动过程中的中途持续形态,如三角形或楔形。在实际的投资行为中,对这样的形态应如何判断呢?这个问题属于对波动趋势"层次"的判断问题。当然,还是应该用尽可能宽的时间区间,因为时间区间宽的形态所包含的信息更多。

▶ 2. 形态真假突破难以判断

在进行实际操作的时候,形态理论要等到形态已经完全明朗后才行动。形态的明朗必然涉及支撑线和压力线的突破问题。平衡被打破也需要进行判断,刚打破一点,不能算真正打破。反转突破形态存在种种假突破的情况,有时假突破给某些投资者造成的损失是很大的。

▶ 3. 信号"慢半拍",获利不充分

形态理论需要等到形势明朗后才行动,这就面临获利不充分的问题。从某种意义上讲,可以算是错失机会。如果等到突破后才行动,甚至可以说,此时利用形态分析已经失去意义。

▶ 4. 形态规模的大小影响预测结果

形态的规模是指价格波动所留下的轨迹在时间和空间上的覆盖范围。形态规模大,表明在形态完成的过程中,价格的上下波动所覆盖的区域大,在技术图形上所表现出来的就是价格起伏大,从开始到结束所经过的时间跨度长;相反,小规模的形态所覆盖的价格区间小,时间长度也短。形态规模的大小可以用几何学中"相似"的概念来解释。规模大的形态是规模小的形态的"放大"。当然,对大小的判断也涉及主观的因素。

从实际应用的角度来讲,规模大的形态和规模小的形态都对行情判断有作用,不能用简单的一句话说清楚两者的区别。一般来说,规模越大的形态所做出的结论越具有战略的性质,规模越小的形态所做出的结论越具有战术的性质。

▶ 5. 形态理论不是万能的

同所有的技术分析方法一样,关于价格形态的识别方法仅仅是进行实际投资行为的参考方法,它的结论只是某一方面的建议,不能把它当成万能的工具而完全依赖。

8.2 持续整理形态

8.2.1 三角形整理形态

三角形整理形态主要分为三种:对称三角形、上升三角形和下跌三角形。

▶ 1. 对称三角形形态

如图 8-2 所示,对称三角形形态主要由一系列的价格波动组成,股票在某个价格附近出现了徘徊争执的局面,每一次上升的高点都比上次低,而每一次下跌的低点却比上次的高,于是股价波幅越来越小,而成交量在这期间呈现出减少的趋势。如果把这些短期的高点和低点分别用直线连起来,就可以画出一个上下对称的三角形,其两条边线最终会交于一点,三角形的顶点是非常敏感的位置。

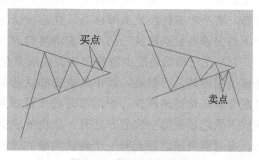

图 8-2 对称三角形形态

对称三角形形态的实例如图 8-3 所示。对称三角形形态是因为买卖双方的力量在该价格区域内势均力敌,暂时达到平衡而形成的。股价从第一个短期高点回落,抛压很快便被买方消化,推动股价回升。但买方并没有很大的信心,又或是对前景感到犹豫,因此股价未能回升至上次的高点已告无力,再一次下跌。在下跌的过程中,空方也十分犹豫,不愿意低价割肉或是对前景仍有一点希望,所以抛压也不重,令股价无法跌至上次低点。如此买卖双方多次交锋,但均无法获胜,股价因此窄幅波动,等待市场趋势明朗。

成交量在对称三角形形态的形成过程中不断减少,反映出多空双方对后市犹豫不决的态度,同时,由于反复上下震荡,使短线投资者逐渐退出观望,市场中浮码越来越少,以致成交渐渐减少。

对称三角形形态包含以下信息。

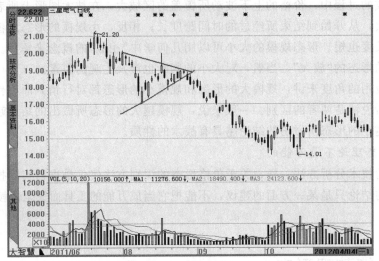

图 8-3　对称三角形形态的实例

（1）股价经过对称三角形形态的整理之后，会持续原来的趋势移动。在上升或是下跌过程中都可能出现这种形态。也可以说，这是一种不明朗的形态，反映出投资者对后市感到迷茫，无法做出买卖决定。

（2）股价必须向一个方向明显地突破之后，才可以采取相应的买卖行动。

（3）市场气氛应与形态配合，也就是说，如果这是个整理形态，则当时市场气氛应为观望犹豫，多数人认为应等市势明朗之后再入市。如果在浓烈的看好后市的气氛中出现该形态，要小心它转换成头部形态，在这种情况下，一般三角形顶端附近会有大成交量，而向下的突破多数采取从三角形顶端滑落的方式。

（4）在三角形的后半段应密切关注成交量的变化。向上突破之前，有许多细微的信号能够说明市势是否健康，其中最重要的就是量价关系。如果形态将向上突破，则每次回落时成交量必然迅速减少，而反弹时成交量放大。最佳的突破点不应在三角形顶端，而应是两次下跌之后的第三次上升之时，这次的成交量应该是最大的，而突破之后，有许多人追入。有时候突破之后会有一个确认突破的过程，在突破确认后买入比较有把握。

（5）股价越是在接近三角形的尖端突破，则其攻击力也就越小，这种突破往往没有多大意义。如果对称三角形在尖端向下突破，却又伴有巨大的成交量，这说明下方承接力非常强烈，抛压耗尽之后很可能转而向上，造成假的向下突破。

▶ 2. 上升三角形形态

图 8-4　上升三角形形态

如图 8-4 所示，股票在某个价格出现相当强大的卖压，每次价格上升到该水平便告回落，但是，市场买气良好，股价没有跌到上次的低点即告弹升，这种情形持续导致股价随着一条水平压力线波动，而波幅日渐收窄。如果把每一次短期波动的高点连起来，可画出一条水平压力线，而每一次短期波动的低点连起来则可画出另一条向上倾斜的直线，这就形成了上升三角形。上升三角形形态的成交量变化与对称三角形形态类似，在形态形成过程中成交量不断减少。通常，在上升三角形形态中，上升阶段成交量较大，而下跌阶段成交量则较少。

上升三角形形态形成的基础是买卖双方在该范围内的角逐，而图形反映出买方的力量略占上风。看淡的一方在特定的价位附近不断出货，但并不急于出货，只是对后市信心不够，于是每当股价上升到买方认为理想的水平时才会抛出，这有可能是一种很有计划的市场行为，是那些持仓较重的大户在预定水平减仓造成的，或者有人在压低价格进货。不过，市场的购买力很强，买方没有等到股价跌回上次的低点就急于买进，因此形成了一条向上倾斜的支撑线。这是一个标准的整理形态，大部分的上升三角形形态会在股价上升途中出现，暗示有向上突破的要求。而当股价最终突破压力线时，伴随着巨大的成交量，便形成一个强烈的买入信号。上升三角形形态的实例如图 8-5 所示。

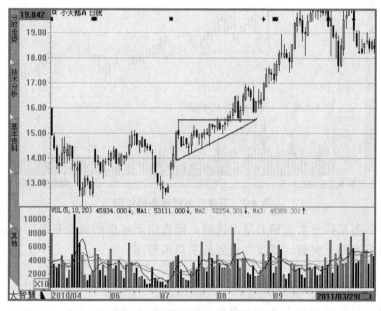

图 8-5　上升三角形形态的实例

虽然上升三角形形态暗示向上突破的机会很大，但也有可能会下跌，从而转化为双顶形态，所以，必须等市势明朗之后再做出相应的买卖决定。上升三角形突破时，如果没有成交量激增的配合，突破可能出错，投资者宜观望。同样，越早突破则后劲越足，那些迟迟不能突破的三角形可能是大户出货造成的陷阱。

3. 下跌三角形形态

如图 8-6 所示，下跌三角形的形状和上升三角形恰好相反，股价在某个特定水平出现稳定的购买力，因此股价每回落至该水平便告回升，形成一条水平的支撑线。可是市场的沽售力量却不断加强，股价每一次波动的高点都比前次更低，于是形成一条下倾的供给线。成交量在整个形态中一直比较低沉。每当股价反弹时，成交量总呈现缩小趋势；每当股价下跌时，成交量有放大的愿望，这种量价关系往往是跌势未尽的表现。

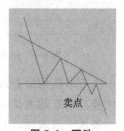

图 8-6　下跌三角形形态

下跌三角形形态的实例如图 8-7 所示。虽然下跌三角形的形成同样是多空双方在某价格区域内角逐的表现，但多空力量的对比则恰与上升三角形相反。看淡的一方不断地增强沽售压力，股价还没有回升到上次高点便再匆匆卖出，而看好的一方则坚守着某一价格防线，导致股价每回落到该水平便获得支撑。这种形态也有可能是有人在托价出货，直到货源出清为止，这时下档虚设的支撑消失，股价立即向下破位。这个形态通常出现在下跌途中，而且具有向下破位的倾向。当购买力消耗殆尽时，沽售力量把水平的需求线击破就是强烈的卖出信号。

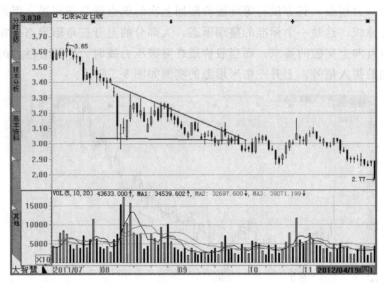

图 8-7　下降三角形形态的实例

虽然这个形态反映出卖方的力量占优势，形态向下破位的机会很高，但也有向上突破的可能，一旦形态向上突破，则演变成底部三角形形态。

8.2.2　矩形整理形态

总体来说，矩形整理形态是一个盘局，股价在某个范围内出现上下争持的局面。当股价上升到某水平时遇到压力，掉头回落，但很快在不远的下方即获得支撑而回升。但是，回升到上次同一高点时再一次受阻，而下挫到上次低点时则再获支撑，股价便在这短期高点与低点之间震荡。如果把这些短期高点和低点分别以直线连接，便可以得出一条通道，该通道既不上倾也不下倾，而是水平发展，形成矩形走势，即矩形整理形态（见图 8-8），也有人称之为股票箱体。

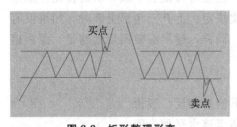

图 8-8　矩形整理形态

矩形整理形态说明多空双方在该范围内完全达到平衡，在这期间任何一方都无法占据优势。看好的人认为该价位是合理的买入点，于是每当股价回落到该水平立即买入，形成一条水平需求线；与此同时，看空的人对后市没有信心，认为股价难以越过该水平，于是每当股价回升即卖出，形成一条水平的供给线。但是，多空双方都有些犹豫，不愿主动进攻，因此股价无法脱离该区域。所以说，矩形走势是由于投资者对后市发展方向不明朗，态度变得迷茫和不知所措而造成的。每当股价回升，就有一批人退出，每当股价回落，又有一批人加入，而双方力量大致相当。

矩阵整理形态也有可能是主力机构有计划的行为造成的。有时主力为压价吸货，每当股价回升到某一水平时便进行压制，使之无法越过其控制价位，而股价回落之时便不断吸纳，形成下档支撑，还有可能是主力在下方托市，暗中出货。矩形整理形态的实例如图 8-9 和图 8-10 所示。

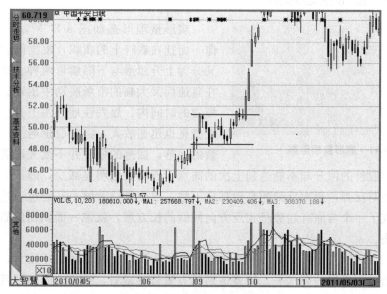

图 8-9　矩形整理形态的实例一

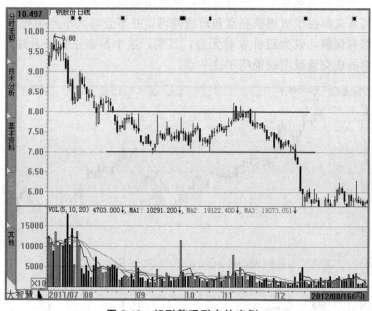

图 8-10　矩形整理形态的实例二

一般来讲，整理完成之后，应该会持续原有的趋势。在形态发展过程中，成交量应当不断减少，显示犹豫不决的人已纷纷做出决定，或退出观望，或坚持持股，市场浮筹越来越少。如果在形态形成过程中成交量持续较高水平，则很可能是主力机构正托价出货，后市小心为上。当股价最终走出整理区时，实际上就选择了后市发展方向。矩形走势是比较容易出现变异的走势，而变异的关键在于成交量。只有在形态形成过程中成交量逐渐萎缩，以致达到很小的水平，才能信赖它是一个整理形态，矩形持续的时间越长，上下幅度越大，则说明形态越可信赖。

8.2.3 旗形整理形态

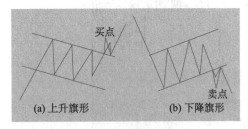

图 8-11 旗形整理形态

旗形整理形态如图 8-11 所示，它的图形就像一面挂在旗杆上的旗帜，根据倾斜的方向不同又分为上升旗形与下降旗形两种。这种形态通常在急速而又大幅的市场波动中出现。股价在一段极短的时间内，爆发性地大幅上升或下跌，这时成交量也迅速放大，接着股价遇上压力，出现短暂的回落，回落的幅度并不太大，股价很快获得支撑反弹。但股价的回升却不能达到上次的高点，成交量也明显减少，随后股价又经历了一系列的下跌与反弹，每次反弹的高点都在下移，成交量持续缩小。经过一连串的短期波动之后，形成了一个与原有趋势呈相反方向倾斜的长方形，就像一面飘扬的旗帜，这就是旗形整理形态。

在图 8-12 和图 8-13 中，股价突然大幅上升引来了强大的获利回吐压力，成交量也在股价急升时增加到近期的高水平。接着追高的力量暂时减弱，股价也开始回落，不过大部分投资者对后市依然充满信心，回吐的不过是短线获利盘而已，所以回落的速度不快，幅度也十分有限，成交量迅速减小，所有这些都反映出抛压并不太重。其后股价经历了数次反弹与下挫，其意义都在于清理获利盘和短线筹码，并不会对大市产生根本的威胁。许多人对这一形态都有误解，以为股价软弱无力，其实，这个形态正是上升途中的休息整理，回调中迅速萎缩的成交量就明确说明了这一点。

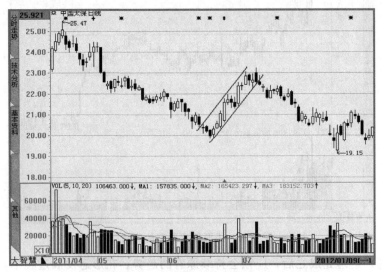

图 8-12 上升旗形整理形态的实例

（1）旗形整理形态完成之后股价将继续原来的趋势，在大市上涨途中出现的向下倾斜的旗形最终会向上突破，在大市下跌途中出现的向上倾斜的旗形最终会向下突破。

图 8-13 下降旗形整理形态的实例

（2）旗形出现在上升趋势之中，说明原有的趋势已经进行到后半段，要防备大市经历最后一段上升之后转势。

（3）旗形出现在下跌趋势之中时，往往熊市才刚刚开始，后市可能会有较大的跌幅。

（4）该形态突破之后，股价的移动速度会大致与形态形成前一样，也就是说可能出现急速的上升或下跌。

旗形整理形态必须在股价急速上升或下跌之后出现，而成交量则必须在形成形态的过程中不断地明显减少。当上升旗形向上突破时，必须伴有大成交量的配合，下降旗形向下突破时也常常伴有大成交量。整个旗形形成的时间一般在四个星期以内，当一个整理旗形超过三个星期尚未突破时，必须提高警惕，尤其是如果成交量一直不能缩减的话，往往暗示市场趋势发生了改变，该形态可能不是整理形态而是转势形态。这种情况常常在顶部出现，初期温和的下跌常会被误以为仅仅是旗形整理而已，但后来量价关系转为恶劣，显示出许多人意识到市势不好而急于出货，同时敢于接货的人却不多，结果旗形形态不能成功，股价见顶回落。

8.2.4 楔形整理形态

▶ 1. 上升楔形整理形态

上升楔形整理形态如图 8-14 所示，股价经过一段时间的大幅下跌之后，出现强烈的技术性反弹，当价格弹升到某个水平时，再掉头回落。不过，这次回落的下跌较为轻微而缓和，相当于技术性反弹过程中的回落调整，因此股价在未跌到上次低点之前已得到支撑而上升，并且越过上次高点，形成一浪高于一浪的趋势。第二次的上升止于另一高点之后，股价再度回落。我们把两个低点连成一条线，另外又把两个高点连成一条线，便可画出两条边同时向上倾斜的楔形，这就是上升楔形。在整个楔形的形成过程中，成交量不断减少，整体上呈现价升量减的

图 8-14 上升楔形整理形态

反弹特征。上升楔形是下跌途中的一个反弹波段，形态完成之后，市势仍将保持向下发展的趋势。

许多人对上升楔形有误解，认为上升楔形两条边线同时向上倾斜，应该具有较强的向上的含义，以为其蕴含的上升动力很大。事实恰恰相反，虽然上面上倾的供给线显示市场没有太大的沽售压力，可是每一次创新高之后市场的上升动能都显得不足，所以又再回跌，这是投资者对后市缺乏信心的表现，说明投资者对该股或大市的兴趣渐渐冷漠下来，成交量的下降趋势正说明了这一点。

上升楔形整理形态说明：

（1）这是一个整理形态，常在大跌的中途反弹中出现。上升楔形说明跌市没有见底，这只不过是一次技术性反弹而已。

（2）当跌破下边支撑时，就是一个卖出信号。

（3）跌破下边之后常常有反抽，但受阻于下边线的延长线。

图 8-15 中渤海活塞的走势印证了这一点。

图 8-15　上升楔形整理形态的实例

许多人会把上升楔形误当成一条上升通道，但它们之间有显著的区别。上升通道的两条边应该是平行的，而随着通道的延伸成交量应温和放大或至少保持稳定，在这两点上，上升楔形都做不到。从本质上讲，上升楔形的下边急切地向上倾斜，正反映出市场中急躁的看好心态。由于上升楔形出现在长期跌势的中途，而一个长期跌势在市场没有绝望之前是不可能反转的，因此上升楔形上倾的下边线正是它的致命弱点。

当股价跌破下边时，不必急于卖出，上升楔形十有八九会出现回抽，这是多头不死心的标志。因此出货点首选回抽接近反压线时，这个点位往往会比突破点还高一点。对于急躁的投资者，或者说对于在低位买进的投资者来讲，可以在突破之时立即卖出。

有时候，股价会一直反弹到楔形的顶端，做最后一次上冲之后再开始大幅下跌，这种情况在小时图上出现较多。这时候，我们更能清楚地看到这只是一次大型反弹而已。

2. 下跌楔形整理形态

下跌楔形整理形态如图 8-16 所示，在经历了大幅上升之后。股价从高点回落，跌至某一低点后回升，但未能回升到上次的高位，甚至相距还比较远，便再回落。第二次下跌跌破了上回的低点，但很快再次上升。把两个低点及两个高点分别连起来，就形成一个下倾的楔形。与上升楔形刚刚相反，下跌楔形出现在长期升势的中途，是对上升趋势的一次调整，因而整体上呈现调整的特征。成交量方面，在下跌楔形中同样有减少的趋势，而且股价越接近尖端，则成交量越小。最后，当股价上升突破上边线时，成交量明显放大，表示新的升势开始。

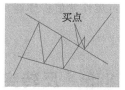

图 8-16 下跌楔形整理形态

在图 8-17 所示合肥百货的走势图中，股价经历了一段时间的上升之后，出现获利回吐，虽然下跌楔形的需求线往下倾斜，似乎说明市场的承接力不够，但新的回落幅度比上一次小，而且跌破前次低点之后，并没有再进一步大幅下跌，反而又再回升，这说明沽售力量正在减弱。因为上升趋势中的下跌调整，其沽售力量主要来自获利回吐压力，如果随着形态的发展，成交量明显萎缩，则说明获利盘被清理之后，没有新的做空力量进场。于是，形态向上突破的机会就很大。

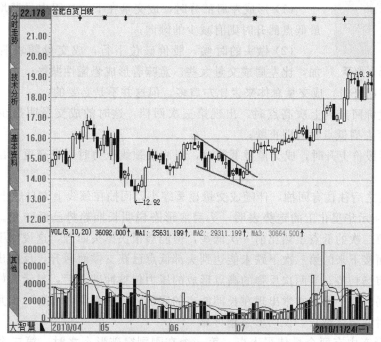

图 8-17 下跌楔形整理形态的实例

下跌楔形整理形态通常在中长期升市中途出现，下跌楔形的出现说明市势还没有见顶，目前只是一次调整而已。一般来说，只要量价关系健康，形态很可能向上突破，一旦突破上边线，即形成一个买入信号。

当下跌楔形向上突破时，有两种情况：一种是配合着大成交量果断地突破，这时应立即跟进；另一种是股价以缓和的方式上穿压力线，然后横向发展，形成徘徊状态或碟状，成交量并不放大，然后再开始慢慢上升，这时候成交量也开始逐步放大。当这种情况出现时，应等待股价打破僵局之后再跟进。假如下跌楔形不升反跌，跌破下限支持，则形态可能演变为下降通道。必须要有这种心理准备，因为股价下跌比上涨要容易得多。无论是下跌楔形还是上升楔形，其上下边线必须明确地收敛于一点，如果形态过于宽松，该形态的可靠性就值得怀疑。

8.3 反转突破形态

8.3.1 头肩形突破形态

▶ 1. 头肩底形态

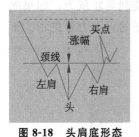

图 8-18 头肩底形态

头肩底恐怕是投资者最熟悉的名称了，虽然真正完美、有效的头肩底形态并不经常出现，一旦这个形态真正形成，其能量是巨大的。如图 8-18 所示，头肩底形态的特征如下：

（1）形成左肩部分时，成交量在下跌过程中显著增加，在左肩最低点回升时则有减少的倾向；

（2）做头的时候，股价破位下行，成交量随着股价下跌而增加，比左肩成交量大些。意味着形成恐慌性抛售；

（3）头部回升时，成交量总体来说比左肩多，但这并不是必要的；

（4）当股价回升到上次高点时，出现第三次回档，这时的成交量明显少于左肩和头部，股价跌至左肩低点附近即止跌；

（5）最后股价上升时，成交量显著放大，当冲破颈线压力时，成交更放出巨量，宣告头肩底成立；

（6）突破之后往往有回抽，伴随成交量显著缩小，回抽在颈线上方自然止跌。

图 8-19 所示华星化工的走势表明，头肩底形态说明长期趋势已经转变。股价一次又一次下跌，第二次的低点虽然比前一次低些，但能够很快掉头回升，这说明下跌能量已经充分释放，而接下来的第三次下跌未能达到头部低点已获支撑而回升，反映出看好的力量正逐步改变市场趋势。当两次反弹的高点形成的压力位被冲破之后，显示看好的一方已经完全掌握大局。这个形态常常出现在长期熊市的底部，一般来说，需要一个月以上时间来完成，而其时间跨度越长，说明形态越可靠。

头肩底形态中有两个最佳买入点。第一个在刚刚突破形态之时，第二个在回抽的底位。两个买入点各有千秋。前者属于比较激进的买进点，一般在发生突破当天收市之前抢进。决定买进的关键在于成交量，当天分时走势应该显现出强势单边市的特征，即在价涨量增及价跌量减的健康走势中完成对颈线的突破，价值区不断上移，收市价偏于高位，最好在最高位收市。这种果断的买进适合那些敢于承担一定风险而追求较大收益的投资者，因为追进的价位一般相对高些，可能要忍受回抽时暂时套牢之苦，也可能只是假突破结果被高位套牢。总体来说，如果突破时成交量有良好表现，则获利的机会很大。后者属于比较稳健的买入点，突破之后的回抽提供了一次验证走势的机会，如果回

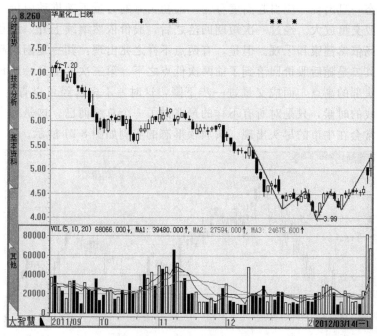

图 8-19　头肩底形态的实例

抽成交量明显萎缩，跌势越来越缓慢，则可以确认这个头肩底坚固而有效，此时买入显得胸有成竹，价位也较合适。同时，一旦出现意外，股价重新跌破颈线，被迫止损时损失也很小。等待在回抽时买进的人有时会失望，因为走势极强的大黑马可能不会回抽，或者以横盘代替回抽。

▶ 2. 头肩顶形态

头肩顶形态是证券分析中相当重要的一个形态，而头肩顶形态一旦确认形成，则显示市势中长期已经见顶，该区域成为强压力区。如图 8-20 所示，一个完整的头肩顶走势可以划分为以下不同部分。

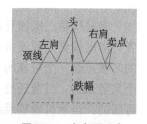

图 8-20　头肩顶形态

（1）左肩部分：股价在持续上升一段时间以后，过去买进的人都已经有相当利润，于是开始获利回吐，令股价出现短暂的回落。市势在这一阶段表现相当正常。这段时间成交量很大，而股价回落时成交量却比上升时要小。

（2）头部：股价经历了短暂的回落之后，那些错过了上次升势的人趁回调大胆进货，于是推动股价回升，成交量也随之回升。但是回升时成交量的最高点也比左肩略小一些。当股价超过左肩高点的时候，那些对前景失去信心或觉得错过了上次高点出货的人，纷纷获利抛出，同时在回落时低点买进的短线客也急于回吐，于是股价再次回落。

（3）右肩部分：股价在回落到左肩低点的时候再度获得支撑，那些后知后觉的人在错过了前两次进货机会之后终于勇敢地买进。可是，市场情绪已经明显没有前两次那么高涨，反弹时成交量也明显不如左肩和头部，股价无法达到头部的高度便告回落，于是形成了右肩。如果把二次短期回落的低点用直线连接起来，便可以画出头肩顶的颈线，只要股价跌破颈线的支撑，形态便正式成立。头肩顶包括三个明显的高峰，中间一个明显高于其他两个，而成交量方面则出现依次下降的局面。

头肩顶形态一旦出现，应引起高度警惕。最初买方的力量不断推动股价上升，市场投资情绪高涨，成交量放大。经过一次短期回落之后，股价依然继续上升，而且超过前次高点，看起来市场依然健康和乐观。但是，有两点不祥之兆出现：其一是创新高时成交量反而比前次小；其二是随后股价回落到了前两次低点之下。第三次的上升，股价已经显出疲态，无力超过头部的高点，而成交量进一步下降，这时差不多已经可以肯定市势不妙了，当股价跌穿颈线的时候，只是对所有不祥的预兆做了一个总结而已。这是一个长期趋势的转向形态，通常会在牛市的尽头出现。头肩顶形态的实例如图8-21所示。

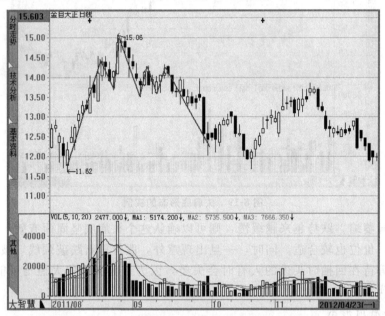

图8-21 头肩顶形态的实例

当股价第三次回升却无法超过头部的时候，由于市场成交量持续下降，应该引起投资者的高度警惕，而谨慎的投资者这时已经决定出场观望。一般来讲，当头肩顶颈线被击破的时候，是一个可靠的卖出信号，虽然这时的股价与头部相比已经低了一些，但相对于整个大势来讲，目前还处于相当高的区域，跌势才刚刚开始，因此这时出货是明智而且有利可图的。当股价跌破颈线的时候，即使成交量不增加也应该相信它有效。如果破位时伴随有大的成交量，显示市场中抛售力量巨大，随后的下跌会快速进行。如果破位时成交量低沉，则有可能会出现短暂的回抽，股价下跌无力时出现反弹，而反弹受阻于颈线位置，这样便确认了头肩顶的有效性，往往会引起大幅下跌。所以，对于无量阴跌形成破位的头肩顶形态，可以等到回抽时再出货，对于带量破位的头肩顶形态，应该在破位当时立即出货。头肩顶形态的杀伤力十分巨大，一旦形成之后，不应对市场抱任何幻想，也不要以为跌势会很快结束。

8.3.2 多重底(顶)形突破形态

▶ 1. 多重底形态

双重底形态和三重形态如图8-22所示，股价持续下跌到某一水平后出现技术性反弹，但回升幅度不大，时间也不长，然后股价又再下跌，当跌到上次低点时却获得了支撑，令

股价再一次回升,其股价轨迹就像英文字母 W。标准的双重底走势的特征如下:

(1) 形成第一个底部之后的反弹,幅度一般在 10% 左右;

(2) 两个低点相距最好在一个月以上;

(3) 第二个底部成交量十分低迷,而上破颈线之时成交量必须迅速放大;

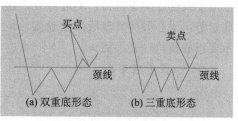

图 8-22　多重底形态

(4) 突破之后常常有回抽,在颈线水平自然止跌回升,从而确认突破有效。

股价持续下跌使得持股者惜售,而另一些投资者因为新低价出现而尝试买入,加上前期做空者在低位回补,于是股价出现反弹。但反弹到某一水平时,前期买入的短线客获利回吐,而上方套牢盘也趁反弹出货,迫使股价再次下跌,但在这一轮下跌中,我们发现成交量明显减少,说明主动性抛盘减少。与此同时,对后市有信心的投资者觉得错过了上一次买入的机会,于是趁回调买入。这样多空双方的力量对比发生变化,使得股价无法跌至上次低位。当越来越多的人发现股价跌不下去的时候,他们纷纷改变立场开始买进,跌势被逆转,新的上升开始。在双重底形态形成时,许多技术指标会发出买入信号,其中 KD 线、RSI 等均可能出现底背驰,而均线系统常常由弱势转为强势。所有这些均有助于我们确认一个双重底的形成。双重底形态的实例如图 8-23 所示。

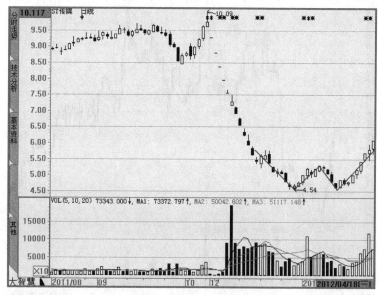

图 8-23　双重底形态的实例

双重底形态中有两个最佳买入点:第一个在刚刚突破形态之时;第二个在回抽的底位。前者属于比较激进的买进点,此时买进对于头肩底形态来说胜算很高,但对于双重底形态来说,失败的可能性较大。由于双重底形态只经历了两次探底,对盘面的清理并不算充分,因此,升破颈线之后而再下跌的情况经常发生。这时候,我们所面对的实际上并不是一个双重底,而是一次标准的三波式反弹,尤其是当第二次探底的低位比第一次高很多时,更有可能只是一次反弹而不是反转。第二次低点比第一次高很多为什么不是好现象呢?这说明那不是一次探底,而只是反弹过程中的一次回落调整而已。探底必须要彻底,必须要跌到令多头害怕，不敢持股，这才能够达到目的。因此，应用谨慎的态度对待双重底走势，耐心等待突破后回抽确认。绝大多数双重底走势都有一次良好的回抽，所以永远不要担心股价一去不回头。

▶ 2. 多重顶形态

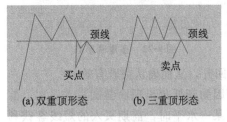

图 8-24　多重顶形态

双重顶形态和三重顶形态如图 8-24 所示。股价在成交量配合下上升到某一水平，然后开始回落，成交量随之减少，接着股价再次上升，成交量再随之放大，但是，此时成交量已经不能达到前一个高点的程度，而股价也在前一个高点处受阻回落。股价在两次碰顶之后终于落下，并跌破前次回落的低位，形成双重顶走势。双重顶走势破颈线之后常有反抽，但反抽时成交量明显萎缩，受阻于颈线位，于是确认了顶部形成。

双重顶形态的实例如图 8-25 所示，股价持续上升为市场上大批投资者带来了丰厚利润，于是他们开始获利回吐，这种抛压令行情上升受阻，出现第一次回落。当股价回落到某一水平时，吸引了短线投资者入场，另外较早前卖出的人在这个水平也可能回补，于是

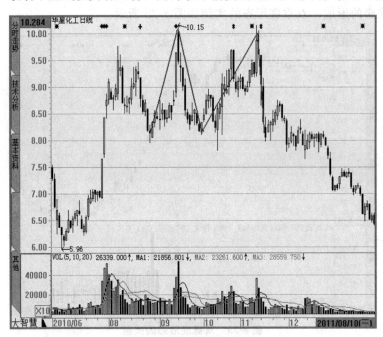

图 8-25　双重顶形态的实例

行情开始回升。但是对市场前景信心不足的人觉得错过了上一次在高点卖出的机会，所以当股价回升到上次高点附近时便积极卖出，而低位买进的短线客也开始出货，大的卖压使股价无法超过上次的高位。由于在高点第二次受阻，使许多人开始感到不安，事实上市场中买方力量已显得后续无力，越来越多的中长线投资者决定出货，令股价跌破上次回落的低点即颈线位，整个双重顶形态宣告形成。这是一个常见的转向形态，反映市场多空力量发生根本性转换，中长期升势告一段落。

双重顶的两个高点并不一定在同一高度上，许多时候，第二个高点甚至比第一个高点更高些。但是，当第二次上升冲破第一次的高点之后，投资者会发现市场并未因此而信心十足，反而招来了沉重的抛压，这种微妙的变化正是大市见顶的有力证明。双重顶形成的时间以一个月左右为好，而两次造顶过程中都应该有明确的大成交量，只是第二次顶部的成交量明显小于第一次顶部的成交量，反映市场购买力在减弱。当双重顶形成时，许多技术指标都会发出顶背驰信号。

8.3.3 圆弧形突破形态

1. 圆弧底形态

圆弧底形态是在清淡的市场气氛中长时间形成的底部形态，如图 8-26 所示，由于经历了较长时间，因此具有较大能量。圆弧底往往耗时几个月甚至更长，而这种底部也常常是长期底部。当股价下跌到低水平时渐渐稳定下来，这时候成交量很小，只有那些坚定地看好股票前景的人或有计划的机构主力在悄悄买进，但他们不会不计成本地买进，只会很有耐心地限价收集。

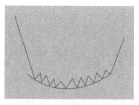

图 8-26　圆弧底形态

于是股价形成一个圆弧形底部。成交量方面，先是缓缓下降到一个极低的水平，然后又逐渐增加，在整个形态形成过程中，成交量也是一个圆弧底形。圆弧底形成之后，股价可能会反复徘徊形成一个平台，这时候成交量有所增加，在股价突破平台时，成交量会显著放大。

在图 8-27 所示长征电气的走势图中，圆弧底完整而平缓地显示出市场多空双方力量

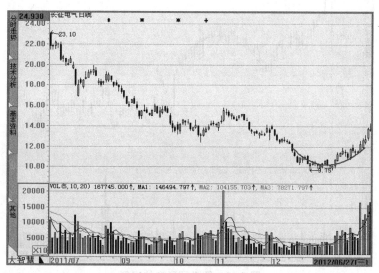

图 8-27　圆弧底形态的实例

此消彼长变化的全过程。由于它耗时较长，性急的投资者往往只见局部不见全盘，被清淡的市场气氛蒙骗，却没有看到一个巨大的升浪即将来临。初时卖方的压力不断减轻，于是主动性抛盘减少，成交量随着股价下跌持续下降，此时买入力量仍然畏缩不前。股价虽然还在下跌，但幅度却越来越缓和，终于向水平方向发展。在底部时，不仅成交量极度萎缩，而且多空双方都已经筋疲力尽，因此微小的成交量也能够维持股价。然后需求开始增

加，股价随之上扬，伴随着成交量逐步放大。最后，买方完全控制市场，价格大幅上涨，出现突破性上升的局面。正是由于圆弧底用漫长的横盘来折磨持股者，使得底部换手极为充分，所以一旦圆弧底向上突破，将会引发一个巨大的升浪。

由于圆弧底历时较长，过早买入会将资金压死，降低了资金利用率。更糟的是，过早买入者往往忍受不了长时间的等待，导致在股价发动之前卖出。所以，对于圆弧底来说，选择买入时间比选择价格重要得多。在买入之前必须确认成交量的底部已经形成，连续几天出现小阳线，而成交量同步温和放大。如果圆弧底之后出现平台，则在平台中成交量萎缩到接近突破之前成交量的水平时买入。

▶ **2. 圆弧顶形态**

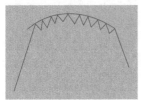

图 8-28　圆弧顶形态

股价经过一段时间的上升之后，虽然升势仍然维持，但是速度已经放缓，上升的轨迹出现了新的改变，形成圆弧顶形态，如图 8-28 所示。股价虽然不断创出新高，但较上一个高点高不了很多便回落，而稍做回落之后却又迅速弹升。初段每一个高点都比前一个略高，后来每一个高点都略低。如果把这一连串高点连接起来，便可清晰地看到一个圆弧顶的形状。成交量方面，没有很明显的特征，一般来讲，在顶点有成交量减少的迹象，显示买入力量在衰减，也有一些情况下成交量也呈圆弧顶状。

如图 8-29 所示白云机场的走势，经过了买方力量强于卖方力量而导致股价上升的阶段

图 8-29　圆弧顶形态的实例

之后，多头趋弱或者只能维持原来的购买力，相反空头力量却在增强。虽然空方的力量不足以立刻扭转局势，但先前的涨势已经明显缓和下来。当多空双方力量达到平衡点的时候，正是圆弧顶的最高点。随后多方并没有新的力量加盟，而人心已开始不安，越来越多的人想获利回吐，于是股价开始缓缓滑落。到后期，买卖双方力量的差异越来越大，卖方甚至完全控制了市势，于是跌势转急。这个形态是大跌市来临前的先兆，尤其是如果整个

形态形成过程中成交量巨大而不规则，市场气氛极为乐观，那么这将是一个可怕的、很有杀伤力的顶部。有时候圆弧顶形成之后股价并不马上下跌，而是反复横向发展形成徘徊区域。一般来讲，这个横盘区很快会被击破，跌势随之转为猛烈。

圆弧顶的形成必须依赖于一个根本要点，即乐观的市场气氛，反映在盘面上就是巨大而不规则的成交量。人们的情绪很不稳定，造成股价反复震荡，并且在震荡之中慢慢露出疲态。圆弧顶形成过程中并没有一个明确的突破点，因此要正确判断顶部形成并采取行动只能依靠综合判断。事实上，在人人看好后市的时候股价高位震荡，最终形成一个圆弧顶形，这件事本身已经足够引起我们不安和警惕。圆弧顶的形态大多数出现在绩优股中，原因是这类股票持有者心态比较稳定，不会急于改变看法；相反，投机性高的垃圾股很少走出这种形态，因为持股者没有什么信心，稍有风吹草动已经先走一步，其顶部一般比较尖锐。

8.3.4　喇叭形突破形态

喇叭形态是市场情绪波动的产物，股价的波动有时候很有规则而有时候却显得冲动和不理智，反映的是一个不理智的疯狂市场，如图 8-30 所示。股价经过一段时间的上升之后，进入了一种盘局，这个盘局与众不同，因为其中每一次反弹高点超出前次的高点，每一次下跌也击破上次的低点。整个形态以窄幅波动开始，然后逐步扩大。如果把上下的高点和低点分别连接起来，就可以画出一个类似喇叭的形态。成交量方面由于市场中弥漫着狂热的投机气氛，成交量必然高而不规则。喇叭形也可能变形，两条边中可能有一条水平发展，成为支撑或压力，这种变形不会改变其本质。

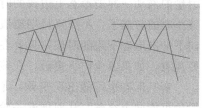

图 8-30　喇叭形态

喇叭形态的重点在于投资者的情绪，只有在冲动而迷茫的市场气氛中才可能产生这种形态。喇叭形态通常在长期性上升的最后阶段出现，表明投资者正面对一个缺乏理性和失去控制的市场，受到市场中炽热的投机气氛或谣言的感染，当股价上升时便疯狂追涨，但他们对前景一无所知，或者说并没有真正的信心，所以每当股价下跌时又不知所措，盲目地加入抛售的行列。投资者冲动而杂乱的行动，造成了股价不正常地大起大落。在整个形态形成期间，投资者的情绪没有趋于稳定，反而越来越冲动，造成股价波幅日益扩大，而成交量巨大并无规则。

当市场参与者变得疯狂而毫无理性的时候，无疑是最危险的时候。喇叭形就是大跌的先兆，它暗示升市已到尽头，市场购买力已经充分发挥。但是，在喇叭形中却无法估计下跌开始的时间，因为最后的疯狂常常带有巨大的能量，它可能推动市场到达一个难以理解的高位。

三个高点和两个低点是喇叭形已经完成的标志。股票投资者应该在第三峰调头向下时就抛出手中的股票，这在大多数情况下是正确的。如果股价进一步跌破了第二个谷，则喇叭形完成得到确认，抛出股票更成为必然。在喇叭形态形成之后下调的过程中，股价肯定会遇到反扑，而且反扑的力度会相当大，这是喇叭形的特殊性。但是，只要反扑高度不超过下跌高度的一半，股价下跌的势头就不会改变。喇叭形态的实例如图 8-31 所示。

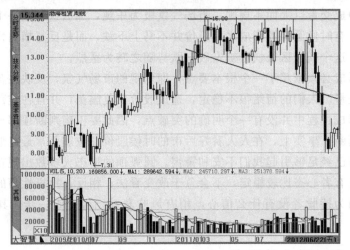

图 8-31 喇叭形态的实例

喇叭形是市场最后一次消耗性上升，甚至喇叭形有可能短暂地向上突破，一般来讲也是最后冲刺的开始。因此，只要注意到市场出现喇叭形的征兆，即在横盘之中波幅越来越大，同时市场气氛给予确认，那么就应警惕。当喇叭形的雏形形成之后，每当股价在追涨力量的推动下冲击形态上边线的时候，投资者应主动卖出，因为市势已发展到必须相当谨慎小心的时候了，不要盲目期望股价无止境地向上突破。同时，当股价在群众的恐慌之中向下冲击形态下边的时候，只要在支撑线附近出现站稳的迹象，又可以勇敢买入，但这时要注意，如果股价向下突破，应该立即斩仓，丝毫不能手软。

喇叭形态也可能出现变异，尤其是当上边线不是向上倾斜而是水平发展的时候，这时股价可能向上突破，从而展开一轮新的上涨。这种变形事先有迹可循，通常在形态内的第三次下跌时，成交量会表现出迅速萎缩的特征，这说明市场情绪正在发生变化，人们的持股心态已经趋于稳定，这与喇叭形所要求的并不相同，随后股价会在上边线附近稍做停留，或者进行一次小幅回档，下跌明显无力。在经过这些确认之后，喇叭形才有可能发生变异，转化为整理形态并最终向上突破。

8.3.5 菱形突破形态

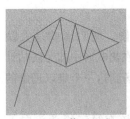

图 8-32 菱形形态

菱形形态又称钻石形态，如图 8-32 所示，是另一种出现在顶部的看跌形态。与喇叭形相比，菱形形态更有向下的愿望。它的前半部分类似于喇叭形，后半部分类似于对称三角形，所以，菱形有对称三角形保持原有趋势的特性。前半部分的喇叭形形成之后，趋势应该是下跌，后半部分的对称三角形使这一下跌暂时推迟，但终究没能摆脱下跌的命运。由于对称三角形的存在，菱形还具有测算股价下跌深度的功能。菱形形成过程中的成交量是随价格的变化而变化的，开始时越来越大，然后越来越小。

参考图 8-33 所示上海机场的走势，识别菱形形态应该注意以下几点。

（1）菱形有时也作为持续整理形态，不出现在顶部，而出现在上涨或下跌趋势的中途。这时，它还是要保持原来的趋势方向。所有整理形态的目的都是一样，就是要将怀疑

图 8-33 菱形形态的实例

原有趋势的人清理出去，让相信原有趋势的人进场接手，而最后市场证明支持原有趋势的力量占优势，于是市场继续前进。此时，信心不坚定的人已经出场，股价波幅收窄，成交量缩小。

（2）菱形上面两条直线的交点有可能并非正好是一个高点。左、右两边的直线由两个高点确定，两条直线在什么位置相交就不要求了。同理，菱形下面两条直线也有与上面两条直线相似的可能。

（3）技术分析中，形态理论的菱形不是严格的几何意义上的菱形，这一点同别的形态是一样的。

8.3.6 V形突破形态

如图 8-34 所示，V形形态由三部分组成。

（1）下跌阶段，通常V形形态左边部分跌势十分陡峭，持续的时间并不很长。

（2）转势点，V形形态的底部十分尖锐，在几个交易日之内形成，而且在转势点的成交量特别大。许多时候，这个转势点中会出现恐慌性抛售。

图 8-34 V形形态

（3）回升阶段，股价从低点回升，成交量明显放大。上升阶段与下跌阶段常常十分对称。

V形形态也可以倒过来，成为尖顶形态。V形形态中成交量的重要特征是底部在几天的时间里出现很大的成交量，反映最后的抛压得到充分释放。

参考图 8-35 所示安徽合力的走势，由于市场中的抛售力量持续而强大，导致股价稳步下跌。当下跌接近底部的时候，市场中看空的情绪已经十分浓厚，以致引起恐慌性的抛售。当卖方力量消耗完之后，买方力量迅速控制了市场，令股价出现戏剧性的回升，以与下跌时基本相等的速度收复失地，于是形成V形走势。反过来，图 8-36 所示ST源发的走势显示，尖顶形态正好完全相反，市场看好的情绪使股价节节上升。可是，有一天看好的人已经全部买进，市场由空方主导，于是市势迅速逆转，下跌速度极快，与上升时的速度相当。V形形态是难以分析和预测的，它是一个转向形态，表示下跌趋势已经逆转。这种走势很少在K线图中出现，因此不要总是期望市势在一日之内转变。

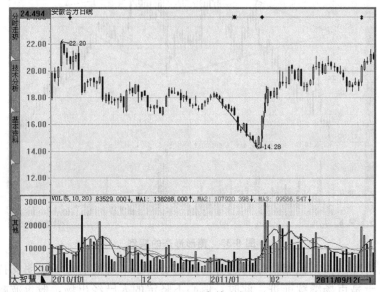

图 8-35　V形形态的实例一

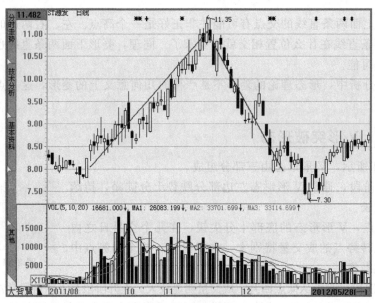

图 8-36　V形形态的实例二

识别一个真正的V形形态反转的关键在于要有一个明确而尖锐的底部，这种底部的产生必须伴随一致看空的市场气氛。任何底部形态，不论它们表现成什么形状，都有一个共同点，即它们反映的是市场由犹豫不决直到一致看空的过程，这个过程可以是缓慢发展的，也可以是快速发展的。总之，市场逆转的时候，一定正是空方力量完全释放干净的时候。V形形态的底部伴随有明显放大的成交量即是这个意思。

V形形态没有明确的买入点，但有一个现象可以提醒我们市势可能见底，那就是在长期持续下跌之后由于某种消息的刺激，使得人们更加坚定地看空，而成交量突然放大，但是股价却只是小幅下跌之后便回稳,在这之后股价又开始小幅上扬。这一连串事件的组合就是跌势告一段落的信号。V形形态最好的买入点应该在放量而不下跌之后,即在股价经历了最低点之后的回升途中。这时如果盘面走势表现出健康的量价关系,则可以果断介入。

本章小结

本章属于证券投资技术分析之一,由股价移动的规律引出形态分析理论的重要性。股价走势的形态分成持续整理形态和反转突破形态两大类型。持续整理形态保持平衡,反转突破形态打破平衡。持续整理形态包括三角形、矩形、旗形和楔形等形态。反转突破形态包括头肩形、多重底(顶)形、圆弧形、喇叭形、菱形和V形等形态。通过这一章的学习,投资者应该了解各种形态的运行机理和内涵,能够在K线走势图中识别各种形态,根据形态判断股价未来的走势。

本章练习

一、填空题

1. 根据股价移动的规律,可以把股价走势曲线的形态分成_____形态和_____形态。
2. 圆弧顶的形成必须依赖于一个根本要点,即乐观的市场气氛,反映在盘面上就是巨大而不规则的_____。
3. _____是喇叭形已经完成的标志。股票投资者应该在第三峰调头向下时就抛出手中的股票。
4. 菱形有时也作为持续整理形态,不出现在顶部,而出现在上涨或下降趋势的_____。
5. 市场逆转的时候,一定正是空方力量完全释放干净的时候。V形形态的底部伴随明显放大的_____。

二、判断题

1. 持续整理形态保持平衡,反转突破形态打破平衡。(   )
2. 大部分的上升三角形会在上升途中出现,暗示有向下突破的要求。(   )
3. 把两个低点连成一条线,另外又把两个高点连成一条线,便可画出两条边同时向上倾斜的楔形,这就是上升楔形。(   )
4. 上升楔形两条边线同时向上倾斜,应该具有较强的向下的含义,因为其蕴含的下跌动力很大。(   )
5. 一旦圆弧底向上突破,将会引发一个巨大的升浪。(   )

三、简答题

1. 应用形态理论应注意哪些问题?
2. 简述下降三角形的形成过程。
3. 上升楔形和下降楔形的区别是什么?
4. 简述头肩底形态的股价走势和成交量之间的关系。
5. 识别菱形形态应注意什么问题?

第9章 支撑和压力理论

> **知识目标**
> 1. 理解支撑线、压力线、趋势线、轨道线、黄金分割线、百分比线、扇形线、速度线及甘氏线的定义;
> 2. 掌握支撑线、压力线、趋势线、轨道线、黄金分割线、百分比线、扇形线、速度线及甘氏线的画法及具体应用。

> **技能目标**
> 1. 能够进行证券市场行情的技术层面分析,掌握主要切线的画法及用途;
> 2. 初步具备预测证券市场行情发展趋势的能力。

案例导入

大盘上有压力、下有支撑

截至 2012 年 2 月 17 日,全部 A 股、沪深 300、中小板指数、创业板指数基于 2011 年业绩的预期收益率分别为 13.41 倍、10.78 倍、29.04 倍、37.14 倍。从市盈率来看,A 股市场目前的估值并不高,甚至比 998 点、1 664 点时更低。但市盈率位于 998 点、1 664 点时,A 股市场中可流通部分不超过总市值的 38%,而当前流通市值已占总市值的 77%。

最近 11 个交易日,A 股市场一直围绕 2 350 点震荡,虽然上证综指创出这轮反弹的新高,但其向上拓展空间的力度并不大,每日两市不足 1% 的换手率,并缺乏可持续的热点,反映出后续增量资金不足。一方面,很多筹码被乐观的投资者锁定;另一方面,沪深股市缓慢爬升对空仓或持仓较低的投资者产生巨大的心理压力。目前,大盘处于上有压力、下有支撑的局面,增量资金也不足,有些"食之无味、弃之可惜"的味道。

2012 年 5 月的 CPI 为 3%,CPI 已经连续两月低于 1 年期定期存款基准利率,这意味着实际利率为正。正利率启动之时都是大牛市起步的标志,其逻辑在于:从投资者的角度来看，正利率往往对应着衰退期的结束，这通常意味着股市具有较大的投资潜力；从政策的角度来看，正利率往往意味着前期的调控收到了效果，因此，政策上有了更多的宽松空间，投资者对于政策的预期也会更加乐观。

9.1 趋势分析

9.1.1 趋势分析概述

▶ 1. 趋势分析的定义

趋势分析是指根据过去和现在的发展趋势推断未来的一类方法，其假设是决定事物发展的因素变化不大，事物发展过程一般都是渐进式的变化而不是跳跃式的变化，掌握事物的发展规律，依据既定的规律就可以预测其未来趋势。趋势分析运用回归分析法、指数平滑法等对数据进行分析预测，将两期或多期连续的相同指标数据或比率进行定基对比和环比对比，从而得出其增减变动方向、数额和幅度，分析发展趋势并预测未来的发展结果。

定基动态比率用某一时期的数值作为固定的基期指标数值，将其他的各期数值与其对比来分析，其计算公式如下：

$$定基动态比率 = \frac{分析期数值}{固定基期数值}$$

环比动态比率是以每一分析期的前期数值为基期数值而计算出来的动态比率，其计算公式如下：

$$环比动态比率 = \frac{分析期数值}{前期数值}$$

使用趋势线性方程进行趋势分析时，公式表示如下：

$$y = a + bx$$

式中，a 和 b 为常数；x 表示时期系数的值，x 是由分配确定，为了使 $\sum x = 0$，当期数为偶数或奇数时，值的分配应稍有不同。

进行趋势分析时，必须注意以下问题：用于对比的各个时期指标，在计算口径上必须一致；必须剔除偶发性项目的影响，使作为分析的数据能反映正常状况；应用例外原则，对某项有显著变动的指标做重点分析，研究其产生的原因，以便采取对策。

▶ 2. 趋势分析的基本要点

趋势分析是在对研究对象过去和现在的发展做了全面分析之后，利用某种模型描述某一参数的变化规律，然后以此规律进行外推。为了拟合数据点，最常用的是一些比较简单的函数模型，如线性模型、指数曲线、生长曲线、包络曲线等。

线性模型可用来研究随时间按恒定增长率变化的事物，在以时间为横坐标的坐标图中，首先是收集研究对象的动态数列，然后画数据点分布图，如果散点构成的曲线非常近似于直线，则可按直线模型推断事物未来的变化。

指数曲线是一种重要的趋势分析法，当描述某一客观事物的指标或参数在散点图上的数据点构成指数曲线或近似指数曲线时，则可按指数曲线推断事物未来的变化。一次指数曲线与许多经济现象的发展过程相适应，二次指数曲线和修正指数曲线则主要用于经济方面的预测。

生长曲线可以描述事物产生、发展和成熟的全过程，可用来研究每个技术领域的发展。它不仅可以描述技术发展的基本倾向，更重要的是，它可以说明一项技术的增长由高速发展变为缓慢发展的转折时期，有些经济现象也符合或近似符合生长曲线的变化规律，因此也可以用于研究经济领域的问题。

包络曲线描述整个技术系统的发展过程，由于单元技术的连续更替，随着时间的推移，后一条S曲线的性能比前一条S曲线的性能有所提高；如果把这一系列S曲线连成一条包络曲线，其形状也往往是一条S曲线。当某一单元技术的性能趋于其上限时，通常会有另一新的单元技术出现，推动整个技术系统的发展。如果目标规定的技术参数值在外推的包络曲线之上，表明有可能冒进；反之，则可能偏于保守。

9.1.2 趋势分析的应用

趋势分析来源于道氏理论，基本趋势持续上升就形成了多头市场，持续下降就形成了空头市场，此时，投资者也应该顺应趋势保持自己的投资地位直至市场发出趋势转变的信号。趋势投资理念是在行为金融学的理论基础上发展起来的，认为股票的市价趋势或企业成长的趋势在一段时间内可以延续，市价对这些趋势的反应不足，主要采用企业盈利增长趋势和股票价格趋势两种趋势指标从事投资。

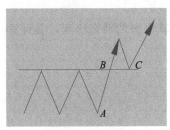

图 9-1 上升趋势线的示意图

突破交易是目前趋势交易中的主流入场模式，即在投资产品价格突破重要压力位开始一波显著趋势时入场的交易模型。图 9-1 为一个标准的箱体整理后突破的示意图，而 B 点就是当价格突破了前期盘整区间上轨时，绝大多数突破交易者会选择的入场点。对于在 B 点突破时入场的趋势交易者，一个典型的止损设置位则是在前期震荡区间的下轨处，即当趋势转变为向下突破时就离场。采用时间止损，即当市场出现 B 点后理应有快速上涨的过程以远离前期的震荡区域，这才是真正突破的走势，否则就有可能是假突破而应该离场。

正因为突破交易在执行价格上会有所欠缺，所以有一些交易者就会选择先行一步，不必等待突破，而是在市场逼近突破位 A 点就入场。由于市场尚未突破，所以 A 点本身就比 B 点低，更何况价格波动有限，投资者无须使用止损单追逐趋势，甚至可以利用限价单就可以获得较好的入市价格，大的仓位也可被分散入市，而且很多震荡交易者选择在压力位反向交易(在 A 点做空)，正好为突破前入场的趋势交易者提供了大量的卖盘。然而，突破前入场将面临趋势判断的难题，当逼近突破位时，这究竟是又一波震荡区间交易，还是新的向上突破契机？

回抽时 C 点入场，C 点和 A 点类似，由于此时是回调，卖盘众多，所以，限价单可以获得相对较好的入市价格，大订单被分散入市。C 点入市的最大优点就是这时市场已经证明了这是一波突破行情，投资者无须再揣测究竟是震荡还是突破，从而避免了可能的失败。然而，回抽入场将面临的问题是并非所有的突破均有回抽，尤其是短线突破，往往是以大幅上涨来取代回抽,这就使投资者丧失了大量的交易机会;C点虽然已经确认了突破,但是若突破的幅度有限,依然存在转化为V形反转导致突破失败,使市价再次回到前期震荡区间的可能。

投资是一门艺术,上述三种入场模式各有利弊而没有最优,问题的关键在于交易者能否选择最适合自己的模式而达到理想的投资目标。

9.2 支撑线和压力线

9.2.1 支撑线和压力线的定义

支撑线又称为抵抗线,是指当市价跌到某个价位附近时,停止下跌甚至还有可能回升,这是因为多方在此买入造成的。从供求关系的角度来看,支撑代表了集中的需求力量。在K线图上,只要最低价位在同一微小区间多次出现,则连接两个相同最低价位并延长即成一条支撑线(见图9-2),它形象地描述了股票在某一价位区间内,需求大于供给的不平衡状态。

压力线又称为阻力线,当市价上涨到某一价位附近时,会停止上涨甚至回落,这是因为空方在此抛出造成的。从供求关系的角度来看,压力代表了集中的供给力量。在K线图上,只要最高价位在同一微小区间多次出现,则连接两个相同最高价位并延长即成一

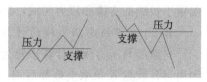

图9-2 支撑线与压力线

条压力线(见图9-2),它形象地描述了股票在某一价位区间内,需求小于供给的不平衡状态。压力线阻止市价继续攀升,这个起着阻止或暂时阻止市价继续攀升的价格就是压力线所在的位置。

9.2.2 支撑线和压力线的原理及计算

▶ 1. 支撑线的原理

支撑线的原理是当交易价位跌入某一区间时,因买气大增,卖方惜售,使得价位调头回升。其内在实质是因前阶段反复出现这一价位区间,累积了较大的成交量,当行情由上而下向支撑线靠拢时,做空者获利筹码已清,手中已无打压抛空筹码;做多者持币趁低吸纳,形成需求;举棋不定者套牢已深,筹码锁定不轻易斩仓。因此,在这一价位区间供小于求,自然形成了强有力的支撑;另外,由于行情多次在此回头,也确立了广大投资者的心理支撑价位区间。

成交密集区拥有较高的交易换手率,密集区进仓者欲获利则需待价格升至这一成本区间以上,只要多头交易者对后势没有失去信心,就不会在这一价位区间抛出筹码,故行情难以跌破这一价位;空方也因成交密集而持币量上升,即市场上筹码供应萎缩。即使支撑线被暂时击破,只要既无成交量的配合,也无各种利空出现,价位仍将重归支撑线以上。支撑线并不仅仅产生于成交密集区,当行情下跌至原上升波的50%时,在这一区间往往会产生支撑线,阶段性的最低价位往往是投资者的心理支撑线。

▶ **2. 压力线的原理**

与支撑线类似,压力线也出现于成交密集区,因为在这一区间有较大的累积成交量,当交易价位已在该密集区间以下时,说明已有大量的浮动亏损面。当行情由下向上回升迫近压力线时,对前景悲观者急于解套平仓或获利回吐,故大量抛盘涌出,股票的供应量放大。当行情由下向上回升迫近压力线时,对前景乐观者可分为两类:一类是短线看好,因顾忌价位高,期望待价位回档后再建仓,故跟进犹豫;另一类是中长线看好,故逢低进入。前者是不坚定的需求方,且随时会受空方打压而丧失信心,由多翻空加盟供应方;后者是坚定的需求方,虽有可能顶破压力线,但若势单力薄,又无大成交量配合,交易价位将重归压力线以下。

压力线也并不仅仅产生于成交密集区,当行情上升至原下跌波的50%或0.618时会出现停滞现象,并进行回档调整,该停留之处即为广大投资者的又一心理压力线。因为支撑线与压力线均形成于成交密集区,所以同一成交密集区既是行情由下向上攀升的压力区,又是行情由上向下滑落的支撑区。当成交密集区被突破,在行情上升过程中,一般伴随高换手率,压力线变换为支撑线。在行情下跌过程中,换手率一般不会明显增大,一旦有效突破,则支撑线变换为压力线。支撑线与压力线相互转化的重要依据是被突破,3%、5%和10%是针对跌破支撑线或压力线幅度而言的,3%偏重于短线的支撑和压力区域,10%偏重于长线的支撑和压力区域,5%介于这两者之间。

▶ **3. 支撑线与压力线的计算**

支撑线与压力线的计算步骤为:①选取最近8日的最高价位与最低价位并求取差数;②用当日收盘K值乘上差数后加上最低价位,得出的数值就是下一个交易日的第一支撑位或压力位;③若该数值位于当日收盘点下,即是支撑位,反之,则是压力位;④修正数据按K值拐点后的平均速率加上当日K值后再重新计算一次,即得出下一个交易日的第二支撑位或压力位;⑤按5日线拐点后平均速率计算出下一个交易日的5日线到达位置;⑥用前面3个数据对照,就可得出比较正确的点位来。

若昨日的前8日最高价位点为1 431.36,最低价位低点为1 367.31,差数为64.05,昨日的K值79.18,按K值拐点29.12算起,分别是34.45、40.9、61.21、66.7、71.45、79.18…均速为8.35,支撑位与压力位的计算如下:

$$79.18\% \times 64.05 + 1\ 367.31 \approx 1\ 418 < 昨日收盘价 = 当日支撑位$$

$$修正值 = (79.18 + 8.35)\% \times 64.05 + 1\ 367.31 \approx 1\ 423 = 当日第一支撑位$$

按5日均线测算,拐点从1 390.47起,均速为6.28,扣减后计算得出当日稳定的支撑位:

$$当日稳定的支撑位 = 6.28 \times 5 + 1\ 390.47 \approx 1\ 422$$

9.2.3 支撑线和压力线的应用

在上升趋势中,支撑和压力会随着趋势的上行而上移,股市前期低点和被突破之后的前期高点,将对股市后期走势形成水平的支撑作用;反之,一旦原有的支撑位被跌破,原支撑位将变成后期股市反弹的压力位。同理,在下降趋势中,支撑和压力会随着趋势的下行而下移,期间的每一次反弹的高点和前期低点将对后期的反弹构成压力。沪市大盘在2007年6月—2007年10月处于一个上升趋势中,低点不断抬高、高点不断抬高,股市前期低点和被突破之后的前期高点对股市后期走势形成了支撑作用,如图9-3所示。静态筹码是按照不同价位的成交量堆积大小不同设计而成，主要用于压力和支撑的研究与判断。柱状线越长的位置代表筹码堆积的越多，在此位置进行买卖的人也越多，在没有被突破之前该处为重要的压力位，一旦被有效突破则会转化为重要的支撑位；同样，一个坚实的支撑被击穿后，原来的支撑位往往会转化为压力位。

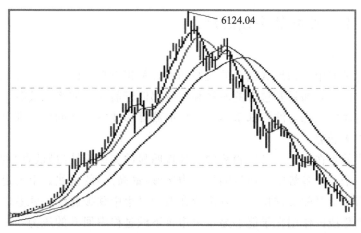

图 9-3　沪综指数 2007 年 8 月—2008 年 8 月的周 K 线图

在上升趋势的回档过程中，K 线的阴线比先前所出现的阳线要弱，尤其接近支撑价位时，成交量萎缩，而后阳线迅速吃掉阴线，市价再上升，这是有效的支撑。在上升趋势回档过程中，K 线频频出现阴线，空头势力增加，即使在支撑线附近略做反弹，接手乏力，市价终将跌破支撑线。在支撑线附近形成盘档，经过一段时间整理，出现长阳线，支撑线自然有效。在支撑线附近形成盘档，经过整理却出现一根长阴线，投资者为减少损失而争相出逃，市价将继续下跌。市价由上向下跌破支撑线，说明行情将由上升趋势转换为下跌趋势。市价由上向下接触支撑线，但未能跌破而调头回升，若有大成交量配合，则当再出现下降调整时，即可进货。市价由上向下跌破支撑线，一旦有大成交量配合，即说明另一段跌势形成，稍有回档即应出货而避免更大损失。市价由上向下接触支撑线，虽未曾跌破，但也无成交量配合，则预示无反弹可能，应尽早出货离场。

当下跌趋势出现反弹，若 K 线的阳线比先前的阴线要弱，尤其在接近压力价位时，成交量无法放大，而后阴线迅速吃掉阳线，市价再度下跌，这是强烈的压力。当下跌趋势出现强力反弹，阳线频频出现，多头实力坚强，即使在压力线附近略做回档，但换手积极，则市价必可突破压力线，结束下跌走势。在压力线附近经过一段时间的盘档后，出现长阴线，压力线自然有效。在压力线附近经过一段时间的盘档后，出现一根长阳线向上突破，成交量增加，则市价将再上升一段。市价由下向上突破压力线，若成交量配合放大，说明压力线被有效突破，行情将由下降趋势转换为上升趋势。市价由下向上冲刺压力线，但未能突破而调头回落，则可能出现一段新的下跌行情，这时无论盈亏，都应及时了结退场。当市价由下向上冲击压力线，成交量大增，则应及时做多；若未破压力线，但成交量未放出，则应观望，很有可能是上冲乏力、受阻回落的假突破，不能贸然跟进。当市价由下向上突破压力线，若成交量未见大增，可待其回落，若回落也不见量放出，则可考虑做多；若未回落，只要能确认突破压力有效再做多仍能获利。

9.3 趋势线和轨道线

9.3.1 趋势线和轨道线的定义

▶ 1. 趋势线的定义

在市价运行过程中,如果其包含的波峰和波谷都相应高于前一个波峰和波谷,那么就称为上涨趋势;反之,如果其包含的波峰和波谷都低于前一个波峰和波谷,那么就称为下跌趋势;如果后面的波峰与波谷都基本与前面的波峰和波谷持平的话,那么就称为震荡趋势、横盘趋势或无趋势。

上升趋势线就是在一个上升的趋势中,连接明显的支撑区域(最低点)的直线;而下降趋势线就是在一个下降趋势中,连接明显压力区域(最高点)的直线。上升趋势线的作用在于能够显示出市价上升的支撑位,一旦市价在波动过程中跌破此线,就意味着行情可能出现反转;下降趋势线的作用在于能够显示出市价下跌过程中回升的压力,一旦市价在波动中向上突破此线,就意味着市价可能会止跌回涨。

▶ 2. 轨道线的定义

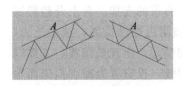

图9-4 轨道线

轨道线又称通道线,是基于趋势线的一种方法,在已经确立了趋势线后,通过第一个波峰和波谷,就可以画出这条趋势线的平行线,这条平行线就是轨道线,如图9-4所示。轨道线是趋势线概念的延伸,当市价沿趋势线上涨到某一价位水准时就会遇到压力,回调至某一水准价位又获得支撑,轨道线就是连接高点的延长线及连接低点的延长线;当轨道线确立后,市价就非常容易定位于其高低点,投资人可依此判断来操作股市交易。轨道的作用是限制市价的变动范围,轨道一旦得到确认,那么市价将在这个通道里变动;如果轨道线被突破,就意味着股市将会形成新的突破变化。

9.3.2 趋势线和轨道线的区别与联系

▶ 1. 趋势线和轨道线的区别

趋势线的突破意味着市价行情的反转,与突破趋势线不同,轨道线的突破并不是趋势反向的开始,而是趋势加速的开始,即原来的趋势线的斜率将会增加,趋势线的方向将会更加陡峭。如果在一次波动中未触及轨道线,离得很远就开始掉头,这往往是趋势将要改变的信号。

▶ 2. 趋势线和轨道线的联系

与趋势线相同,轨道线也有是否被确认的问题,市价在A的位置如果的确得到支撑或受到压力而在此掉头,并一直走到趋势线上,那么这条轨道线就可以被认可了。轨道线被触及的次数越多,延续的时间越长,其被认可的程度和重要性就越高,这一点与趋势线是相同的。轨道线与趋势线是相互配合的,先有趋势线而后有轨道线,趋势线可以独立存在,而轨道线则不能。

9.3.3 趋势线和轨道线的画法

1. 趋势线的画法

为了正确地画出趋势线,首先必须找到两个高低水平不同并有一定间距的高点(或低点),并由此试探性地划出下降(或上升)的直线,持续的高点或低点的出现则是对趋势线有效性的验证。趋势线越陡峭,就越不可信,也容易被打破,与水平压力支撑一样,被测试过很多次的趋势线就是强趋势线,相对难以突破。画上升支撑线,则价格离第二个低点要有一定的距离,如接近或超过前一压力位时,趋势线才可认可,画下降压力线的情况则相反。价格变动的速率可能会加快或放慢,幅度可能会扩大或缩小,在一些情况下,趋势线应随之做相应的调整,以便使趋势线尽可能适应现期的价格变化。

根据市价波动时间的长短,趋势线可分为长期趋势线、中期趋势线和短期趋势线,长期趋势线应选择长期波动点作为画线依据,中期趋势线则是中期波动点的连线,而短期趋势线建议利用30分钟或60分钟K线图的波动点进行连线。画趋势线时应尽量先画出不同的实验性线,待市价变动一段时间后,保留经过验证能够反映波动趋势且具有分析意义的趋势线。趋势线的修正,以上升趋势线的修正为例,当市价跌破上升趋势线后又迅速回到该趋势线上方时,应将原使用的低点之一与新低点相连接,得到修正后的新上升趋势线。

2. 轨道线的画法

以趋势线为基础,形成上升轨道或者是下降轨道,其轨道可分为平行轨道和非平行轨道。先确定一个有效的顺势趋势线,然后选择一个与趋势对应的另外一个方向的点做平行线,或者另外一个方向有显著的高低点连线,可形成非平行的通道。轨道是市价本身波动的通道,它是由两条平行的直线构成的、有角度的轨道,而且它的角度是随趋势线的变化而不断变化。一般来说,市

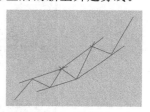

图9-5 轨道线调整的示意图

价会在轨道线的范围之内波动,上轨就是市价的压力线,下轨是支撑线。但是,当市价出轨之后,必须重新画出轨道线,轨道角度的改变可以被用来判断市价正在转强还是转弱,如图9-5所示。

9.3.4 趋势线和轨道线的应用

1. 趋势线的具体应用

当市价突破趋势线时,突破可信度的判断依据为:若在一天的交易时间里突破了趋势线,但其收市价并没有超出趋势线,这并不算是突破,这条趋势线仍然有用。如果收市价突破了趋势线,收盘价与趋势线之间有3%以上的差价才可信赖。市价在突破趋势线时,如果出现缺口,反转走势极可能出现。市价突破下降趋势线的压力而上升时,一般需大成交量的配合,而市价向下突破上升趋势线时,成交量一般不会放大,而是在突破后几天内成交量急剧放大。

对于上涨趋势,连接其低点,使得大部分低点尽可能处于同一条直线上;而对于下降趋势,连接其高点,使得大部分高点尽可能处于同一条直线上;对于横盘走势,将高点和低点分别以直线连接,形成震荡区间。当上升趋势线被跌破时,就是一个出货信号;在没有被跌破之前,上升趋势线就是每一次回落的支持。当下降趋势线被突破时,就是一个入

货信号；在未被突破之前，下降趋势线就是每一次回升的压力。在长期上升趋势中，当有非常高的成交量出现时，这可能为中期变动终了的信号，随之而来的将是反转趋势。在各种趋势的末期，市价的上升与下跌皆有加速上升与加速下跌的现象，因此，市势反转的顶点或底部大都远离趋势线。

例如，＊ST兴业（600603）主要在上海从事房地产投资、经营物业管理和商品房的租赁经营等业务，公司现已将名称由"上海兴业房产股份有限公司"更名为"上海兴业能源控股股份有限公司"，业务范围也从单一房地产业务转向对新能源、新材料、矿产资源、光电、网络科技产业的投资及管理。图9-6为＊ST兴业（600603）2007—2012年的月K线图，2007年该股为上升趋势；2008年该股为下降趋势；2009—2011年该股为震荡上升趋势；2012年上半年以来，该股向下突破了上升趋势线而且长期均线也向下探，这是行情转势的重要信号（由上升趋势转为下降趋势）。

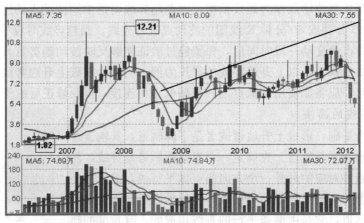

图9-6　＊ST兴业（600603）的月K线图

▶ **2. 轨道线的具体应用**

在上升轨道中，当市价接触到趋势线（支撑线）时买入，当市价接触到轨道线（压力线）时卖出，当市价突破轨道线（压力线）时买入，当市价突破趋势线（支撑线）时卖出。在下跌轨道中，当市价接触到趋势线（压力线）时卖出，当市价接触到轨道线（支撑线）时买入，当市价突破轨道线（支撑线）时卖出，当市价突破趋势线（压力线）时买入。轨道线如图9-7所示，实际软件中，上轨用蓝色线表示，中轨用变色的红绿线表示，红色表示中轨向上，绿色表示中轨向下；下轨用黄色线表示，假设有一个参数n用于调节轨道宽度，市价向上突破中轨是短线买入信号，市价向下突破中轨是短线卖出信号，尤其当市价持续下行或上行后突破中轨的压力或支撑，这时的信号准确度较高。市价向上突破上轨是短线极佳的买入时机，如果此后市价快速上升，那么当市价跌破上轨时是短线极佳的卖出时机；如果此后市价只是缓慢上行，那么就选择跌破中轨作为卖出信号。市价向下突破下轨是短线极强烈的卖出信号，如果此后市价快速下跌，那么当市价向上突破下轨时是短线极佳的买入时机；如果此后市价只是缓慢下行，那么就选择向上突破中轨作为买入信号。轨道线收敛预示着市价的突变，这时应密切注意中轨的变动方向。轨道线的买卖信号以短线为主，如果中轨的趋势明显，可按照趋势来操作；如果中轨的趋势不明显，应该采取快进快出的操作。

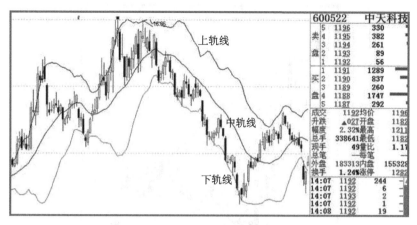

图 9-7　股市轨道线

1）轨道线在震荡行情中的运用

当轨道线向下缓慢运行时，如果市价跌穿下轨后很快重新上涨并穿越下轨是买入的信号。当轨道线向上缓慢运行时，如果市价跌至下轨附近后重新恢复上涨行情，这时即使没有击穿下轨也可以买入。当轨道线向上缓慢运行时，如果市价上涨并穿越上轨后，很快掉头向下并跌穿上轨时可以卖出。当轨道线向下缓慢运行时，如果市价涨至上轨的附近后，出现掉头下跌行情，这时即使市价没有触及上轨也可以卖出。

2）轨道线在单边上涨（牛市）或单边下跌（熊市）行情中的运用

轨道线在平稳震荡的波段行情中能够准确提示买卖信号，但在股市处于单边上涨或者单边下跌行情中的技巧就完全不一样了。当股市处于急速上涨的过程中时，市价向上突破上轨时为买入时机（见图 9-8）；当股市处于急速下跌的过程中时，市价向下跌穿下轨线时为卖出时机（见图 9-9）。

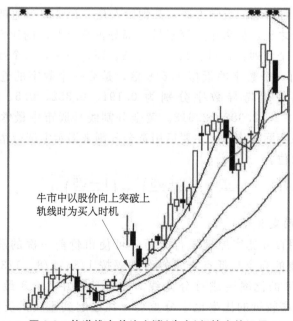

图 9-8　轨道线在单边上涨（牛市）行情中的运用

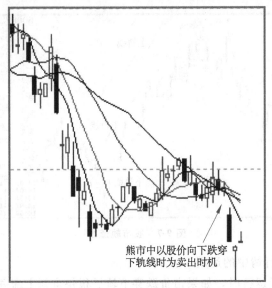

图 9-9　轨道线在单边下跌（熊市）行情中的运用

9.4 黄金分割线和百分比线

9.4.1 黄金分割线和百分比线的定义

▶ 1. 黄金分割线的定义

黄金分割线是一种古老的数学方法，其创始人是古希腊的毕达哥拉斯，即一条线段的一部分与另一部分之比，如果正好等于另一部分占整个线段的比例即 0.618。斐波那契数列指的是这样一个数列：1、1、2、3、5、8、13、21…，每个数字是其前两个数字之和，任何数字是前一个数字的近似 1.618 倍，是后一个数字的近似 0.618 倍。按照式(9-1)可以计算出一组奇异数字分别为 0.191、0.382、0.5、0.618、0.809、1、1.382、1.5、1.618、2、2.382、2.618。黄金分割线是股市中最常见、最受欢迎的切线分析工具之一，在实际操作中，主要运用黄金分割来揭示上涨行情的调整支撑位或下跌行情中的反弹压力位。

$$\alpha_n = \frac{1}{\sqrt{5}}\left[\left(\frac{1+\sqrt{5}}{2}\right)^n - \left(\frac{1-\sqrt{5}}{2}\right)^n\right] \tag{9-1}$$

▶ 2. 百分比线的定义

百分比线是利用百分比率原理进行分析，可使市价前一次的涨跌过程更加直观，将上一次行情中重要的高点与低点之间的涨跌幅按 1/8、2/8、1/3、3/8、4/8、5/8、2/3、6/8、7/8、8/8 的比率生成百分比线。在各比率中，4/8 最为重要，1/3、3/8 及 5/8、2/3 四条距离较近的比率也十分重要，往往起到重要的支撑位与压力位的作用。事实上，1/3、3/8、4/8、5/8、2/3 这 5 条百分比线的位置与黄金分割线的位置基本上是相互重合或接近的。在百分比线中，有两组百分比线比较接近：1/3 和 3/8、5/8 和 2/3，它们被称作"筷子"，意思是当市价触及这个价位时，就会被夹住而无法动弹。这是效果比较显著的两个位置，也是用百分比线进行股市结构分析时最重要的两组比例。

9.4.2 黄金分割线和百分比线的画法

▶ 1. 黄金分割线的画法

目前，绝大多数股票分析软件上都有画线辅助功能，黄金分割线的作图比较简单，画法为：首先找到软件的画线功能，在画线工具栏中单击黄金分割选项。如果市价正处于见底回升的阶段，以此低点为基点，左键单击此低点，并按住鼠标左键不放，拖动鼠标使边线与相应的高点对齐，即回溯这一下跌波段的峰顶，松开鼠标左键，系统即生成向上反弹上档压力位的黄金分割线；如果市价正处于见顶回落的阶段，以此高点为基点，左键单击此高点，并按住鼠标左键不放，拖动鼠标使边线与相应的低点对齐，即回溯这一上涨波段的谷底，松开鼠标左键，系统即生成黄金分割线。在实际操作中，黄金分割线中最重要的两条线为 0.382、0.618，在反弹中，0.382 为弱势反弹位、0.618 为强势反弹位；在回调中，0.382 为强势回调位、0.618 为弱势回调位。

▶ 2. 百分比线的画法

百分比线是将一定的价格空间分为八等份：1/8、2/8、3/8、4/8、5/8、6/8、7/8、8/8，另外，又以 3 为分母，分成 1/3 和 2/3，以百分比来描述一些重要的支撑位和压力位。首先需要确定一个完整的波段，即一轮完整的上涨或是下跌，如果上涨或是下跌的趋势还没有结束，是没有办法进行测算的。趋势得以确认后，只要找到前一个上涨或是下跌的波段的最高点和最低点就可以了。利用软件的画图功能，左键单击百分比线选项，将最低点与最高点或最高点与最低点连接，就出现一组百分比线的数据。作为市场的波动周期，以近期走势中重要的峰位和谷底之间的一点为基点，左键单击此点，并按住鼠标左键不放，拖动鼠标使边线与另一个相应的基点对齐，松开鼠标左键即生成百分比线。此种画法的前提是调整的幅度在此范围中，如果后期的股市走出了衍生行情（冲破顶部或者跌破底部）说明此时的市价已经走出该箱体而步入另一个箱体。

9.4.3 黄金分割线和百分比线的应用

▶ 1. 黄金分割线的具体应用

根据市价近期走势中重要的峰位或谷底，即重要的高点或低点，来计算测量未来走势的基础，当市价上涨时，以谷底为基数，跌幅在达到某一黄金比时可能受到支撑；当行情接近尾声，市价发生急升或急跌后，其涨跌幅达到某一重要黄金比时，则可能发生转势。黄金分割线是利用黄金分割比率进行的切线画法，行情发生转势后，无论是止跌转升的反转或止升转跌的反转，以近期走势中重要的峰位和谷底之间的涨幅作为计量的基数，按 0.191、0.382、0.5、0.618、0.809 将原涨跌幅分割为五个黄金点，市价在反转后的走势将可能在这些黄金分割点上遇到暂时的压力或支撑。

当下跌行情结束前,某股的最低价10元,那么,股价反转上升时,投资者可以预先计算出各种不同的反压价位:

$10 \times (1 + 19.1\%) = 11.9$

$10 \times (1 + 38.2\%) = 13.8$

$10 \times (1 + 61.8\%) = 16.2$

$10 \times (1 + 80.9\%) = 18.1$

$10 \times (1 + 100\%) = 20$

$10 \times (1 + 119.1\%) = 21.9$

反之,上升行情结束前,某股的最高价为30元,那么,股市反转下跌时,投资者也可以计算出各种不同的支撑价位:

$30 \times (1 - 19.1\%) = 24.3$

$30 \times (1 - 38.2\%) = 18.5$

$30 \times (1 - 61.8\%) = 11.5$

$30 \times (1 - 80.9\%) = 5.7$

2004年,股市在1 783点见顶之后一路下跌,在持续5个月的跌市中,股指下跌了500点,直到9月中旬,股市才出现强劲的反弹行情。根据走势分析,股指的反弹明显受到整个下跌幅度的黄金分割位压制,行情也在此位置停止了上涨,再次转入弱市,反映出黄金分割线的神奇之处。

▶ 2. 百分比线的具体应用

在投资实践中,百分比线的应用要抓住两条主线,即市场趋势的判断与市价涨跌的目标测算。在应用百分比线进行判断时,就可以界定市价的上涨是属于反弹还是属于反转,市价的下跌是属于正常下跌还是属于回调。当市价处于上涨时,观察市价是否已经上涨超过前一轮下跌幅度50%的压力位;如果能突破则是属于反转的上涨,否则仍是属于反弹式的上涨。当市价处于下跌时,如果下跌幅度超过前期上涨幅度的50%,则是明显的大跌趋势,而并非是正常范围内的回调。因此,通过百分比线的计算可以确定市价趋势的性质。在一段趋势的运行中,投资者希望了解上涨或是下跌的目标位置。投资者将前一次行情中重要的高点和低点之间的涨、跌幅度按1/8、2/8、1/3、3/8、4/8、5/8、2/3、6/8、7/8、8/8比率生成的百分比线来进行计算,在上述各比率中,1/3、1/2、2/3最为重要,对于市价往往起到重要的支撑位与压力位作用,由此可以测算出市价上涨或下跌的目标价位。当市价到达某些重要比率价位的时候,投资者就要提高警惕,或许市价的顶底将出现了,可以提前采取一些操作来把握市场的机会。

华鲁恒生(600426)的日K线图中,将2010年1月18日最高点16.70元连接至2010年7月2日最低点7.33元,做了一条百分比线。当股市开始反弹以后,在百分比线的66%处受到压力,这就明确了股市反弹的目标价位,至少可以采取减仓的操作;随后,股价再次上涨,但是在50%的压力位处无力突破,股市见顶回落。实际上,这次的反弹仅仅到达了前一轮下跌的50%的位置,确认属于反弹而并非是反转的上涨。因此对于此次反弹,利用百分比线就可以提前预知市场上涨的性质及反弹的目标位,从而做出明智的卖出操作,回避了股价大跌带来的风险。

9.5 扇形线、速度线和甘氏线

9.5.1 扇形线、速度线和甘氏线的定义

▶ 1. 扇形线的定义

扇形线是依据三次突破趋势将反转的原则来判断市价变动趋势的理论,在上升趋势中,先以两个低点画出上升趋势线后,如果市价向下回落,跌破了刚画的上升趋势线,则以新出现的低点与原来的第一个低点相连,画出第二条上升趋势线;市价继续回落,如果第二条趋势线又被向下突破,则与前面一样,用新的低点与最初的低点相连,画出第三条上升趋势线;依次变得越来越平缓的三条直线形如张开的扇子,扇形线和扇形原理由此而得名。对于下降趋势也可以如法炮制,只是方向正好相反。

▶ 2. 速度线的定义

同扇形线一样,速度线也是用于判断趋势是否将要反转的依据,不过,速度线给出的是固定的直线,而扇形原理中的直线是随着市价变动而变动的。另外,速度线又具有一些百分比线的思想,它将每个上升或下降的幅度分成三等份进行处理,所以,速度线又称为三分法。与其他切线不同,速度线有可能随时变动,一旦有了新高或新低,则速度线将随之发生变动。速度线一经被突破,其原有的支撑线和压力线将相互变换位置,这也符合支撑线和压力线的一般规律。

▶ 3. 甘氏线的定义

甘氏线分上升甘氏线和下降甘氏线两种,是由 William D. Gann(威廉·甘)创立的一套独特的理论,该理论将百分比原理和几何角度原理结合起来,从一个点出发,依一定的角度向后画出多条直线,所以,甘氏线又称为角度线。甘氏线中的每条直线都有一定的角度,这些角度与百分比线中的数字相关,每个角度的正切或余切分别等于百分比数中的百分数。甘氏线中的每条直线都有支撑和压力的作用,最为重要的是 45°线、63.75°线和 26.25°线,这三条直线分别对应百分比线中的 3/8、1/2、5/8 百分比线。

9.5.2 扇形线、速度线和甘氏线的画法及应用

▶ 1. 扇形线的画法及具体应用

趋势线在明确趋势反转方面存在明显的不足,其可操作性较差,扇形线避免了趋势线的不足,扇形线是对趋势线的重新调整。从某种意义上讲,扇形线丰富了趋势线的内容。原有趋势的改变需要突破层层阻力,稍微的突破或短暂的突破都不能被认定是反转的开始,必须消除所有的阻止反转力量,才能确认为反转的来临。扇形原理依据三次突破的判断减少了出现失误的可能,使结论更加可靠。市价跌破上升趋势线后,先是稍微下跌接着再度反弹至原上升趋势线(现在的压力线)下沿,根据反弹的低

点绘制第二条趋势线；第二条趋势线再次被跌破，经过又一次反弹失败后，根据反弹的低点绘制第三条趋势线；第三条趋势线被跌破则成为一个有效的转势信号，如图9-10所示。

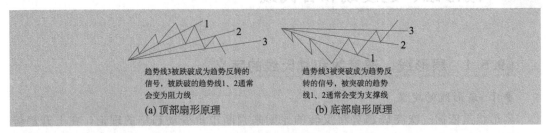

图 9-10　扇形线

扇形线原理分析方法从形态上看也是一种三角形形态，由三个调整波和两个反弹波组成；根据波浪结构，可以分成 a、b、c、d、e 五个子浪，有时候可能由 a、b、c 调整浪和上升浪的 i 和 ii 子浪构成。这种分析方法比较适用于下降三角形或收窄三角形形态，也就是说 c 子浪和 e 子浪，或 c 子浪和 ii 子浪的调整低点原则上要不低于 a 子浪的调整低点。做 2、3 号线的时候要注意反弹浪通常由三波组成，确认一波反弹结束，再选定高点画下降压力线，可以避免做出一些无效的趋势线。

从 2010 年的走势来看（见图 9-11），上证综指形成了 3 条上升扇形线，第三条连线即 7 月 2 日低点 2 319 点与 9 月 20 日低点 2 573 点的连线，5—9 月所构筑的头肩底形态颈线位在 2 720 点附近，而 7 月 2 日 2 319 点至 11 月 11 日 3 186 点这波涨幅一半的分割位在 2 752 点，其与上述上升趋势线、头肩底形态颈线基本交汇于 2 720～2 770 点区域，该区域为下档重要支撑区。11 月份大盘探底后震荡整理，由于成交量不足造成反弹乏力，上证综指年线失守后成为短期压力，所积聚的套牢压力制约着大盘短线持续反弹的空间。

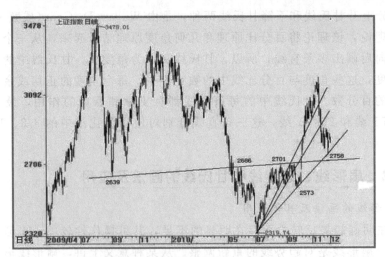

图 9-11　上证综指的日 K 线图

▶ 2. 速度线的画法及具体应用

速度线又称为速度阻挡线或速度阻力线，由爱德森·古尔德开创，这是一种将趋势线和百分比线融为一体的投资分析技巧。当市价上升或下跌的第一波形态完成后，利用第一波的展开幅度可推测出后市发展的几条速度线作为支撑和压力位置。速度线的画法为：首先，找到一个上升或下降过程的最高点和最低点；然后，将高点和低点的垂直距离三等分，连接高点（在下降趋势中）与 0.33 和 0.67 分界

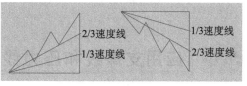

图 9-12　速度线

点，或低点（在上升趋势中）与 0.33 和 0.67 分界点，得到两条趋势线，这两条趋势线分别代表 2/3 速度线和 1/3 速度线（见图 9-12）。每当上升趋势出现了新的最高点或下降趋势出现了新的最低点之后，必须重新做出上述一系列直线。

速度线最为重要的功能是判断一个趋势是被暂时突破还是长久突破（转势）。在上升趋势的调整之中，如果向下折返的程度跌破了位于上方的 2/3 速度线，则表明市价冲力已尽，需要重新积聚力量才能再向新的高点冲击，此时位于下方的 1/3 速度线将成为新的支撑线。在上升趋势的调整之中，如果向下折返的程度跌破位于下方的 1/3 速度线，则说明上涨趋势已结束，将反转为下跌趋势。在下跌趋势的调整中，如果向上反弹的程度突破了位于下方的 2/3 速度线，则说明下跌趋势已经缓和，接着将出现技术性反弹，此时位于上方的 1/3 速度线将成为新的压力线。在下跌趋势的调整中，如果上涨的程度突破了位于上方的 1/3 速度线，则说明下跌趋势已结束，将开始新一轮上涨趋势。速度线一经突破，其原有支撑线和压力线的作用将相互变换，支撑线被跌穿后就会变成压力线，而压力线被突破后就会变成支撑线。

▶ 3. 甘氏线的画法及具体应用

先确定起始点，被选择的点一定是显著的高点和低点，如果被选中的点马上被创新的高点和低点取代，则甘氏线的选择也应随之而变更。确定起始点后，再找角度（即 26.25°线、45°线和 63.75°线），如果起始点是高点，则应画下降甘氏线；反之，如果起始点是低点，则应画上升甘氏线。

在强势多头市场中，每运行一个时间单位，价位可变动两个单位以上，而在空头市场中要增加一个单位价格，就必须花费市场中两个单位时间以上。因此，当市价在高档区 $1×8$（或 $1×2、1×3、1×4$）反转而下时，必须先破 $1×4$ 区，再破 $1×3$ 区等，若是跌破 $1×1$ 区，则代表已步入空头市场；同理，当价格由底部 $8×1$ 区向上翻转时，也必然突破 $4×1、3×1、2×1$ 等，当突破 $1×1$ 区时，则进入另一个多头市场。在 9 条角度线中，以 $45°(1×1)$ 线最为重要，它是时间与价格的平衡线，因此被视为主趋势线。在强劲的多头市场中，市价通常位于主趋势线上方，若市价跌破 $45°$ 线，则被视为主要上涨趋势反转；在大空头市场中，市价通常位于主趋势线下方，若市价顺利向上突破 $45°$ 线，代表主要下跌趋势反转。因此，在牛市中，只要价格维持在 $45°$ 以上，则牛市持续有效；而在熊市中，只要价格维持在 $-45°$ 以下，则熊市持续有效。

例如，中石油（601857）从 2008 年 11 月 18 日的高点 12.04 开始下跌，经过计算，它的波动幅度是 0.92 元（12.04－11.12）正好是空间临界点位置，再结合甘氏线分析也是在一个重要的支撑位置，所以，中石油短线的下跌空间已经被封闭，下一轮反弹的可能性已经非常大了。

9.6 应用支撑线和压力线应注意的问题

9.6.1 支撑线和压力线的作用

支撑线起阻止市价继续下跌的作用,当市价跌到某个价位附近时,停止下跌,甚至有可能回升,这是因为多方在此买入造成的,该价位就是支撑线所在的位置。压力线起阻止市价继续上升的作用,当市价上涨到某价位附近时,会停止上涨,甚至回落,这是因为空方在此抛售造成的,该价位就是压力线所在的位置。应用支撑线和压力线应注意的问题是不要产生只有在下跌行情中才有支撑线,只有在上升行情中才有压力线这样的误解。常用的选择支撑线和压力线的方法是前期的高点和低点、成交密集区,支撑线和压力线的作用就是阻止或暂时阻止价格向一个方向继续运动。支撑线和压力线有被突破的可能,同时,支撑线和压力线又有彻底阻止价格按原方向变动的可能。

9.6.2 支撑线和压力线的确认

支撑线和压力线的确认都是人为的,是根据市价变动所画出的图形。一般来说,支撑线或压力线的重要性由三方面因素决定,一是市价在这个区域停留时间的长短;二是市价在这个区域成交量的大小;三是这个支撑区域或压力区域发生的时间距离当前这个时期的远近。价格停留的时间越长,成交量越大,离现在越近,则这个支撑或压力区域对当前的影响就越大;反之,则越小。伴随市价的变动,投资者偶尔会发现原来确认的支撑或压力可能不具有支撑或压力的作用,如不完全符合上面所述的三条,这时,就有一个对支撑线和压力线进行调整的问题,这就是支撑线和压力线的修正。

9.6.3 支撑线和压力线的突破

支撑线与压力线的突破及相互转变市价的变动是有趋势的,要维持这种趋势,保持原有的变动方向,就必须冲破阻止其继续向前的障碍。在上升趋势中,如果未创出新高,即未突破压力线,这个上升趋势就已处在关键的位置了,如果后市价格又向下突破了这个上升趋势的支撑线,就发出了趋势转变的强烈信号。在下降趋势中未创新低,即未突破支撑线,这个下降趋势就已经处于关键的位置,如果其后市价格向上突破了这个下降趋势的压力线,就发出了下降趋势将要结束的强烈信号。支撑线和压力线可能相互转变,一个支撑如果被跌破,那么这个支撑将成为压力;同理,一个压力被突破,这个压力将成为支撑。支撑和压力相互转化的重要依据是被突破,可以从三个方面判断是否被突破,即幅度、时间及收盘价。

本章小结

本章属于证券投资技术分析中的支撑与压力理论,是基于切线的理论分析。本章从支撑和压力角度分析支撑线、压力线、趋势线、轨道线、黄金分割线、百分比线、扇形线、速度线及甘氏线的画法及具体应用。通过这一章的学习,投资者应该掌握股市行情的趋势分析方法,灵活地运用各个趋势指标线相互验证行情未来走势的预测结论,并初步具备切线分析的基本方法和能力,为下一步的技术指标分析奠定基础。

本章练习

一、填空题

1. 在K线图上,只要最低价位在同一微小区间_____,则连接两个相同最低价位并延长即成一条支撑线,它形象地描述了股票在某一价位区间内,_____的不平衡状态。

2. 在K线图上,只要最高价位在同一微小区间_____,则连接两个相同最高价位并延长即成一条压力线,它形象地描述了股票在某一价位区间内,_____的不平衡状态。

3. 上升趋势线就是在一个上升的趋势中,连接_____的直线;而下降趋势线就是在一个下降趋势中,连接_____的直线。

4. 黄金分割线是股市中最常见、最受欢迎的切线分析工具之一,在实际操作中,主要运用黄金分割来揭示_____或_____。

5. 甘氏线分为上升甘氏线和下降甘氏线两种,即将_____和_____结合起来,从一个点出发,依一定的角度向后画出多条直线,所以,甘氏线又称为角度线。

6. 速度线一经被突破,其原有的_____和_____将相互变换位置,这也符合_____的一般规律。

二、单项选择题

1. 下列关于趋势线的叙述中,不正确的是( )。
A. 趋势线需要不断地验证并调整,首先试探性地画出趋势线
B. 趋势线越陡峭,就越不可信,也就越容易被突破
C. 收市价突破了趋势线,收盘价与趋势线有1%以上的差价才可信赖
D. 市价在突破趋势线时,如果出现缺口,反转走势极可能出现

2. 下列关于黄金分割线的叙述中,不正确的是( )。
A. 黄金分割线中最重要的两条线为0.382和0.618
B. 在反弹中,0.382为弱势反弹位
C. 在反弹中,0.618为强势反弹位
D. 在回调中,0.618为弱势回调位

3. 扇形原理是依据( )来判断市价变动趋势的理论。
A. 二次突破趋势将反转的原则
B. 三次突破趋势将反转的原则
C. 五次突破趋势将反转的原则
D. 八次突破趋势将反转的原则

4. 下列关于速度线的叙述中，不正确的是（　　）。

A. 速度线是一种将趋势线和百分比线融为一体的投资分析技巧

B. 将一个上升或下跌过程的最高点和最低点的垂直距离三等分，得到两条趋势线，这两条趋势线分别代表2/3速度线和1/3速度线

C. 速度线一经突破，其原有支撑线和压力线的作用将互相变换

D. 在下跌趋势的调整中，如果上涨的程度突破了位于上方的2/3速度线，则说明下跌趋势已结束

5. 下列关于甘氏线的叙述中，不正确的是（　　）。

A. 甘氏线将百分比原理和几何角度原理结合起来，又称为角度线

B. 甘氏线中的每条直线都有支撑和压力的作用

C. 甘氏线中最为重要的是45°线、63.75°线和26.25°线

D. 三条重要的甘氏线分别对应50％、75％和37％百分比线

三、多项选择题

1. 支撑线往往形成于（　　）。

A. 交易换手率极高的区域

B. 交易换手率极低的区域

C. 行情下跌至原上升幅度的30％的区域

D. 行情下跌至原上升幅度的50％的区域

E. 行情下跌至原上升幅度的70％的区域

2. 在上升轨道中，下列说法正确的有（　　）。

A. 当市价接触到趋势线时卖出　　B. 当市价接触到轨道线时买入

C. 当市价接触到支撑线时买入　　D. 当市价接触到压力线时卖出

E. 当市价突破轨道线时卖出

3. 下列关于速度线的说法中，正确的有（　　）。

A. 速度线最为重要的功能是判断一个趋势是被暂时突破还是长久突破

B. 在上涨趋势的调整中，如果向下折返的程度跌破位于下方的1/3速度线，则说明上涨趋势已结束

C. 在上涨趋势的调整中，如果向下折返的程度跌破了位于上方的2/3速度线，此时位于下方的1/3速度线将成为新的支撑线

D. 在下跌趋势的调整中，如果向上反弹的程度突破了位于下方的2/3速度线，则说明下跌趋势已经缓和

E. 在下跌趋势的调整中，如果上涨的程度突破了位于上方的1/3速度线，则说明下跌趋势已结束

4. 下列关于甘氏线的说法中，正确的有（　　）。

A. 45°（1×1）线为主趋势线

B. 在强劲的多头市场中，市价通常位于主趋势线上方，若市价跌破45°线，则被视为主要上涨趋势的反弹

C. 在强劲的空头市场中，市价通常位于主趋势线下方，若市价突破45°线，则被视为主要下跌趋势的反弹

D. 在牛市中，只要价格维持在45°以上，则牛市持续有效

E. 在熊市中，只要价格维持在-45°以下，则熊市持续有效

5. 关于支撑线和压力线的判断依据有（　　）。

A. 市价在这个区域停留时间的长短

B. 市价在这个区域伴随的成交量大小

C. 这个支撑区域或压力区域发生的时间距离当前这个时期的远近

D. 价格停留的时间越长，伴随的成交量越大，离现在越近，则这个支撑或压力区域对当前的影响就越大

E. 价格停留的时间越长，伴随的成交量越大，离现在越近，则这个支撑或压力区域对当前的影响就越小

四、判断题

1. 股市行情的支撑线与压力线通常产生于成交密集区。（　　）

2. 市价由上向下接触支撑线，但未能跌破而调头回升，若有大成交量配合，则当再出现下降调整时，即可出货。（　　）

3. 趋势线的突破意味着市价行情的反转，与突破趋势线不同，轨道线的突破并不是趋势反向的开始，而是趋势加速的开始。（　　）

4. 在应用百分比线进行判断时，当市价处于上涨时，市价已经上涨超过前一轮下跌幅度的50%压力，则属于反弹式的上涨。（　　）

5. 趋势线在明确趋势反转方面存在明显的不足，其可操作性较差，扇形线有效地避免了趋势线的不足，扇形线是对趋势线的重新调整。（　　）

五、案例题

1. 2012年5月9日，五粮液集团刊登2011年度分红派息实施公告：公司2011年度分配方案为向全体股东每10股派现金5.00元（扣税后实际每10股派现金4.50元）。股权登记日为2012年5月15日，除权除息日为2012年5月16日，红利发放日为2012年5月16日。5月15日，五粮液集团与四川大学在成都签署战略合作协议，未来将在科技创新、科研合作、人才培养等方面开展深层次合作，推进五粮液集团多元化发展的千亿工程。图9-13为五粮液（000858）的日K线图，在近期的上涨趋势中，31元为重要的支撑价位，36.5元为重要的压力价位，图中已经画出1/3速度线与2/3速度线，请根据速度线原理来计算和判断近期的折返是主趋势的暂时突破还是长久突破？

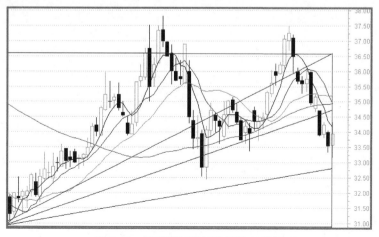

图9-13　五粮液（000858）的日K线图

2. 2012年5月17日，招商地产(000024)刊登2011年度分红派息方案实施公告：以总股本1 717 300 503股为基数，每10股派2.0元现金(含税，扣税后每10股派现金人民币1.8元)；B股现金红利以本公司股东大会决议日后第一个工作日(2012年4月18日)中国人民银行公布的人民币兑换港币的中间价(1港币＝0.811 2人民币)折算成港币支付；新加坡B股股东折算汇率(1新加坡元＝5.048 5人民币元)；A股权益登记日为2012年5月24日，除息日为2012年5月25日；B股最后交易日为2012年5月24日，除息日为2012年5月25日，B股权益登记日为2012年5月29日。

根据图9-14招商地产(000024)的日K线图，分析投资者应该如何应用百分比线的支撑与压力原理？

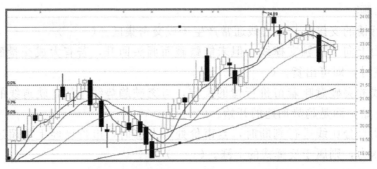

图9-14 招商地产(000024)的日K线图

第10章
技术指标分析

> **知识目标**
> 1. 了解技术指标分析的特征；
> 2. 理解每一个技术指标的含义；
> 3. 掌握每一个技术指标的应用规则及局限性，并掌握技术指标综合运用的原则。

> **技能目标**
> 1. 能熟练地选用技术指标进行股市的行情分析；
> 2. 能结合基本面分析与技术理论分析，综合地运用技术指标。

案例导入

如何成为股市的一名职业操盘手

技术指标往往是一些通过数学公式计算出来的结果，用到的样本数据大多为开盘价、最高价、最低价、收盘价、成交量等市场交易数据，公式的原创者在经过一番验证之后告诉投资者：在什么时候可以买进或者卖出。因此，技术指标更多地反映了一种纪律性，在量化的条件下发出什么信号就该怎样操作，客观上避免了人为操作的随意性。

操盘手王女士坦言："操盘手不是炒手，更不是炒单，因为主力资金不需要炒单，他们做的是股市趋势分析，其目的是控制盘面而不是靠微小的点差来积累盈利。"王女士对于操盘的心得体会是："建仓、吸筹、拔高、回档、出货、清仓是一个操盘手的日常工作，因此，一名职业操盘手要掌握必备的技术指标分析要领。"

技术指标实际上充当了一种行为标准，开仓、平仓、止损、止盈等都离不开技术指标的运用和分析，找到适合自己的技术分析指标作为操作纪律，执行时才更容易。

10.1 技术指标概述

10.1.1 技术指标的含义

技术指标是通过数学公式进行分析指导,一切以数据来论证股市的趋向和买卖等,市价、成交量或涨跌幅度等数据是其计算的依据。技术指标体系包括趋势型指标、超买超卖型指标人气型指标和大势型指标等。

10.1.2 技术指标分析的特征

技术指标分析是相对于基本分析而言的,基本分析着重于对一般经济情况、行业动态及各个公司的经营管理状况等因素进行分析,以此来研究股票的价值,衡量股票市价的高低;技术指标分析则是通过图表或技术指标的记录,研究市场行为反应,以推测价格的变动趋势。技术指标分析克服了定性分析方法的不足,从定量的角度反映了股市运行的趋势。

10.1.3 技术指标分析的比较优势

技术指标分析具有全面、直接、准确、可操作性强、适用范围广等显著特点,与基本分析相比,技术指标分析指导下的交易见效快,获得利益的周期短。此外,技术指标分析对市场的反映比较直观,分析的结果也更接近市场交易的局部现象。由于在大部分证券市场的投资者都属于"技术流派",因此,技术指标分析偶尔会引发羊群效应,造成短期内的股市价格波动趋于非理性化,投资者随波逐流也会有利可图。技术指标展示了市场价格的走向和位置,技术指标的介入提高了交易成功概率,所以,它是交易系统中的重要起点。

10.1.4 技术指标分析的相对不足

技术指标分析的研究范围相对较窄,所以,技术指标分析适用于短期的行情预测,而对长期市场趋势难以进行有效的判断。历史数据不一定能够充分反映未来市场行情走势,这就会导致股市技术指标数据具有明显的滞后性,即技术指标分析的盲区与误区。技术指标分析的盲区是指技术指标无法预测或者预测失灵的区域,而技术指标分析的误区是指预测结果有时准确有时不准确的区域。另外,不同的技术指标有着不同的前提假设,其本身也存在很多悖论,技术指标的选择是困扰投资者行为的主要矛盾。

10.1.5 技术指标的应用

随着科技的进步和计算机的普及应用,技术指标在证券分析中发挥着越来越重要的作用。在股市交易平台中,常见的技术指标工具包括 MA、MACD、RSI、BOLL、KDJ 等,这些技术指标的设计初衷就是帮助投资者发现金融市场运动的规律。任何指标都不是完美的,都会不可避免地出现指标本身的缺陷和不足,如指标的钝化(RSI、KDJ),指标的滞后(MA、MACD)等现象。另外,任何一个技术指标都有其自身的适用范围和应用条件,得出的结论也都存在成立的前提条件或可能发生的意外,因此,投资者不要盲目地应用技术指标。

为了有效地化解和分散单个技术指标本身固有的缺陷，不同的技术指标要相互组合起来应用，因为任何一个技术指标都不可能完全地反映股市运行规律。在技术指标的选择和运用上，要坚持实用性和简单性并重的原则，同时通过不同指标的组合来扬长避短，例如，将趋势跟踪类的指标和动能指标配合起来应用(MACD＋RSI)，能够更好地把握趋势；将移动平均线和空间势能组合运用(MA＋KDJ)，能够预估未来价格的上涨或者下跌空间；也可以把均线指标、趋势型指标、摆动类指标三者结合使用，如"30分钟短线实战交易系统"就是在30分钟周期上，把均线、MACD指标、KDJ指标结合起来，形成一套短线滚动交易系统。

10.1.6 技术指标法与其他方法的关系

在证券市场投资决策中，任何技术指标数据都存在滞后性，技术指标失灵的现象经常出现在行情走势中，因此，技术指标要结合趋势线、K线图，并适时修改参数。实际应用中，经常出现技术指标预测结果有时准确、有时不准确的区域，例如，很多著名分析师和炒股高手总结捕捉黑马的技术指标和标准在熊市末期和牛市初期是安全可靠的，如果在熊市初期和平衡市按图索骥就是技术分析误区。技术指标还存在很多常见盲区，例如，KDJ指标预测上升段和下跌段比较准确，但是出现高位钝化和低位钝化就使KDJ指标进入了技术分析预测失灵的区域。因此，技术指标分析除了要相互验证各个指标的数值评估外，还要进行技术指标与趋势理论分析和基本面分析的相互验证评估。基本面是股票长期投资价值的唯一决定因素，每一个价值投资者选择股票前必须要做的就是透彻地分析企业的基本面。投资者应该有一个系统的科学分析方法，不能仅凭某一短暂的或局部的技术指标数值，就草率地做出买入或卖出决定。

10.2 趋势型指标

10.2.1 移动平均线

▶ 1. 移动平均线的含义及计算

移动平均线是以道琼斯的"平均成本概念"为理论基础，采用统计学中"移动平均"原理，将一段时期内的股票价格平均值连成曲线，用来显示市价的历史波动情况，进而反映市价指数未来发展趋势的技术分析方法。

移动平均线的计算方法就是求出连续若干天收盘价的算术平均值，即求出一个时间段的趋势值，天数就是移动平均线的参数，计算公式如下：

$$\text{MA} = \frac{C_1 + C_2 + \cdots + C_n}{n}$$

式中，C为收盘价，n为移动平均周期数。依时间长短，移动平均线可分为短期移动平均线、中期移动平均线、长期移动平均线，短期移动平均线一般以5天、10天、20天为计算期间；中期移动平均线以30天、90天为计算期间；长期移动平均线以120天或

250天为计算期间。

▶ 2. 移动平均线的特点

移动平均线最基本的思想是消除市价随机波动的影响，寻求市价波动的趋势，它具有以下几个特点。

（1）追踪趋势。移动平均线能够表示市价的波动趋势，并追随这个趋势，不轻易改变。如果从市价的图表中能够找出上升或下降趋势线，那么，移动平均线将保持与趋势线方向一致，消除市价在这个过程中出现的起伏对趋势的影响。

（2）滞后性。在市价原有趋势发生反转时，由于移动平均线的追踪趋势的特性，调头速度落后于大趋势，这是移动平均线的一个极大的弱点，即移动平均线发出反转信号时，市价调头的深度已经很大了。

（3）稳定性。从移动平均线的计算方法可知，要比较大地改变移动平均线的数值，无论是向上还是向下，都比较困难，当天的市价必须有很大的变动。因为移动平均线的变动不是一天的变动，而是几天的变动，一天的大变动被几天来平均，其变动幅度就会变小。

（4）助涨助跌性。当市价突破了移动平均线时，无论是向上突破还是向下突破，市价有继续向前突破的惯性，这就是移动平均线的助涨助跌性。

（5）发挥支撑线和压力线的作用。由于移动平均线的追踪趋势、滞后性、稳定性、助涨助跌性，使得它在市价走势中发挥支撑线和压力线的作用。

▶ 3. 移动平均线的应用

移动平均线的应用可以概括为葛兰维八大买卖法则，如图10-1所示。图中的实线为市价（或短期均线），虚线为移动平均线（长期均线），其中，1、2、3、4为买点；5、6、7、8为卖点。

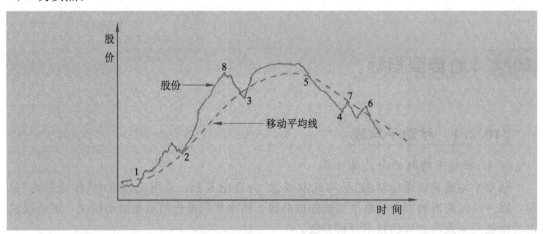

图10-1　葛兰维八大买卖法则

葛兰维八大买卖法则之一：平均线从下降逐渐转为水平，且有往上方抬头迹象，而价格从平均线的下方突破平均线时，便是买进信号。市价实际上是1日的移动平均线，市价相对于移动平均线实际上是短期移动平均线相对于长期移动平均线，从这个意义上说，如果只有两个不同参数的移动平均线，则可以将相对短期的移动平均线当成市价，将较长期的移动平均线当成移动平均线。因此，上述市价相对于移动平均线的所有法则都可以换成快速相对于慢速的移动平均线，常说的黄金交叉和死亡交叉，实际上就是向上、向下突破压力或支撑的问题。

葛兰维八大买卖法则之二：价格趋势走在平均线上，价格下跌并未跌破平均线且立刻反转上升，则也是买进信号。

葛兰维八大买卖法则之三：价格虽然跌破平均线，但又立即回升到平均线上，此时平均线仍然持续上升，仍为买进信号。

葛兰维八大买卖法则之四：价格突然暴跌，跌破平均线，而且远离平均线，则有可能反弹上升，亦为买进信号。

葛兰维八大买卖法则之五：价格突然暴涨，突破平均线，而且远离平均线，则有可能反弹回跌，为卖出信号。

葛兰维八大买卖法则之六：平均线从上升逐渐转为盘局或下跌，而价格向下跌破平均线，为卖出信号。

葛兰维八大买卖法则之七：价格趋势走在平均线下，价格上升并未突破平均线且立刻反转下跌，也是卖出信号。

葛兰维八大买卖法则之八：价格虽然向上突破平均线，但又立刻跌至平均线下，此时平均线仍然持续下降，仍为卖出信号。

▶ 4. 移动平均线指标应用的案例分析

中国北方稀土（集团）高科技股份有限公司（简称北方稀土，600111）的经营范围是稀土精矿、稀土深加工产品、稀土新材料生产与销售、稀土高科技应用产品的开发、生产与销售。包头轻稀土矿的四种稀土氧化物——氧化镧、氧化铈、氧化镨和氧化钕，2012年均价分别为7.7万元/吨、7.9万元/吨、46.6万元/吨和49万元/吨，较2011年同期分别下降31％、40％、34％和44％。同时，由于公司原材料启用了新的定价模式，导致公司中矿和尾矿的成本有所上升，两者综合影响公司综合毛利率下降31.5个百分点，致使业绩出现一定程度下滑。2013年年初的稀土产品价格比2012年年初的产品价格低35％左右，且依然低于2012年年末，但目前稀土价格相对比较合理，继续大幅下跌的概率不大，预计将在该价格水平震荡盘整，但公司2013年仍然难以扭亏为盈。图10-2为北方稀土的周K线图，图10-3为北方稀土的日K线图。

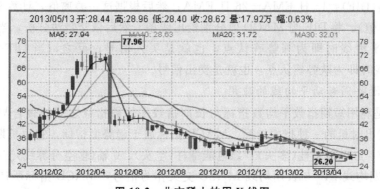

图 10-2 北方稀土的周K线图

首先对北方稀土进行基本分析，在2013年，该股份的市价走势仍然将处于震荡下跌的基本态势。2013年5月13日，周K线显示市价偏离长期均线处于谷底，但两条均线的运行方向还是趋于下降，市价曲线向上分别穿越了两条均线。这些迹象表明在短期内，北

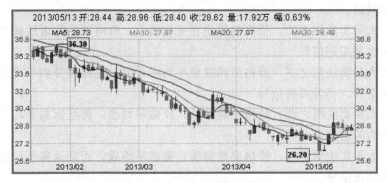

图 10-3 北方稀土的日 K 线图

方稀土市价将出现小幅度反弹式上扬,但其市价总体运行趋势还是下跌。

10.2.2 平滑异同移动平均线

▶ 1. 平滑异同移动平均线的含义及计算

平滑异同移动平均线(MACD)是根据均线的构造原理,利用两条不同速度(一条变动速度快,即短期的移动平均线;另一条变动速度慢,即长期的移动平均线)的指数平滑移动平均线来计算两者之间的差离状况(DIF)作为判断行情走势的基础,即 MACD 是计算两条不同速度(长期与中期)的指数平滑移动平均线(EMA)的差离状况的指标。首先分别计算收市价 SHORT 日指数平滑移动平均线与 LONG 日指数平滑移动平均线,分别记为 EMA(SHORT)与 EMA(LONG),再求这两条指数平滑移动平均线的差,计算公式如下:

$$DIFF = EMA(SHORT) - EMA(LONG)$$

接着,再计算 DIFF 的 M 日平均指数的平滑移动平均线,记为 DEA;最后,用 DIFF 减 DEA 得 MACD,MACD 通常绘制成围绕 0 轴线波动的柱形图。

一般情况下,MACD 是以 12 日为快速移动平均线(12 日 EMA),而以 26 日为慢速移动平均线(26 日 EMA),首先计算出两条移动平均线数值,再计算出两者数值间的差离值,即差离值(DIF)=12 日 EMA-26 日 EMA;然后根据这一差离值,计算 9 日 EMA 值(即为 MACD 值)。将 DIF 与 MACD 值分别绘出线条,然后依交错法分析,当 DIF 线向上突破 MACD 平滑线时即为涨势确认点,也就是买入信号;反之,当 DIF 线向下跌破 MACD 平滑线时即为跌势确认点,也就是卖出信号。

▶ 2. 平滑异同移动平均线的应用

MACD 是利用短期指数平均数指标与长期指数平均数指标之间的聚合与分离状况来判断买进、卖出时机的一种技术指标。MACD 指标属于趋势型指标,它由长期均线 DEA、短期均线 DIF、红色能量柱(多头)、绿色能量柱(空头)、0 轴(多空分界线)五部分组成(见图 10-4)。短期均线 DIF 与长期均线 MACD 交叉作为信号,MACD 指标所产生的交叉信号较迟钝,而以该信号作为参考制定相应的交易策略则使用效果较好,具体应用有:第一种情况是 DIFF、DEA 均为正,DIFF 向上突破 DEA,作为买入信号参考;第二种情况是 DIFF、DEA 均为负,DIFF 向下跌破 DEA,作为卖出信号参考;第三种情况是 DEA 线与 K 线发生背离,行情可能出现反转信号。MACD 指标的应用要注意两个问题:第一是

MACD指标用于判断短期顶部和底部并不一定可信,只有结合中期乖离率和静态中的ADR指标才可以判定;第二是周线中的MACD指标分析要比日线的MACD指标效果更好。

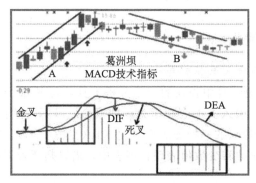

图10-4 MACD指标的具体构成

当DIF、MACD的指标数值位于0轴上方时,说明大势处于多头市场,投资者应当以持股为主要策略。若DIF由下向上与MACD产生交叉,并不代表是一种买入信号,而是说明此时的大盘走势已是一个短期高点,应当采用高抛低吸的策略。若DIF由上向下交叉DEA时,说明该波段上升行情已经结束,通常行情会在交叉信号产生后,有波像样的反弹,以确认短期顶部的形成,此时投资者可以借机平仓出局。若DIF第二次由下向上与DEA交叉,预示将产生一波力度较大的上升行情,在交叉信号产生后,投资者应当一路持股,直到DIF再次由上向下交叉DEA时,再将所有的股票清仓。

当DIF与MACD的指标数值位于0轴的下方时,说明大势属于空头市场,投资者应当以持币为主要策略。若DIF由上向下交叉MACD时,会产生一个调整低点,一般情况下,在此之后将有一波反弹行情产生,这是投资者一次很好的平仓机会。若DIF由下向上交叉DEA时,会产生一个高点,投资者应当果断平仓。若DIF第二次由上向下交叉DEA时,预示将会有一波较大的下跌行情产生,投资者应当在交叉信号产生后,坚决清仓出局。

当MACD指标作为单独系统使用时,短线投资可参考DIF走势判断。若DIF由上向下跌穿0轴时,大势可能步入空头市场,预示大势将走弱,应当引起投资者的警觉。若MACD由上向下跌穿0轴时,确认大势进入空头市场,投资者应采用离场观望的策略,以回避市场风险。若DIF由下向上穿越0轴时,大势可能步入多头市场,预示大势将走强。若MACD由下向上穿越0轴时,确认大势进入多头市场,投资者应增仓持股。

在MACD指标中,红色能量柱和绿色能量柱分别代表了多头和空头能量的强弱盛衰,它们对市场的反应要比短期均线DIF在时间上提前。在MACD指标中,能量释放是一个循序渐进的过程,通常是呈逐渐放大的趋势。能量柱的使用应结合K线走势图,当K线走势图近乎90°地上升,加之红色能量柱的快速放大,预示大势的顶部已近,尤其是相邻的两段红色能量柱产生连片时,所爆发的行情将更加迅猛;反之,在空头市场中,这种现象也成立。

总之,在使用MACD指标时,必须判定市场的属性,根据不同的市场属性,采取不同的操作策略。当DIF和MACD两线在0轴之下且距离0轴较远时,由下行转为走平,快线 DIF 上穿慢线 MACD 形成的金叉是较佳的短线买入时机。而发生在 0 轴之上的金叉则不能离 0 轴太远,否则其可靠性将大大降低,在 0 轴上方 DIF 正向交叉 MACD 形成金叉,其中线可靠性较好,同时这也符合"强势市场机会多,弱势市场难赚钱"的股市道理。

10.2.3 宝塔线指标

▶ 1. 宝塔线指标的含义及指标原理

宝塔线指标(TWR)是一种中长期的行情分析工具,与 K 线图及点状图类似,宝塔线指标应用趋势线的原理,引入支撑区和压力区的概念,以不同颜色(红绿色、黑白色、虚实体)的棒线来区分市价涨跌的一种图表型量化指标(见图 10-5)。宝塔线主要是将市价多空之间的争夺过程和力量的转变数值表现在图表中,借以判断未来市价的涨跌趋势及选择适当的买卖时机。

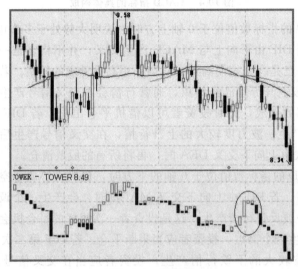

图 10-5 宝塔线

宝塔线指标主要是应用趋势线的原理,引入支撑区和压力区的概念,从而来确认行情是否反转,对于行情的变动趋势,不做任何主观的臆测,而是做客观的承认。宝塔线指标信奉"涨不言顶、跌不言底"的投资理念,它告诉投资者并不刻意去预测市价高点或低点的位置,而是等可能的高点或低点出现时,再采取相应的卖出或买入决策。宝塔线指标比较适合稳健型的投资者,因为按照宝塔线指标所揭示的方法交易不会错失涨升的出现或能够避免下跌行情的损失,也不会在上升途中的盘整行情中被轻易震仓出局。

▶ 2. 宝塔线指标的画法

宝塔线指标是以股票的收盘价作为参照,当市价上涨时用白线(或红线),当市价下跌时用黑线(或绿线),通过黑白棒线的变化情况来判断市价的未来走势,宝塔线指标没有计算公式,而是靠画图的方式形成。由于选用的周期不同,宝塔线指标包括分钟宝塔线指标、日宝塔线指标、周宝塔线指标、月宝塔线指标和年宝塔线指标等,常用的是日宝塔线指标和周宝塔线指标。

以日宝塔线指标为例,其具体画法为:第一步,当市价上涨时,用白色空心棒体表示,而当市价下跌时,用黑色实心棒体表示;第二步,以某一日的收盘价作为基准价,每日依次将股票收盘价的涨跌画于图上;第三步,如果上一日市价是涨升的白色棒体,而次日下跌,市价未跌破上一日白色棒体低点的那一部分跌幅仍用白色棒体,跌破的部分用黑色棒体表示;第四步,如果上一日市价为下跌的黑色棒体,而次日上涨,市价未涨过上一日黑色棒体高点的那一部分涨幅仍用黑色棒体,涨过的部分用白色棒体表示。宝塔线的特征和画法与点状图类似,并非是记载每个周期的市价变动过程,而是在市价创新高或新低时,才予以记录,这点与K线的画法不同。由于目前股市技术分析软件上的宝塔线是由计算机自动生成的,因此,投资者不需自己画,这里主要是通过了解其计算过程进而熟悉宝塔线指标的原理。

▶ 3. 宝塔线指标的应用

宝塔线指标的一般判断标准主要集中在红绿棒线的状态、红绿棒线的转化及宝塔线与K线的配合使用等方面(在股市分析软件上,黑棒多用绿颜色代替、白棒多用红颜色代替)。以日宝塔线为例,其主要分析过程有:当市价由底部向上反转,宝塔线的红绿棒线进入翻红的状态时,说明市价开始上涨,投资者可适量介入;当市价在上升途中,只要宝塔线的红色棒线一直持续出现,说明市价一直维持强势上涨的态势,投资应坚决持股或逢低短线买入;当宝塔线维持红色棒线的时间很长并且市价短期内涨幅已经很大的情况时,投资者应密切关注宝塔线的状态,一旦宝塔线的红色棒线开始进入翻绿的状态时,说明市价的短期涨势可能结束;当市价在下跌途中,只要宝塔线的绿色棒线一直持续出现,说明市价一直维持弱势下跌的态势,投资者应坚决持币观望或逢高卖出;当市价在一定幅度的盘整区间中维持小翻红、小翻绿的状态时,只要这个盘整区间没有被突破,说明市价的整理态势没有结束,投资者可以选择持股或持币观望;当市价维持高位盘整,一旦出现实体很长的绿色棒线向下突破盘整的区间时,说明市价高位盘整的态势已经结束,将进入一个比较长时间的下跌行情,投资者应及时抛出股票;当市价在上升途中维持中低位整理,一旦出现实体很长的红色棒线向上突破整理区间时,说明市价中低位整理的态势已经结束,将进入一个快速的上涨行情,投资者应及时短线买入股票或持股待涨;当市价在下跌途中,宝塔线翻绿了一段时间后突然翻红,投资者应再观察几天,不可轻易买入,防止假突破现象。

10.3 超买超卖型指标

10.3.1 威廉指标

▶ 1. 威廉指标的含义及计算

威廉指标(WMS)是由拉里·威廉斯(Larry Williams)在1973年出版的《我如何赚得一百万》一书中首先发表,这个指标是一个震荡指标,依市价的摆动点来度量股票指数是否处于超买或超卖的状态。它通过衡量多空双方创出的峰值(最高价)距每天收市价的距离与一定时间内(如7天、14天、28天等)的市价波动范围的比例,提供股市趋势反转的信号。

威廉指标的计算公式如下：

$$\text{WMS} = \frac{H_n - C_t}{H_n - L_n} \times 100$$

式中，C_t 为当天的收盘价，H_n 和 L_n 为最近 n 日内（包括当天）出现的最高价和最低价。WMS 指标表示当天的收盘价在过去的一段日子的全部价格范围内所处的相对位置，WMS 有一个参数，那就是选择日数 n。WMS 指标表示当天的收盘价在过去的一段日子的全部价格范围内所处的相对位置。如果 WMS 的值比较大，则当天的价格处在相对较高的位置，要提防回落；如果 WMS 的值较小，则说明当天的价格处在相对较低的位置，要注意反弹；WMS 取值居中，在 50 左右，则价格上下的可能性都有。

▶ 2. 威廉指标的参数选择及应用

在 WMS 出现的初期，市场出现一次周期循环大约是 4 周，那么取周期的前半部分或后半部分，就一定能包含这次循环的最高值或最低值（见图 10-6）。因此，若 WMS 选的参数是 2 周，则这 2 周之内的 H_n 或 L_n 至少有一个成为顶价或底价。基于上述理由，WMS 的选择参数应该至少是循环周期的一半，然而，我国股市的循环周期目前还没有明确的共识，在应用 WMS 时，投资者应该多选择几个参数进行测试。

图 10-6　威廉指标

WMS 的操作法则也是从两个方面考虑：WMS 的绝对数值和 WMS 的曲线形状。

(1) 从 WMS 的绝对取值方面考虑。根据 WMS 的计算公式，取值为 0～100，以 50 为中轴将其分为上下两个区域。在上半区，WMS 大于 50，表示行情处于弱势；在下半区，WMS 小于 50，表示行情处于强势。当 WMS 高于 80，即处于超卖状态，行情即将见底，应当考虑买进。当 WMS 低于 20，即处于超买状态，行情即将见顶，应当考虑卖出。80 和 20 仅是一个经验数字，而不是绝对的，有些个别的股票可能要求比 80 大，也可能比 80 小，不同情况产生不同的买进线和抛出线，要根据具体情况在实战中不断探索。在盘整过程中，WMS 的准确性较高，而在上升或下降趋势当中，却不能仅以 WMS 超买超卖信号为依据来判断行情走势。

(2) 从 WMS 的曲线形状方面考虑。当 WMS 进入高位后，一般要回头，如果这时市价还继续上升，就产生背离，是卖出的信号。当 WMS 进入低位后，一般要反弹，如果这时市价还继续下降，就产生背离，是买进的信号。当 WMS 连续几次撞顶（底），局部形成双重或多重顶（底），则是卖出（买进）的信号。

改进的 WMS 指标超买超卖判断技巧：13 日 WMS、34 日 WMS、89 日 WMS 的三条 WMS 指标线全部低于－80，表示市场处于极端超卖状态，行情即将见长期底部。13 日 WMS、34 日 WMS、89 日 WMS 三条 WMS 指标线全部高于－20，表示市场处于极端超买状态，行情即将见长期顶部。三线合一及其脉冲现象的判断技巧：当三条 WMS 指标线在超买超卖区时，常常会产生三条线黏合成一条线的情况，这种现象发生的次数不多，一旦出现，市价就会产生重大转折。三条线在超卖区合一，可以确认为接近历史性的大底区域，三条线在超买区合一，可以确认为接近历史性的头部区域。在超买区三线合一时不一定会一次冲顶就形成头部顶端，有时会经过多次冲击后，才会到达头部的最尖峰。

改进的 WMS 指标趋势判断技巧：13 日 WMS 指标线较为敏感，图形上常常表现为剧烈波动，往往不具备趋势研判的作用；34 日 WMS 指标线可用于中期趋势的判断，当 34 日 WMS 指标向上运行时表示中期趋势向好，34 日 WMS 指标向下运行时表示中期趋势向淡；当仅仅是 34 日 WMS 指标提示后市向好时，以 34 日 WMS 指标和 89 日 WMS 指标的趋势判断作为短线操盘的依据可以迅速提高短期交易的成功率。根据经验判断，为了提高准确性，可以在威廉指标 2～4 次触顶时卖出，2～4 次触底时买进。

10.3.2 KDJ 指标

▶ 1. KDJ 的含义及计算

KDJ 指标又叫随机指标，是由乔治·蓝恩博士（George Lane）最早提出的，是一种新颖、实用的技术分析指标。KDJ 指标起先用于期货市场的分析，后被广泛用于股市的中短期趋势分析，是期货和股票市场上最常用的技术分析工具之一。KDJ 指标主要是利用价格波动的真实波幅来反映价格走势的强弱和超买超卖现象，在价格尚未上升或下降之前发出买卖信号的一种技术工具。KDJ 指标在设计过程中主要用于研究最高价、最低价和收盘价之间的关系，同时也融合了动量观念、强弱指标和移动平均线的一些优点，因此，能够比较迅速、快捷、直观地判断行情。

根据统计学的原理，通过一个特定的周期（常为 9 日、9 周等）内出现过的最高价、最低价、最后一个计算周期的收盘价，以及三者之间的比例关系，来计算最后一个计算周期的未成熟随机值 RSV，然后根据平滑移动平均线的方法来计算 K 值、D 值与 J 值，连接无数个这样的点位，就形成一个完整的、能反映价格波动趋势的 KDJ 指标。以日 KDJ 数值的计算为例，未成熟随机值 RSV 的计算公式如下：

$$n 日 RSV = \frac{C_n - L_n}{H_n - L_n} \times 100$$

式中，C_n 为第 n 日收盘价；L_n 为 n 日内的最低价；H_n 为 n 日内的最高价；RSV 值始终在 1～100 间波动。K 值、D 值、J 值的计算公式如下：

当日 K 值 $= \frac{2}{3} \times$ 前一日 K 值 $+ \frac{1}{3} \times$ 当日 RSV

当日 D 值 $= \frac{2}{3} \times$ 前一日 D 值 $+ \frac{1}{3} \times$ 当日 K 值

J 值 $= 3 \times$ 当日 K 值 $- 2 \times$ 当日 D 值

式中，1/3 为平滑因子，初始的 K 值、D 值可以用当日的 RSV 值或以 50 代替。在使用 KD 指标时,往往称 K 指标为快指标,D 指标为慢指标。K 指标反应敏捷,但容易出错;D 指标反应稍慢,但稳重可靠。

▶ 2. KDJ 指标的应用

KDJ 指标是三条曲线,在应用时主要从 5 个方面进行考虑:KD 取值的绝对数字、KD 曲线的形态、KD 指标的交叉、KD 指标的背离、J 指标的取值大小(见图 10-7)。

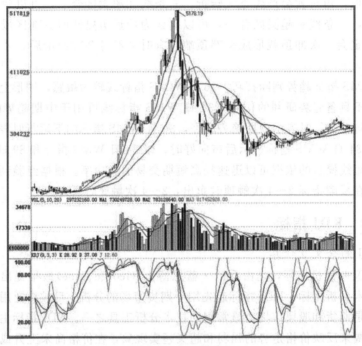

图 10-7　KDJ 指标

(1) 从 KD 的取值方面考虑。KD 的取值范围都是 0~100,将其划分为几个区域:超买区、超卖区和徘徊区。按一般的划分法,80 以上为超买区,20 以下为超卖区,其余为徘徊区。根据这种划分,KD 超过 80 就应该考虑卖出,低于 20 就应该考虑买入。这种操作很简单,同时又很容易出错,完全按这种方法进行操作很容易导致损失。大多数对 KD 指标了解不深入的人,以为 KD 指标的操作就限于此,故而对 KD 指标的作用产生误解。应该说明的是,上述对 0~100 的划分只是一个应用 KD 指标的初步过程,仅仅是信号。

(2) 从 KD 指标曲线的形态方面考虑。当 KD 指标在较高或较低的位置形成了头肩形和多重顶(底)时,是采取行动的信号。注意这些形态一定要在较高位置或较低位置出现,位置越高或越低,结论越可靠、越正确。对于 KD 的曲线也可以画趋势线,以明确 KD 的趋势。在 KD 的曲线图中,仍然可以引进支撑和压力的概念,某一条支撑线和压力线被突破,也是采取行动的信号。

(3) 从 KD 指标的交叉方面考虑。K 与 D 的关系就如同市价与移动平均线的关系一样,也有死亡交叉和黄金交叉的问题,不过这里交叉的应用是很复杂的,还附带很多其他条件。以 K 从下向上与 D 交叉为例进行介绍。K 上穿 D 是金叉,为买入信号,这是正确的,但是出现了金叉是否应该买入,还要参考其他条件。第一个条件是金叉的位置应该比较低,是在超卖区的位置,越低越好;第二个条件是与 D 相交的次数,有时在低位,K、

D要来回交叉好几次,交叉的次数以2次为最少,越多越好;第三个条件是交叉点相对于KD线低点的位置,这就是常说的"右侧相交"原则。

(4) 从KD指标的背离方面考虑。简单地说,背离就是走势的不一致。当KD处在高位或低位,如果出现与市价走向的背离,则是采取行动的信号。当KD处在高位,并形成两个依次向下的峰,而此时市价还在一个劲地上涨,这叫顶背离,是卖出的信号;与之相反,KD处在低位,并形成一底比一底高,而市价还继续下跌,这构成底背离,是买入信号。

(5) J指标取值超过100和低于0,都属于价格的非正常区域,大于100为超买,小于0为超卖。

10.3.3 相对强弱指标

▶ 1. 相对强弱指标的含义及计算

相对强弱指标(relative strength index,RSI)由韦尔斯·王尔德首创,通过比较一段时期内的平均收盘涨数和平均收盘跌数来分析市场买沽盘的意向和实力,从而推测价格未来的变动方向,并根据市价涨跌幅度显示市场的强弱。

RSI的参数是天数,即考虑的时间长度,一般有5日、9日、14日等,这里的5日与移动平均线中的5日线是截然不同的。下面以14日为例,具体介绍RSI(14)的计算方法。首先找到包括当天在内的连续15天的收盘价,用每一天的收盘价减去上一天的收盘价,会得到14个数字,这14个数字中有正(比上一天高)有负(比上一天低)。A为14个数字中正数之和,B为14个数字中负数之和乘以负1;A和B都是正数,这样就可以算出RSI(14)。RSI(14)的计算公式如下:

$$\text{RSI}(14) = \frac{A}{A+B} \times 100$$

式中,A表示14天中市价向上波动的大小;B表示向下波动的大小;$A+B$表示市价总的波动大小。RSI实际上表示向上波动的幅度占总的波动的百分比,如果占的比例大就是强市,否则就是弱市。很显然,RSI的计算只涉及收盘价,并且可以选择不同的参数,RSI的取值为0~100。

▶ 2. 相对强弱指标RSI的应用

不同参数的两条或多条RSI曲线的联合使用同移动平均线一样,天数越多的RSI考虑的时间范围越大,结论越可靠,但速度慢,这是无法避免的。参数小的RSI称为短期RSI,参数大的称为长期RSI,这样,两条不同参数的RSI曲线的联合使用法则可以完全照搬两条移动平均线的使用法则,即多头市场中短期RSI>长期RSI,空头市场中短期RSI<长期RSI,当然,这两条只是参考,不能完全照搬操作。

根据RSI取值的大小判断行情,将100分成四个区域,根据RSI的取值落入的区域进行操作,划分区域的方法如表10-1所示。极强与强的分界线和极弱与弱的分界线是不明确的,即这两个区域之间不能画一条截然分明的分界线,这条分界线实际上是一个区域。在其他的技术分析书籍中,看到的30、70或者15、85,这些数字实际上是对这条分界线的大致的描述。应该说明的是,这条分界线位置的确定与两个因素有关:第一是与RSI的参数有关,不同的参数,其区域的划分就不同。一般而言,参数越大,分界线离中心线50

就越近，离 100 和 0 就越远。第二是与选择的股票有关，不同的股票，由于其活跃程度不同，RSI 所能达到的高度也不同。一般而言，越活跃的股票，分界线离 50 就应该越远；越不活跃的股票，分界线离 50 就越近。随着 RSI 的取值超过 50，表明市场进入强市，可以考虑买入，但是物极必反，量变引起质变都是对这个问题很好的说明。

表 10-1　RSI 指标的参考值

RSI 值	市 场 特 征	投 资 操 作
80～100	极强	卖出
50～80	强	买入
20～50	弱	卖出
0～20	极弱	买入

根据 RSI 的曲线形状判断行情(见图 10-8)，当 RSI 在较高或较低的位置形成头肩形和多重顶(底)，是采取行动的信号。这些形态一定要出现在较高位置和较低位置，离 50 越远越好，越远结论越可靠，出错的可能就越小。RSI 在一波一波的上升和下降中，也会提供画趋势线的机会，这些起着支撑线和压力线作用的切线一旦被突破，就是采取行动的信号。

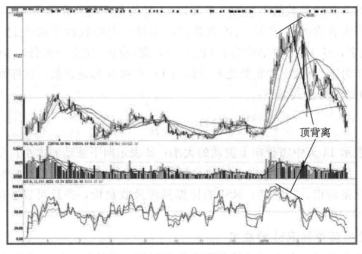

图 10-8　RSI 指标

根据 RSI 与市价的背离方面判断行情，当 RSI 处于高位，并形成一峰比一峰低的两个峰，而此时，市价却对应的是一峰比一峰高，这叫顶背离。市价这一涨是最后的衰竭动作（如果出现跳空就是竭尽缺口），是比较强烈的卖出信号。与这种情况相反的是底背离，RSI 在低位形成两个依次上升的谷底，而市价还在下降，这是最后一跌或者说是接近最后一跌，是可以开始建仓的信号。相对而言，用 RSI 与市价的背离来判断行情较为有效。

10.3.4　乖离率指标

▶ 1. 乖离率指标的含义及计算

乖离率(BIAS)简称 Y 值也叫偏离率，是反映一定时期内市价与其移动平均线数偏离程度的指标。移动平均数一般可视为某一时期内买卖双方都能接受的均衡价格，因此，市价距离移动平均线太远时，会重新向平均线靠拢。乖离率主要用来预警市价的暴涨和暴跌引发的行情逆转，即当市价在上方远离移动平均线时，就可以卖出；当市价在下方远离移动平均线时，就可以买进。

乖离率指标就是通过测算市价在波动过程中与移动平均线出现的偏离程度，从而得出市价在剧烈波动时因偏离移动平均趋势可能形成的回档或反弹。乖离率是描述市价与市价移动平均线的远近程度，BIAS的计算公式及参数设定如下：

$$n\text{日乖离率}100 = \frac{\text{当日收盘} - n\text{日移动平均价}}{n\text{日移动平均价}} \times 100\%$$

$$\text{BIAS}(n) = \frac{C_n - \text{MA}(n)}{\text{MA}(n)} \times 100\%$$

式中，分子为市价(收盘价)与移动平均线的绝对距离，可正可负，除以分母后，就是相对距离。移动平均价为1元时相差0.1元，与移动平均价为10元时相差0.1元是很不相同的，所以在一定场合要用相对距离，不应仅考虑绝对距离。BIAS的公式中仅含有一个参数项，即MA，这样，MA的参数就是BIAS的参数，即乖离率的参数就是移动平均价的参数，也就是天数。参数大小的选择首先影响MA，其次影响BIAS，一般来说，参数选得越大，则允许市价远离MA的程度就越大。例如，参数为5时，可能认为BIAS到了4%市价就该回头了；而参数为10时，则必须等到BIAS超过4%，例如到了7%才认为市价该回头。

▶ 2. 乖离率指标的应用

BIAS的原理是物极必反，即离得太远了就该回头，因为市价总是要向趋势线靠拢，这主要是由人们的心理因素造成的。另外，经济学中价格与需求的关系也是产生这种向心力作用的原因。市价低，需求就大，需求一大，供不应求，市价就会上升；反之，市价高，需求就小，供过于求，市价就会下降，最后达到平衡，平均位置就是中心。BIAS的应用法则主要是从三个方面考虑。

(1) 从BIAS的取值大小方面考虑。这是产生BIAS的最初想法，找到一个正数或负数，只要BIAS超过这个正数，就应该感到危险而考虑抛出；只要BIAS低于这个负数，就感到机会可能来了而考虑买入。问题的关键就成了如何找到这个正数或负数，它是采取行动与静观等待的分界线。这条分界线与三个因素有关：①BIAS选择的参数的大小；②选择的是哪只股票；③不同的时期，分界线的高低也可能不同。一般来说，参数越大，采取行动的分界线就越大；股票越活跃，选择的分界线也越大。

根据具体情况对参数进行适当的调整，例如，BIAS(5)＞3.5%、BIAS(10)＞5%、BIAS(20)＞8%和BIAS(60)＞10%是卖出时机；BIAS(5)＜－3%、BIAS(10)＜－4.5%、BIAS(20)＜－7%和BIAS(60)＜－10%是买入时机。因此，正数和负数的选择不是对称的，一般来说，正数的绝对值要比负数的绝对值大一些，如|3.5|＞|－3|、|5|＞|－4.5|等，这种正数的绝对值偏大是进行分界线选择的一般规律。如果遇到由于突发的利多或利空消息而产生市价暴涨暴跌的情况，以上的参考数字肯定不管用，应该考虑别的应急措施。经有关人员的经验总结，当出现暴涨暴跌时，对于综合指数，BIAS(10)＞30%为抛出时机，BIAS(10)＜－10%为买入时机；对于个股，BIAS(10)＞35%为抛出时机，BIAS(10)＜－15%为买入时机。

(2) 从 BIAS 的曲线形状方面考虑。BIAS 形成从上到下的两个或多个下降的峰，而此时市价还在继续上升，则这是抛出的信号。BIAS 形成从下到上的两个或多个上升的谷，而此时市价还在继续下跌，则这是买入的信号。

(3) 将两条 BIAS 线结合考虑。当短期 BIAS 在高位下穿长期 BIAS 时，是卖出信号；当短期 BIAS 在低位上穿长期 BIAS 时，是买入信号。

10.4 人气型指标

10.4.1 意愿指标

股票市场的每一个交易日都要进行多空双方的较量，多空双方的争斗也是从某一个基点水平（均衡价位）开始的。市价在这个基点水平的上方，说明多方处于优势；反之，市价若处于这个基点水平的下方，则说明空方处于优势，因此，正确、恰当地找到这个基点水平是非常重要的。这里介绍的这三个技术指标——人气指标（AR）、买卖意愿指标（BR）和中间意愿指标（CR）是描述多空双方力量对比的方法之一，它们从不同的角度对多空双方的力量进行了描述，效果各有千秋，应用时应当结合使用。

AR、BR 和 CR 这三个技术指标从各自不同的角度选择了基点水平，也就是多空双方处于均衡的价位水平。AR、BR 和 CR 的构造原理是相同的，都是用距离基点水平或均衡价位的远近描述多空的实力，远的就强，近的就弱。三者不同的是基点水平或者说是均衡价位的选择不同，这种选择的不同不会导致很严重的偏离和误断，AR、BR 和 CR 的结合使用可以互相弥补各自的不足。

▶ 1. 人气指标

人气指标 AR 又称买卖气势指标，是反映市场当前情况下多空双方争斗结果的指标之一。市场人气旺则多方占优，买入活跃，则市价上涨；反之，人气低落，交易稀少，人心思逃，则市价就会下跌。AR 选择的市场均衡价值（多空双方都可以接受的暂时定位）是每一个交易日的开盘价，选择开盘价作为均衡价位是有一定道理的，尽管这种选择法有不合理的成分。由于目前实行的是集合竞价产生开盘价，这使得以开盘价作为当日多空双方正式开始进行战斗的均衡起点更具有实际意义。AR 指标选择了以开盘价作为多空双方事先业已接受的均衡价位，简化了多空双方在争斗中的演变过程，以最高价到开盘价的距离描述多方向上的力量，以开盘价到最低价的距离描述空方向下的力量。AR 指标的计算公式和参数如下：

$$多方强度 = H - O$$
$$空方强度 = O - L$$

式中，H 为当日的最高价；L 为当日的最低价；O 为当日的开盘价。

仅仅使用一天的多空双方的强度可能具有偶然性和片面性，在对当前多空力量对比进行研究时，应该考虑得广泛些，包括的天数应该多一些。选择多少天的多空强度进行比较是人为选择的问题，选择的天数就是 AR 指标的参数。例如，参数为 26 的 AR 指标，其计算公式如下：

$$AR(26) = P_1/P_2 \times 100$$

式中，P_1 为 26 天多方强度的总和；P_2 为 26 天空方强度的总和；AR 表示这 26 天以来多空双方总的强度的比值。AR 越大表示多方的强度大，AR 越小表示空方的强度大，多空双方谁强谁弱的分界线是 100，100 以上是多方占优，100 以下是空方占优，正好是 100 说明多空双方力量相等。对 AR 的应用要注意从以下三个方面考虑。

（1）从 AR 的取值方面看大势所处的状态。AR 指标是以 100 为分界线区分多空双方强度的，一般来说，当 AR 指标的取值在 100 附近徘徊时，说明大势处于多空基本平衡的局面；当 AR 取值在 80~120 时，行情处于盘整状态。在多头市场里，AR 的取值几乎都在 100 以上，并且随着多方强度的不断增加，AR 的取值会不断地上升。同别的指标一样，物极必反，当 AR 上升到一定的程度就应该考虑获利了结的问题了。根据经验，当 AR 的取值大于 150 时，就应该有"可能要回头"的意识，150 这个数字不是万能的，应该根据选择的参数和所买入的股票对 150 进行修正。在空方市场里，AR 的取值在大多数情况下低于 100，随着空方力量的增大，AR 的取值会不断下降。根据经验，当 AR 取值小于 60 时，就应该想到要介入的问题，同样，60 这个数字也是需要根据具体情况调整的。

（2）从 AR 与市价的背离方面看趋势。同大多数技术指标一样，AR 指标也有领先市价达到峰顶和谷底的功能，这就为应用背离原则提供了方便。一般来说，AR 到达极高并回头时，如果市价还在上涨，这就是进行获利了结的信号；如果 AR 达到低谷时并回头向上，而市价还在继续下跌，就是介入股市的时机。

（3）应用 AR 指标应该注意的事项。几乎对每一个技术指标都适用的准则：当指标第一次到达该采取行动的区域时，所冒的风险是很大的，技术指标在这个时候极容易出现错误；只有等到指标第二次或更多次进入采取行动的区域，才能大大地增加取胜的机会。

▶ 2. 买卖意愿指标

买卖意愿指标 BR 也是反映当前情况下多空双方相互较量结果的指标之一，其基本原理与 AR 指标相同，两者的差别是选择多空双方的均衡点不同，AR 指标是以当日的开盘价为均衡价位，而 BR 指标选择的是前一日的收盘价。BR 选择前一日的收盘价作为均衡点，不仅极大地反映了当天多空双方的战斗结果，更为重要的是，还能反映收盘后多空双方由于积蓄了隔了一日所产生的力量而引起的向上和向下跳空的缺口。从这个意义上讲，BR 比 AR 指标更能全面地反映股市中的暴涨暴跌，而 AR 指标损失了开盘后跳空的信息。BR 指标的计算公式和参数如下：

$$多方强度 = H - YC$$
$$空方强度 = YC - L$$

式中，H、L 为今日的最高价与最低价；YC 为昨日的收盘价。同 AR 指标一样，为了避免偶然性和片面性，选择多空双方多日的力量对比，选择的天数就是 BR 指标的参数。例如，以 26 为参数，BR 指标的计算公式如下：

$$BR(26) = P_1/P_2 \times 100$$

式中，P_1 为 26 天多方强度的总和；P_2 为 26 天空方强度的总和。BR 指标越大，则多方力量越强；BR 指标越小，空方力量越大。双方的分界线是 100，100 以上是多方优势，100 以下是空方优势。对 BR 指标的应用主要是从以下三个方面进行考虑。

(1) 从 BR 的取值方面看大势所处状态。由 BR 的定义就可看出，BR 取值在 100 附近则多空双方力量相当；BR 取值越大，多方优势越大；BR 取值越小，空方优势越大。一般来说，BR>300 时，应注意市价的回头向下；BR<40 时，应注意市价的向上反弹；当 BR 取值为 70～150 时，认为股市处于整理阶段，多空双方的力量至多是一方稍占优势，70～150 是经验上的界限，要根据对具体的情况进行调整。当 BR 指标处于盘整局面时，从形态学的角度来看，市价的走势也呈现持续整理的形态，应该根据形态学的知识对此时的情况加以判断。

(2) 从 BR 指标与市价的背离方面看趋势。BR 指标有领先市价达到峰顶和谷底的功能，这就是背离原则的应用基础。BR 达到峰顶并回头向下时，如果市价还在上涨，这就形成了背离，是比较强的获利了结信号。BR 达到谷底并回头向上时，这也是背离，是比较强的买入信号，应该考虑介入股市了。另外，BR 形成两个依次下降的峰，而市价却形成两个依次上升的峰，这也是顶背离，也应考虑获利了结。同理，BR 形成两个依次上升的谷底，而市价是两个依次下降的谷底，这又是底背离，是介入股市的信号。

(3) 将 AR 指标和 BR 指标结合使用。一般而言，BR 指标的取值比 AR 大一些，上下波动的范围要大一些，从图形上看，BR 指标总在 AR 指标的上方或总在 AR 指标的下方。AR 指标可以单独使用，而 BR 指标一般应与 AR 结合使用，这是因为 BR 指标有时上下波动幅度太大，不好掌握，而 AR 指标不存在这个问题。如果 AR、BR 都急剧上升，则说明市价离顶峰已经不远了，持股者应考虑获利了结。如果 AR 被 BR 从上往下穿破，并且处在低位，则是逢低价买进的信号。如果 BR 急剧上升，而 AR 指标未配合上升，而是盘整或小回，是逢高出货的信号。

▶ 3. 中间意愿指标

中间意愿指标 CR 是与 AR 指标和 BR 指标极为类似的指标，计算公式相似，构造原理相同，应用法则也相似，区别只是在均衡点取值的大小上有些不同，应用时掌握的界限不同。CR 指标找到多空双方的均衡点是昨日中间价，既不像 AR 指标用今日开盘价，也不像 BR 指标用昨日收盘价。为避免 AR 指标和 BR 指标的不足，在选择多空双方均衡点时，CR 指标采用了中间价。每日多空双方的力量是用 CR 指标来描述，计算公式如下：

$$多方强度 = H - YM$$
$$空方强度 = YM - L$$

式中，H 为今日的最高价；L 为今日的最低价；YM 为昨日（上一个交易日）的中间价。在计算 CR 时，为了避免由于某一天的意外情况产生的偶然性和片面性，考虑一定时间内的多方和空方力量的对比，选择的天数就是 CR 指标的参数，参数是可以人为选择的。例如，以 26 天为参数，CR 指标的计算公式如下：

$$CR(26) = P_1 / P_2 \times 100$$

式中，P_1 为 26 天以来多方力量的总和了 P_2 为 26 天以来空方力量的总和。

CR 指标的构造原理和方法与 AR 指标和 BR 指标是相同的，CR 指标的上升和下降反映的也是多空双方力量的消长；反之，多空双方力量对比的变化，也会在 CR 指标取值的大小上得到体现。总体来说，CR 指标的应用法则与 AR 指标和 BR 指标是相似的，有关 AR 指标和 BR 指标的应用法则的叙述都适用于 CR 指标。对 CR 指标的应用要从以下两个方面考虑。

(1) 从 CR 指标的取值方面考虑。当 CR 指标的取值低于 90 时，买入一般较为安全，但应该同时参考 AR、BR 两个指标，90 这个数字也是个参考。当 CR 出现负值时，将负值的 CR 一律当成 0，CR 指标越低，买入就越安全。

（2）从 CR 指标的形态方面及背离方面考虑。这两个方面其实是相通和相似的，与其他的指标一样，只要形成指标与市价在底部和顶部的背离，都是采取行动的信号。

CR 指标比 BR 指标更容易出现负值，当出现负值时，最简单的方法就是将负值的 CR 指标一律当成 0。在 K 线理论中已经介绍，上影线越长越不利于上升，下影线越长越不利于下降，而在这三个指标中，上下影线越长，都是利于同方向运动的，因为该指标认为下影线越长说明空方力量越强，上影线越长说明多方力量越强。这些指标的基本出发点与 K 线理论中的结果产生了矛盾，这是在应用 AR、BR 和 CR 指标时应该注意的问题。

10.4.2 心理线指标

▶ 1. 心理线指标的含义及计算

心理线（psychological line，PSY）是一种建立在研究投资者心理趋向基础上，将某段时间内投资者倾向买方还是卖方的心理与事实转化为数值，形成人气指标并作为买卖股票的参数，即从股票投资者买卖趋向的心理方面，对多空双方的力量对比进行探索。PSY 的计算公式及参数如下：

$$\text{PSY}(n) = A/N \times 100$$

式中，n 为天数，是 PSY 的参数；A 为这 n 天之中市价上涨的天数。例如，$n=10$，10 天之中有 3 天上涨，7 天下跌，则 $A=3$，$\text{PSY}(10)=30$。这里的上涨和下跌的判断是以收盘价为准的，今天的收盘价如果比上一天的收盘价高，则今天就定为上涨；比上一天的低，则今天就定为下降。

从 PSY 的表达式中可以看出，PSY 是指近一段时间内，上涨的天数在 n 天内所占的比率，可以简单地认为上涨是多方的力量，下跌是空方的力量，则 PSY 以 50 为中心，50 以上是多方市场，50 以下是空方市场，因此，多空双方力量的对比就这样被简单地描述出来了。为了便于计算，一般选择参数为 10 或大于 10，参数选得越大，PSY 的取值范围越集中，就越平稳；反之，参数选得越小，PSY 取值范围上下的波动就越大。

▶ 2. 心理线指标的应用规则

在盘整局面，PSY 的取值应该在以 50 为中心的附近，上下限一般定为 25 和 75。当 PSY 取值为 25～75 时，这说明多空双方基本处于平衡状态，如果 PSY 的取值超出了这个平衡状态，就是超卖或超买。若 PSY 的取值过高或过低，都是投资者行动的信号，一般而言，当 PSY<10 或 PSY>90 的极端局面出现，就可以不考虑别的因素而直接采取买入和卖出行动。当 PSY 的取值第一次进入采取行动的区域时，往往容易出错，要等到第二次出现行动信号时才保险，这一条本来是对全部技术分析方法都应该说明的，但对 PSY 来说尤为重要。投资者几乎每次行动都要求 PSY 进入高位或低位两次才能真正称得上是安全的，第一次低于 25 或高于 75 就采取买入或卖出行动，一般都会出错。PSY 的曲线如果在低位或高位出现大的 W 底或 M 头，这也是买入或卖出的行动信号。在通常情况下，PSY 线要与市价曲线配合使用，这样更能从市价的变动中了解超买或超卖的情形，背离现象在 PSY 中也是适用的。

10.5 大势型指标

10.5.1 腾落指数

▶ 1. 腾落指数的含义及计算

腾落指数 ADL 是以股票每天上涨或下跌的家数作为计算与观察的对象,以此了解股市人气的盛衰,探测大势内在的动量是强势还是弱势,是判断股市未来动向的技术性指标。腾落指数即上升、下降曲线的意思,它利用简单的加减法计算每天股票上涨家数和下降家数的累积结果,与综合指数相互对比,对大势的未来进行预测。

先假设已经知道了上一个交易日的 ADL 的取值,然后计算今日的 ADL 的值。如果今日所有股票中上涨的共有 NA 家,下降的共有 ND 家,持平的为 M 家,这里涨跌的判断标准是以今日收盘价与上一日收盘价相比较,这样今天的 ADL 值计算公式如下:

$$今日 ADL = 昨日 ADL + NA - ND$$

进而可以推导出:

$$今日 ADL = \sum NA - \sum ND$$

式中,$\sum NA$ 是从开始交易的第一天算起,每一个交易日的上涨家数的总和;$\sum ND$ 是从开始交易的第一天算起,每一个交易日的下跌家数的总和。

▶ 2. 腾落指数的应用法则和注意事项

腾落指数与股价指数比较类似,两者均为反映大势的动向与趋势,不对个股的涨跌提供信号,但由于股价指数在一定情况下受制于权值大的个股,当这些个股发生暴涨与暴跌时,股价指数有可能反应过度,从而给投资者提供不实的信息,腾落指数则可以弥补这一不足。由于腾落指数与股价指数的关系比较密切,分析时应将两者结合考虑(见图 10-9)。投资者应用 ADL 指标时应注意以下三点:第一,ADL 的应用重在相对走势,并不看重取值的大小;第二,ADL 只适用于对大势未来走势变动的参考,不能对选择股票提出有益的帮助;第三,ADL 不能单独使用,要与市价曲线结合使用才能显示出作用。股价指数是根据股价和股本进行计算的,这样使得高股价与大股本额股票(一般为主流股)的升跌在指数计算中所占比例重大,而腾落指数把每种股票都作为股市的一个分子,通过两者的结合分析可以看出股市的走势。

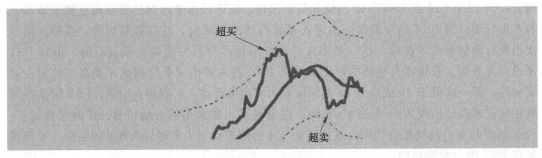

图 10-9 ADL 指标

(1) ADL 曲线与股市大势指数曲线的同步走势。ADL 曲线与股市大势指数曲线同步上升，并创新高，则可以判断大势的上升趋势将继续，大势短期内向下反转的可能性不大；ADL 曲线与股市大势指数曲线同步下跌，并创新低，则可以判断大势的下降趋势将继续，大势短期内向上反转的可能性不大。在长期上涨的多头市场里，当 ADL 曲线呈长期上升趋势，其间如果突然出现急速下跌的现象，接着又立即掉头向上，并创下新高，同时股市大势指数曲线也呈相似走势时，则表示多方力量很强大，行情有可能再次向上，再创新高。在长期下跌的空头市场里，当 ADL 曲线呈长期下跌趋势，其间如果突然出现急速上升的现象，接着又立即掉头向下，并创下新低，同时股市大势指数曲线也呈相似走势时，则表示空方力量很强大，行情有可能再次向下，再创新低。

(2) ADL 曲线与股市大势指数曲线的相反走势。在长期上涨的多头行情里，如果股市大势指数已经进入高位时，而 ADL 曲线并没有同步上升，而是开始走平或下降，这是大势的向上趋势可能结束的信号；在长期下跌的空头行情里，如果股市大势指数已经进入低位时，而 ADL 曲线并没有同步下跌，而是开始走平或调头上升，这是大势的向下趋势可能进入尾声的信号。股市大势指数从高点回落，整理后再度上涨，并接近前期高点或创新高后，而 ADL 曲线却盘桓不前或无法冲过前期高点时，说明大势随时有向下反转的可能。股市大势指数从低点反弹，反弹后再度下跌，并接近前期低点或创新低后，而 ADL 曲线却无法跌破前期低点并走平或向上掉头时，说明大势的跌势可能已有转机，随时可能向上反弹。

10.5.2 涨跌比指标

▶ 1. 涨跌比指标的含义及计算

涨跌比指标(advance/decline ratio，ADR)即上升下降比，由于与 ADL 有一定的联系（见图 10-10），所以 ADR 又称为回归式腾落指数。ADR 指标根据股票的上涨家数和下跌家数的比值推断股票市场多空双方力量的对比，进而判断股票市场的实际情况。

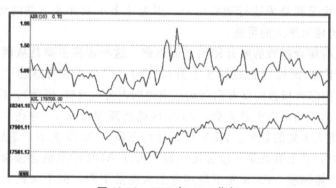

图 10-10 ADR 与 ADL 指标

ADR 的图形以 1 为中心上下波动（见图 10-11），波动幅度取决于参数的选择，参数选择得越小，ADR 波动的空间就越大，曲线的起伏就越剧烈；参数选择得越大，ADR 波动的幅度就越小，曲线上下起伏越平稳。ADR 的计算公式和参数如下：

$$\mathrm{ADR}(n) = P_1/P_2$$

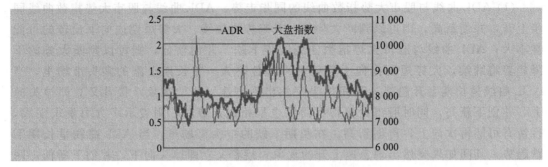

图 10-11 ADR 指标

式中，n 为选择的天数，即 ADR 的参数；P_1 与 P_2 的计算公式如下：

$$N\ 日内股票上涨家数之和：P_1 = \sum NA$$

$$N\ 日内下跌家数之和：P_2 = \sum ND$$

选择几天的股票上涨和下跌家数的总和，目的是避免某一天的特殊表现而误导投资者的判断。参数的选择没有一定之规，完全由人为决定，不过参数的选择很重要，选得过大或过小都会影响 ADR 的作用，目前比较常用的参数为 5、10、25。ADR 的图形是在 1 附近来回波动的，波动幅度的大小以 ADR 的取值为准。影响 ADR 取值的因素很多，主要是公式中分子和分母的取值。参数选择得越小，ADR 上下波动的空间就越大，曲线的起伏就越剧烈；参数选得越大，ADR 上下波动的幅度就越小，曲线上下起伏越平稳，这一点同大多数技术指标是一致的。

▶ 2．涨跌比指标的应用法则和注意事项

（1）从 ADR 的取值看大势。ADR 的取值是 0 以上，从理论上讲，ADR 的取值可以取得很大，但实际情况中 ADR＞3 都很困难。一般来说，由 ADR 的取值可以把大势分成几个区域，ADR 取值为 0.5～1.5 是 ADR 处在常态的状况，多空双方都不占大的优势，这个区域是 ADR 取值较多的区间。超过了 ADR 常态状况的上下限，就是非常态的状况，ADR 进入非常态状况就是采取行动的信号，因为这表示上涨或下跌的势头过于强烈了，有些不合理，市价将有回头的可能。

（2）从 ADR 与综合指数的配合使用方面观察。这种观察主要是从两方面进行：一方面是 ADR 上升（下降）而综合指数同步上升（下降），综合指数将继续上升；另一方面是 ADR 上升（下降）而综合指数向反方向移动，则短期内会有反弹（回落），这是背离现象。

（3）从 ADR 曲线的形态上看大势。ADR 从低向高超过 0.5，并在 0.5 上下来回移动几次，就是空头进入末期的信号。ADR 从高向低下降到 0.75 之下，是短期反弹的信号。在多头市场开始时，在上升的第一段和第二段，可能 ADR 的取值会极快地增加，应用时应注意常态的上下限调整。ADR 先下降到常态状况的下限，但不久就上升并接近常态状况的上限，则说明多头已具备足够的力量将综合指数拉上一个台阶。

（4）ADR 常态状况的上下限的取值是可能变化的。不同参数的上下限也不同，一般来说，参数越大，上下限离 1 越近；参数越小，上下限离 1 越远。ADR 是以 1 作为多空双方的分界线的。

（5）由于 ADR 选择的是多空双方力量相除来表示力量对比，所以 ADR 距离 1 的远近不能用惯用的绝对数衡量。例如，0.5 与 1 的距离并不等于 1.5 与 1 的距离，这一点在 AR 指标中也有类似的问题，在对 ADR 中某些数字进行调整时，应注意等距的问题。

10.5.3 布林线指标

▶ 1. 布林线的含义及指标原理

布林线指标 BOLL 由约翰·布林先生提出，利用统计原理求出市价的标准差及其信赖区间，从而确定市价的波动范围及未来走势，利用波状带（市价波动在上限和下限的区间）显示市价的安全高低价位，这条带状区的宽窄将随着市价波动幅度的大小而变化，市价涨跌幅度加大时，带状区变宽，涨跌幅度狭小盘整时，带状区则变窄（见图 10-12）。BOLL 指标是根据统计学中的标准差原理，设计出来的一种非常简单实用的技术分析指标，一般而言，市价的运动总是围绕某一价值中枢（如均线、成本线等）在一定的范围内变动，布林线指标正是在上述条件的基础上，引入了"市价信道"的概念，认为市价信道的宽窄会随着市价波动幅度的大小而变化，而且市价信道又具有变异性，它会随着市价的变化而自动调整。

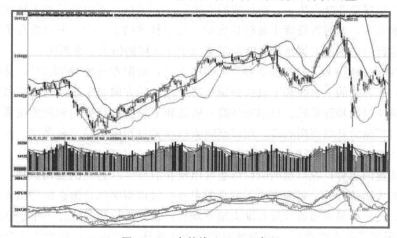

图 10-12 布林线 BOLL 示意图

▶ 2. 布林线指标的计算

布林线指标的计算引用了统计学中标准差概念，涉及中轨线（MB）、上轨线（UP）和下轨线（DN）的计算，另外，由于选用的计算周期不同，BOLL 指标也包括日 BOLL 指标、周 BOLL 指标、月 BOLL 指标、年 BOLL 指标及分钟 BOLL 指标等各种类型。尽管计算周期取值有所不同，但其计算方法是一致的，此处以日 BOLL 指标的计算为例。

(1) 计算移动平均值 MA，计算公式如下：

$$MA = n \text{ 日内的收盘价之和} \div n$$

(2) 计算标准差 MD，计算公式如下：

$$MD = \sqrt{\sum_{i=1}^{n}(C_i - MA_i)^2 / n}$$

(3) 计算 MB、UP、DN，计算公式如下：

$$MB = (n-1) \text{日的 MA}$$
$$UP = MB + 2MD$$
$$DN = MB - 2MD$$

在股市分析软件中，BOLL 指标一共由四条线组成，即上轨线 UP、中轨线 MB、下轨线 DN 和价格线，其中，上轨线 UP 是 UP 数值的连线，用黄色线表示；中轨线 MB 是 MB 数值的连线，用白色线表示；下轨线 DN 是 DN 数值的连线，用紫色线表示；价格线是以美国线表示，颜色为浅蓝色。

▶ 3. 布林线指标的应用

BOLL 指标的实战技巧主要集中在 K 线与其上、中、下轨之间的关系，以及布林线的开口和收口的状况等方面，该指标可以用于发现市场的买卖信号和持股持币信号。当布林线的上、中、下轨线同时向上运行时，表明市价强势特征非常明显，市价短期内将继续上涨，投资者应坚决持股待涨或逢低买入。当布林线的上、中、下轨线同时向下运行时，表明市价的弱势特征非常明显，市价短期内将继续下跌，投资者应坚决持币观望或逢高卖出。当布林线的上轨线向下运行，而中轨线和下轨线却还在向上运行时，表明市价处于整理态势之中，如果市价是处于长期上升趋势时，则表明市价是上涨途中的强势整理，投资者可以持股观望或逢低短线买入；如果市价是处于长期下跌趋势时，则表明市价是下跌途中的弱势整理，投资者应以持币观望或逢高减仓为主。布林线的上轨线向上运行，而中轨线和下轨线同时向下运行的可能性非常多，这时投资者不要轻举妄动。当布林线的上、中、下轨线几乎同时处于水平方向横向运行时，则要根据市价目前的走势处于什么样的情况下来判断。

布林线"喇叭口"是 BOLL 指标所独有的判断方式，所谓布林线"喇叭口"，是指在市价运行的过程中，布林线的上轨线和下轨线分别从两个相反的方向与中轨线大幅扩张或靠拢而形成的类似于喇叭口的特殊形状。根据布林线上轨线和下轨线运行方向和所处位置的不同，又可以将"喇叭口"分为开口型喇叭口、收口型喇叭口和紧口型喇叭口三种类型。开口型喇叭口形态常出现在股票短期内暴涨行情的初期，是一种显示市价经过长时间的低位横盘筑底后，将面临向上变盘的走势；收口型喇叭口形态常出现在股票暴跌行情的初期，是一种显示市价经过短时期的大幅拉升后，将面临向下变盘的走势；紧口型喇叭口形态则常出现在市价大幅下跌的末期，是一种显示市价经过长期大幅下跌后，将面临长期调整的一种走势。

KDJ 属于超买超卖型指标，而布林线则属于支撑压力类指标，两者的结合可以使 KDJ 指标的信号更为精准，同时适用于判断价格到底是短期见顶（底），还是进入了中期上涨（下跌）。如果 KDJ 指标也走到了低位，那么应视作短期趋势与中期趋势相互验证的结果，从而采取更为积极的操作策略。但要注意的是，当价格下跌到布林线下轨时，即使受到支撑而出现回稳，KDJ 指标也同步上升，但是趋势转向的信号已经发出，所以至多只能有一次反弹。当 KDJ 指标走上 80 高位时，采取卖出行动就较为稳妥，因为当市价跌破布林线中轨后，将引发布林线开口变窄，此时要修复指标至少需要进行较长时间的盘整，所以无论从防范下跌风险，还是从考虑持有的机会成本来看，都不宜继续持有。

┤ 本章小结 ├

本章属于证券投资基本分析中的第三层次分析，是微观分析。本章从技术指标的含义、计算及应用来阐述技术指标分析的主要内容。通过这一章的学习，读者应熟悉趋势型指标、超买超卖型指标、人气型指标、大势型指标的应用规则，并掌握每一技术指标的适应范围及应用条件。在此基础上，培养灵活选择技术指标综合分析股市行情的能力，为后续的学习奠定良好的基础。

本章练习

一、填空题

1. 移动平均线的计算方法就是求出连续若干天收盘价的算术平均值，即求出一个时间段的_____，_____就是 MA 的参数。

2. MACD 指标属于趋势型指标，由_____、_____、_____、_____和_____五部分组成。

3. 宝塔线主要是应用趋势线的原理，引入_____和_____的概念，从而确认行情是否反转，对于行情的变动趋势不做任何主观的臆测，只是做客观的承认。

4. WMS 指标表示当天的_____在过去的一段日子的全部价格范围内所处的相对位置，WMS 有一个参数，那就是_____。

5. KDJ 指标在设计过程中主要是研究_____、_____和_____之间的关系，同时也融合了动量观念、强弱指标和移动平均线的一些优点，因此，能够迅速、快捷、直观地判断行情。

6. 相对强弱指标通过比较一段时期内的_____和_____来分析市场买沽盘的意向和实力，从而推测未来价格的变动方向，并根据市价涨跌幅度显示市场的强弱。

7. 乖离率指标就是通过测算市价在波动过程中与_____出现的偏离程度，从而得出市价在剧烈波动时因偏离移动平均趋势可能形成的_____或_____。

8. 每一天的成交量可以理解成潮水，但这股潮水是向上还是向下，是保持原来的大方向，还是中途的回落，这个问题就由_____与_____的大小比较而决定。

9. 腾落指数是以_____或_____作为计算与观察的对象，以此了解股市人气的盛衰，探测大势内在的动量是强势还是弱势，是判断股市未来动向的技术性指标。

10. 布林线指标由约翰·布林先生提出，利用统计原理求出市价的_____，从而确定市价的波动范围及未来走势，利用_____显示市价的高低价位。

二、单项选择题

1. 下列关于技术指标分析的说法中，不正确的是（　　）。

A. 技术指标分析偶尔会引发羊群效应

B. 技术指标分析对市场的反映比较直观

C. 技术指标分析不适用于短期的行情预测

D. 技术指标分析的研究范围相对较窄

2. 下列关于葛兰维八大买卖法则的说法中，不正确的是（　　）。

A. 平均线从下降逐渐转为水平，且有往上方抬头迹象，而价格从平均线的下方突破平均线时，便是卖出信号

B. 价格趋势走在平均线上，价格下跌并未跌破平均线且立刻反转上升，则也是买进信号

C. 价格虽然跌破平均线，但又立即回升到平均线上，此时平均线仍然持续上升，仍为买进信号

D. 平均线从上升逐渐转为盘局或下跌,而价格向下跌破平均线,为卖出信号

3. 宝塔线指标比较适合的投资者类型是( )。
A. 风险型投资者　　　　　　　　　B. 任意投资者
C. 保守型投资者　　　　　　　　　D. 稳健型投资者

4. WMS 指标表示当天的( )在过去的一段日子的全部价格范围内所处的相对位置。
A. 收盘价　　　B. 最高价　　　C. 开盘价　　　D. 最低价

5. 下列关于 RSI 指标数值的说法中,不正确的是( )。
A. RSI 位于 80～100,市场极强,投资者应卖出
B. RSI 位于 50～80,市场极强,投资者应买入
C. RSI 位于 20～50,市场极弱,投资者应买入
D. RSI 位于 0～20,市场极弱,投资者应买入

6. 下列关于人气指标 AR 的说法中,不正确的是( )。
A. 人气指标选择了以开盘价作为多空双方事先业已接受的均衡价位
B. 人气指标选择了以收盘价作为多空双方事先业已接受的均衡价位
C. 人气指标是以最高价到开盘价的距离描述多方向上的力量
D. 人气指标是以开盘价到最低价的距离描述空方向下的力量

7. 买卖意愿指标 BR 选择( )作为均衡点。
A. 前一日的收盘价　　　　　　　　B. 当日的收盘价
C. 前一日的开盘价　　　　　　　　D. 前一日的收盘价

8. 下列各项中,中间意愿指标 CR 与 AR、BR 的差别是( )。
A. 计算公式　　　　　　　　　　　B. 构造原理
C. 应用法则　　　　　　　　　　　D. 均衡点的取值

9. 下列关于 PSY 的取值与市场信号的说法中,不正确的是( )。
A. 在盘整局面,PSY 的取值应该在以 50 为中心的附近
B. 当 PSY<10 时,为买入市场信号
C. 当 PSY>90 时,为买入市场信号
D. 当 PSY 取值为 25～75 时,说明多空双方基本处于平衡状况

10. ( )是布林线指标所独有的判断方式。
A. K 线　　　B. 喇叭口　　　C. 轨道线　　　D. 均线

三、多项选择题

1. 移动平均线的特点有( )。
A. 追踪趋势　　　B. 滞后性　　　C. 稳定性
D. 助涨助跌性　　E. 支撑线和压力线的特性

2. 下列关于 MACD 的说法中,正确的有( )。
A. DIFF、DEA 均为正,DIFF 向上突破 DEA,买入信号参考
B. DIFF、DEA 均为正,DIFF 向上突破 DEA,卖出信号参考
C. DIFF、DEA 均为负,DIFF 向下跌破 DEA,卖出信号参考
D. DIFF、DEA 均为负,DIFF 向下跌破 DEA,买入信号参考
E. DEA 线与 K 线发生背离,行情可能出现反转信号

3. 下列关于宝塔线指标应用规则的说法中，正确的有（　　）。

　　A. 当市价由底部向上反转，宝塔线的红绿棒线进入翻红的状态时，说明市价开始上涨，投资者可适量介入

　　B. 当市价在上升途中，只要宝塔线的红色棒线一直持续出现，说明市价一直维持强势上涨的态势，投资者应坚决持股或逢低短线买入

　　C. 当市价在下跌途中，只要宝塔线的绿色棒线一直持续出现，说明市价一直维持弱势下跌的态势，投资者应坚决持币观望或逢高卖出

　　D. 当市价维持高位盘整，一旦出现实体很长的绿色棒线向下突破盘整的区间时，说明市价高位盘整的态势已经结束，将进入一个比较长时间的下跌行情，投资者应抛出股票

　　E. 当市价在下跌途中，宝塔线翻绿了一段时间后，突然翻红，投资者应再观察几天，不可轻易买入，防止假突破现象

4. KDJ 指标是三条曲线，在应用时主要从（　　）进行考虑。

　　A. KD 的取值的绝对数字　　　　B. KD 曲线的形态

　　C. KD 指标的交叉　　　　　　　D. KD 指标的背离

　　E. J 指标的取值大小

5. 下列关于相对强弱指标的说法中，正确的有（　　）。

　　A. 当 RSI 在较高或较低的位置形成头肩形和多重顶（底），是采取行动的信号

　　B. 顶背离，市价这一涨是最后的衰竭动作，是比较强烈的卖出信号

　　C. 顶背离，市价这一涨是最后的衰竭动作，是比较强烈的买入信号

　　D. 底背离，RSI 在低位形成两个依次上升的谷底，而市价还在下降，这是最后一跌或者说是接近最后一跌，是可以开始建仓的信号

　　E. 底背离，RSI 在低位形成两个依次上升的谷底，而市价还在下降，这是最后一跌或者说是接近最后一跌，是可以开始平仓的信号

6. 下列关于人气指标 AR 的说法中，正确的有（　　）。

　　A. AR 指标是以 100 为分界线区分多空双方强度的

　　B. 当 AR 取值为 80～120 时，行情处于盘整状态

　　C. 当 AR 的取值大于 150 时，就应该有"可能要回头"的意识

　　D. 在空方市场里，多数情况下 AR 的取值在 100 以下

　　E. 当 AR 取值小于 60 时，就应该想到要介入的问题

7. 从买卖意愿 BR 指标与市价的背离方面看趋势，下列说法正确的有（　　）。

　　A. BR 指标有领先市价达到峰顶和谷底的功能，这就是背离原则的应用基础

　　B. BR 达到峰顶并回头向下时，如果市价还在上涨，这就形成了背离，是获利了结信号

　　C. BR 达到谷底并回头向上，这也是背离，是比较强的买入信号，应该考虑介入股市了

　　D. BR 形成两个依次下降的峰，而市价却形成两个依次上升的峰，这也是顶背离，也应考虑获利了结

　　E. BR 形成两个依次上升的谷底，而市价是两个依次下降的谷底，这又是底背离，是介入股市的信号

8. 下列关于腾落指数 ADL 曲线与股市大势指数曲线的说法中，正确的有(　　)。

A. ADL 曲线与股市大势指数曲线的相反走势

B. 在长期上涨的多头行情里，如果股市大势指数已经进入高位时，而 ADL 曲线并没有同步上升，而是开始走平或下降，这是大势的向上趋势可能将结束的信号

C. 在长期下跌的空头行情里，如果股市大势指数已经进入低位时，而 ADL 曲线并没有同步下跌，而是开始走平或调头上升，这是大势的向下趋势可能进入尾声的信号

D. 股市大势指数从高点回落，整理后再度上涨，并接近前期高点或创新高后，而 ADL 曲线却盘桓不前或无法冲过前期高点时，说明大势随时有向下反转的可能

E. 股市大势指数从低点反弹，反弹后再度下跌，并接近前期低点或创新低后，而 ADL 曲线却无法跌破前期低点并走平或向上掉头时，说明大势的跌势可能已有转机，随时可能向上反弹

9. 下列关于布林线指标"喇叭口"的说法中，正确的有(　　)。

A. 开口型喇叭口形态常出现在股票短期内暴涨行情的初期，是一种显示市价经过长时间的低位横盘筑底后，将面临向上变盘的走势

B. 开口型喇叭口形态常出现在股票短期内暴涨行情的初期，是一种显示市价经过长时间的低位横盘筑底后，将面临向下变盘的走势

C. 收口型喇叭口形态常出现在股票暴跌行情的初期，是一种显示市价经过短时间的大幅拉升后，将面临向下变盘的走势

D. 收口型喇叭口形态常出现在股票暴跌行情的初期，是一种显示市价经过短时间的大幅拉升后，将面临向上变盘的走势

E. 紧口型喇叭口形态常出现在市价大幅下跌的末期，是一种显示市价经过长期大幅下跌后，将面临长期调整的走势

四、判断题

1. 与基本分析相比，技术指标分析指导下的交易见效快，获得利益的周期短。(　　)

2. 当 MACD 指标作为单独系统使用时，短线投资不可参考 DIF 走势判断。(　　)

3. 宝塔线指标信奉"涨不言顶、跌不言底"的投资理念，它告诉投资者不要刻意去预测市价高点或低点的位置，而是等可能的高点或低点出现。(　　)

4. 如果 WMS 的值比较小，则当天的价格处在相对较高的位置，要提防回落。(　　)

5. KDJ 指标主要是利用价格波动的真实波幅来反映价格走势的强弱和超买超卖现象，在价格尚未上升或下降之前发出买卖信号的一种技术工具。(　　)

6. 乖离率主要用来预警市价的暴涨和暴跌引发的行情逆转，即当市价在上方远离移动平均线时，就可以买入。(　　)

7. 当心理线 PSY 的取值第一次进入采取行动的区域时，投资者立即进行股票的买卖交易，一定可以获取可观的收益。(　　)

8. 腾落指数 ADL 仅仅反映大势的动向与趋势，而不对个股的涨跌提供信号参考。(　　)

9. 布林线的上轨线向上运行，而中轨线和下轨线同时向下运行的可能性非常多，这时投资者不要轻举妄动。(　　)

五、案例题

2013年7月2日，建设银行601939股份的月K线图、周K线图、15分钟K线图如图10-13～图10-15所示，15分钟K线图对应的技术指标线分别是图10-16～图10-20，图10-21所示为建设银行的主力资金流向。根据所学的股市技术指标分析来预测未来市价的总趋势及短暂趋势，并使用不同技术指标的组合数据来互相验证分析的最终结论。

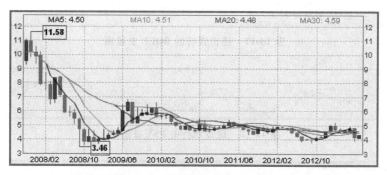

图10-13 建设银行的月K线图

图10-14 建设银行的周K线图

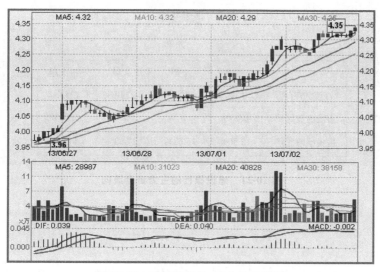

图10-15 建设银行的15分钟K线图

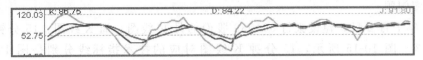

图 10-16　建设银行 601939 的 KDJ 曲线图

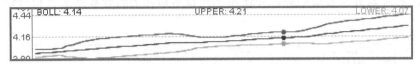

图 10-17　建设银行的 BOLL 曲线图

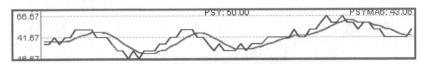

图 10-18　建设银行的 PSY 曲线图

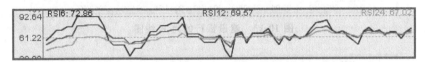

图 10-19　建设银行的 RSI 曲线图

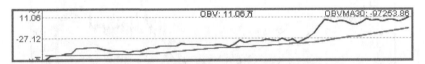

图 10-20　建设银行的 OBV 曲线图

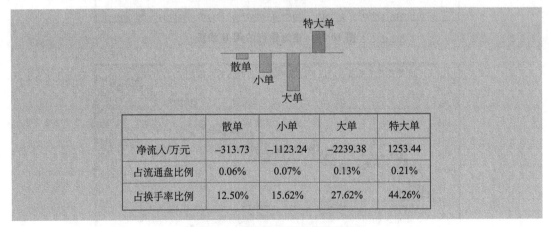

图 10-21　建设银行的主力资金流向

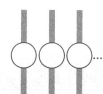

第3篇

证券投资组合与软件应用分析

第11章
证券投资组合原理与原则

知识目标

1. 理解资产组合理论收益和风险的度量、资本资产定价资本市场线和证券市场线的含义，以及单因素模型的构建方式；

2. 掌握资产组合的可行集和有效集、资本市场线与证券市场线的区别，以及证券投资组合的原则；

3. 了解资本组合理论、资本资产定价理论、套利定价理论的假设条件及其应用。

技能目标

1. 能够依据资本资产定价理论构建证券投资组合以获得最小风险下的最高收益率；

2. 能够依据套利定价理论分析影响我国股票市场投资收益的因素。

案例导入

奇先生为什么赔得这么惨？

济南市的奇先生从2008年开始投身中国资本市场，和大多数的投资者一样，他首先进入股票市场，在投资风格上，他喜欢全仓进出、追涨杀跌。看中一只股票后，立即全仓买进，股价稍有波动即全仓卖出。刚开始他还是赚了一些钱，可是随着时间的推移，到2012年年初，不但赚的钱都赔光了，就连本钱也赔得只有不到一半了，直到这时他才有些醒悟，知道自己的投资风格出现了问题。正好自己开户的证券公司营业部进行投资者教育，奇先生听了几次课后终于明白，证券投资不是为了获得最高的收益，而是在控制风险的前提下追求收益最大化，实际的操作需要用相关理论来指导，再也不能像自己以前那样蛮干了。为了减少投资风险，投资时不能把所有的鸡蛋放在一个篮子里，不仅要投资股票，还要投资债券。仅就投资股票来说，也要分散投资不同类型和题材的股票，这就是证券投资组合。

11.1 证券投资概述

11.1.1 证券投资收益

在任何投资计划中,收益都是最终目标。证券投资收益是指初始投资的价值增值量,该增量来源于两个部分:投资者所得到的现金支付和市场价格相对于初始购买者价格的升值。

投资收益的大小通常用单位时间内单位投资量所得到的收益来衡量,即收益是通过收益与初始投资额的百分来衡量,这个百分比叫作收益率或持有期收益率,用公式表示如下:

$$持有期收益率 = \frac{利息 + (卖出价格 - 买入价格)}{买入价格} \times 100\%$$

多期投资的收益要跨越几个时期,衡量其收益率通常采用算术平均数法和几何平均数法。假如我们观察到股票的各期收益率,那么其收益的算术平均值如下:

$$算术平均值 = \sum_{i=1}^{n} \frac{R_i}{n}$$

计算一组收益率的几何平均值的公式如下:

$$几何平均值 = \left[\prod_{i=1}^{n} (1 + R_i) \right]^{\frac{1}{n}} - 1$$

式中,R_i 为第 i 期的收益率。

一般来讲,投资的未来是不确定的,投资者一般根据投资合约、资产价格的变化或资产的盈利能力等有关信息,对该资产可能产生的收益进行预测或估计,其计算公式如下:

$$期望收益率 = \sum_{j=1}^{n} P_j \times R_j$$

式中,P_j 为情况 j 出现的概率;R_j 为情况 j 出现时的收益率。

11.1.2 证券投资风险

▶ 1. 证券投资风险的含义

关于风险的定义,目前主要有两种观点。一种观点认为,风险是指在一定条件下和一定时期内可能发生的各种结果的变动程度,风险的大小通过标准差进行衡量,另一种观点则认为,风险是指在一定条件下和一定时期内由于各种结果发生的不确定性,而导致行为人可能蒙受的损失,风险的大小以损失值及损失发生的概率进行计量。前者强调了风险的不确定性,并将风险通过标准差来衡量,而后者强调由于不确定性给投资者带来的损失。

证券市场是商品经济高度发展的产物,是市场经济中的一种高级组织形态——虚拟经济的表现。之所以称证券市场是高风险市场,是因为证券价格具有很大的波动性、不确定性,这是由证券的本质及证券市场运作的复杂性所决定的。

(1) 证券的本质决定了证券价格的不确定性。从本质上来说,证券是一种价值符号,其价格是市场对资本未来预期收益的货币体现,受到政局、利率、汇率、通胀、行业背景、公司经营、投资大众心理等多种因素影响,难以准确估计,这一本质属性决定了以它为交易对象的证券市场从一开始就具有高风险性。

(2) 证券市场运作的复杂性导致了证券价格的波动性。各国证券市场历史表明，股票价格围绕内在价值上下的波动过程，实际也是市场供给与需求之间由不平衡到平衡、由平衡到不平衡的循环往复过程，市场参与者利益不同，内部运作机制各不相同，不同的时间段带来不同的价格平衡。

(3) 投机行为加剧了证券市场的不稳定性。在证券市场的运作过程中，投资与投机很难做出明确的界定，并且虚拟经济的不确定也允许投资与投机的转化。资本总是追逐利润的，投机资金的进退加剧了市场价格波动。当投机行为超过正常界限变成过度投机，则市场风险突现。

(4) 证券市场风险控制难度较大。证券市场涉及面广、敏感度高，任何重大政治、经济事件都可能触发危机，对市场中的所有风险因素难以全面把握和控制。

▶ 2. 证券投资风险的种类

从风险与收益的关系来看，证券投资风险可分为系统性风险（又称市场风险）和非系统风险（又称非市场风险）两种。

1) 系统性风险

成熟的股市是"国民经济的晴雨表"。宏观经济形势的好坏、财政政策和货币政策的调整、政局的变化、汇率的波动、资金供求关系的变动等，都会引起股票市场的波动。对于证券投资者来说，这种风险是无法消除的，投资者无法通过多样化的投资组合进行证券保值，这就是系统风险的原因所在。系统性风险的构成主要包括以下四类。

(1) 政策风险。政府的经济政策和管理措施可能会造成证券收益的损失，这在新兴股市表现得尤为突出。经济、产业政策的变化和税率的改变，可以影响公司利润、债券收益；证券交易政策的变化，可以直接影响证券的价格。因此，每一项经济政策、法规的出台或调整都会对证券市场有一定的影响，从而引起市场整体的波动。

(2) 利率风险。一方面，上市公司经营运作的资金也有利率成本，利率变化意味着成本的变化，加息则代表企业利润的削减，相关证券的价值反映即内在价值必然会随之下跌；另一方面，流入证券市场的资金在收益率方面往往有一定的标准和预期，一般而言，资金是有成本的，同期利率往往是参照标的，当利率提升时，在证券市场中寻求回报的资金要求获得高过利率的收益率水平，如果难以达到，资金将会流出市场转向收益率高的领域，这种反向变动的趋势在债券市场上尤为突出。

(3) 购买力风险。在现实生活中，由于物价的上涨，同样金额的资金未必能买到过去同样的商品。这种物价的变化导致了资金实际购买力的不确定性，称为购买力风险或通货膨胀风险。同样，在证券市场上，由于投资证券的回报是以货币的形式来支付的，在通货膨胀时期，货币的购买力下降，也就是投资的实际收益下降，将给投资者带来损失的可能。

(4) 市场风险。市场风险是证券投资活动中最普遍、最常见的风险，当整个证券市场连续、过度地上涨，股价已远离合理价值区域之后，股价上涨主要依靠资金简单流入堆砌，即所谓的"投机博傻"，趋势投机代替了价值投资。但泡沫总有破灭的一天，当后继投资者不再认同没有价值支撑的股价，市场由高位回落便成为自然，这种转折趋势一旦形成，往往形成单边没有承接力的连续下跌，这在过去世界各国的股灾中已被证明，这也是市场参与者无法回避和必然接受的风险。

2) 非系统风险

单只股票价格同上市公司的经营业绩和重大事件密切相关。公司的经营管理、财务状况、市场销售、重大投资等因素的变化都会影响公司的股价走势,这就是非系统风险。这种风险主要影响某一种证券,与市场的其他证券没有直接联系,投资者可以通过分散投资的方法,来抵消该种风险。非系统风险主要包括以下四类。

(1) 经营风险。从根本上说,证券市场交易股票的价格是反映上市公司内在价值的,其价值的大小由上市公司的经营业绩决定。然而,上市公司本身的经营是有风险的,经营上潜在的不景气,甚至有导致公司失败、倒闭的风险,从而造成投资者收益本金的增加或损失。

(2) 财务风险。财务风险是指公司因筹措资金而产生的风险,即公司可能丧失偿债能力的风险。公司财务结构的不合理往往会给公司造成财务风险。形成财务风险的因素主要有资本负债比率、资产与负债的期限、债务结构等因素。投资者在投资股票时,应注意对公司报表的财务分析。

(3) 信用风险。信用风险也称违约风险,是指不能按时向证券持有人支付本息而使投资者造成损失的可能性。信用风险主要针对债券投资品种,对于股票只有在公司破产的情况下才会出现。

(4) 道德风险。道德风险主要指上市公司管理者的道德风险。上市公司的股东和管理者是一种委托—代理关系。由于管理者和股东追求的目标不同,尤其在双方信息不对称的情况下,管理者的行为可能会造成对股东利益的损害。

▶ 3. 证券投资风险的计量方法

1) 方差法

方差法是度量总风险最常用的方法,即用随机变量的可能取值与其期望值的平均偏差来衡量风险的大小。

2) 半方差法

半方差也是一个很好的风险度量的工具。方差考虑的是平均值两边的离散度,半方差则只考虑在平均值以下的离散度。

3) β系数法

资产的β系数反映了资产收益率对市场变化的敏感程度,是由美国经济学家威廉·夏普博士首次提出的。一项资产的β系数是指证券的收益率与市场证券组合收益率之间的相关系数与市场证券组合方差的比值。由于在有效组合的情况下,投资风险只由系统风险决定,因此β系数能够反映资产风险的大小。

证券的β系数越大,说明该证券和市场变动的关联度越大,则该证券的系统风险越大。

4) VaR法

VaR(value-at-risk,在险价值)是指在正常的市场条件和给定的置信度内,用于评估和计量任何一种金融资产或证券投资组合在既定时期内遭受的最大可能损失。即估测"正常"情况下资产组合的预期收益与在一定置信区间下的最低价值之差,用公式表示如下:

$$\text{VaR} = E(w) - w' = w_0(E(r) - r')$$

式中,$E(w)$为资产组合的预期价值;w'为持有期末的资产组合的价值;w_0为持有期初资产组合价值;r为收益率;r'为一定置信区间下最低的收益率。

11.2 资产组合理论

11.2.1 资产组合理论的基本假设

现代证券组合理论是关于在收益不确定条件下投资行为的理论,由美国经济学家哈里·马柯维茨在1952年率先提出。该理论为那些想增加个人财富,但又不甘冒风险的投资者指明了一个获得最佳投资决策的方向。

风险与收益相伴而生,即投资者追求高收益则可能面临高风险。投资者大多采用组合投资以便降低风险,但是分散化投资在降低风险的同时,也可能降低收益。马柯维茨的证券组合理论就是针对风险和收益这一矛盾而提出的。

为什么投资者并不简单地选内在价值最大的股票,原因是投资者不仅要考虑收益,还担心风险,分散投资是为了分散风险。同时考虑投资的收益和风险,马柯维茨是第一人,当时的主流意见是集中投资。

为了弄清资产是如何定价的,需要建立一个模型即一种理论,模型应将注意力集中在最主要的要素上,因此需要通过对环境做以下假设,来达到一定程度的抽象:

(1) 投资者都是以期望收益率和方差(标准差)来评价资产组合的效用大小或风险大小;

(2) 投资者是永不满足的和风险厌恶的,即是理性的,因此当面临其他条件相同的两种选择时,将选择具有较高期望收益率或较小标准差的投资组合;

(3) 单一资产都是无限可分的,可按一定比例购买一定数量的资产;

(4) 投资者可按相同的无风险利率借入或贷出资金;

(5) 税收和交易费用成本均忽略不计;

(6) 所有投资者都有相同的投资期限,即投资者的投资为单一投资期,多期投资是单期投资的不断重复;

(7) 对于所有投资者,无风险利率相同;

(8) 对于所有投资者,信息是免费的且是立即可得到的;

(9) 投资者具有相同的预期(同质期望),所有投资者对期望回报率、标准差和证券之间的协方差有相同的理解,即他们对证券的评价和经济形势的看法都一致。

通过这些假设,模型将情况简化为一种极端的情形:证券市场是完全市场,每一个人都有相同的信息,并对证券的前景有一致的看法,这意味着投资者以同一方式来分析和处理信息,每一个人采取同样的投资态度,通过市场上投资者的集体行为,可以获得每一个证券的风险和收益之间均衡关系的特征。

11.2.2 资产组合的预期收益与风险

▶ 1. 资产组合的预期收益

资产组合的预期收益是组合中各种证券的预期收益(r_i)的加权平均数。其中,每一证券的权重(w_i)等于该证券在整个组合中所占的投资比例。

假设组合的收益为 r_p，组合中包含 n 种证券，每种证券的收益为 r_i，它在组合中的权重是 w_i，则组合的投资收益如下：

$$Er_p = E\left[\sum_{i=1}^{n} w_i r_i\right] = \sum_{i=1}^{n} w_i(Er_i)$$

式中，$\sum_{i=1}^{n} w_i = 1$。

▶ 2. 资产组合的风险

作为风险测度的方差是回报相对于它的预期回报的离散程度，资产组合的方差不仅与其组成证券的方差有关，还与组成证券之间的相关程度有关。证券之间相互影响产生的收益的不确定性可用协方差 cov 和相关系数 ρ 来表示。

1) 协方差

协方差是测量两个随机变量之间的相互关系或互动性的统计量。资产组合的协方差是测度两种资产收益互补程度的指标，它测度的是两个风险资产收益相互影响的方向与程度。协方差为正意味着两种资产的收益成同方向变动，为负则意味着反方向变动。相对小的或 0 值的协方差表明两种证券之间的回报率之间只有很小的互动关系或没有任何互动关系。协方差的计算公式如下：

$$\text{cov}_{ij} = \sigma_{ij} = \sigma_{ji} = E\{[R_i - E(R_i)] \cdot [R_j - E(R_j)]\}$$

2) 相关系数

为了更清楚地说明两种证券之间的相关程度，通常把协方差正规化，使用证券 i 和证券 j 的相关系数 ρ_{ij}。相关系数与协方差的关系为：两变量协方差除以两标准差之积等于它们的相关系数。相关系数范围在 -1 和 $+1$ 之间，-1 表明完全负相关，$+1$ 表明完全正相关，多数情况是介于这两个极端值之间。相关系数的计算公式如下：

$$\text{cov}_{ij} = \sigma_{ij} = \rho_{ij}\sigma_i\sigma_j$$

式中，$\rho_{ij} = \dfrac{\sigma_{ij}}{\sigma_i \sigma_j}$。

资产组合方差的计算公式如下：

$$\sigma_p^2 = \sum_{i=1}^{n} W_i^2 \sigma_i^2 + \sum_{i=1}^{n}\sum_{j \neq i, j=1}^{n} W_i W_j \sigma_{ij} = \sum_{i,j=1}^{n} w_i w_j \sigma_{ij}$$

3) 当组合中只有两种证券 ($n=2$) 时

$$\bar{r}_p = x_1 \bar{r}_1 + x_2 \bar{r}_2$$

$$\sigma_p^2 = x_1^2 \sigma_1^2 + x_2^2 \sigma_2^2 + 2x_1 x_2 \rho_{12} \sigma_{12}$$

因为 $-1 \leqslant \rho \leqslant 1$、$0 \leqslant x_1 \leqslant 1$、$0 \leqslant x_2 \leqslant 1$，所以：

$$\sigma_p^2 \leqslant x_1^2 \sigma_1^2 + x_2^2 \sigma_2^2 + 2x_1 x_2 \sigma_1 \sigma_2$$

$$\sigma_p^2 \leqslant (x_1 \sigma_1 + x_2 \sigma_2)^2$$

$$\sigma_p^2 \leqslant (\sigma_1 + \sigma_2)^2$$

当 $\rho_{12} = -1$ 时，表明两种证券的收益完全负相关，即

$$\sigma_p = \sqrt{(x_1 \sigma_1 - x_2 \sigma_2)^2} = |x_1 \sigma_1 - x_2 \sigma_2|$$

当 $\rho_{12} = 0$ 时，表明两种证券的收益完全无相关，即

$$\sigma_p = \sqrt{x_1^2 \sigma_1^2 + x_2^2 \sigma_2^2}$$

当 $\rho_{12}=+1$ 时，表明两种证券的收益完全正相关，即
$$\sigma_p = \sqrt{(x_1\sigma_1+x_2\sigma_2)^2} = |x_1\sigma_1+x_2\sigma_2|$$
由此可见，当相关系数从 -1 变化到 $+1$ 时，证券组合的风险逐渐增大。除非相关系数等于1，二元证券投资组合的风险始终小于单独投资这两种证券的风险的加权平均数，即通过证券组合可以降低投资风险。

4）当组合中证券种类 $n>2$ 时
$$\sigma_p^2 = \sum_{i=1}^{n}\sum_{j=1}^{n}\text{cov}_{ij}x_ix_j = \sum_{i=1}^{n}x_i^2\sigma_i^2 + \sum_{i=1}^{n}\sum_{\substack{j=1\\i\neq j}}^{n}\text{cov}_{ij}x_ix_j$$

证券投资组合的风险如图 11-1 所示。

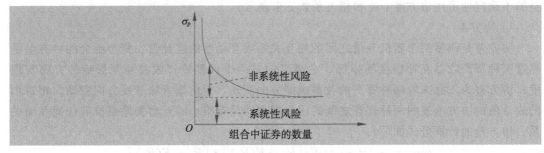

图 11-1　证券投资组合的风险

组合的收益是各种证券收益的加权平均值，因此它使组合的收益可能低于组合中收益最大的证券，而高于收益最小的证券。只要组合中的资产两两不完全正相关，则组合的风险就可以得到降低。只有当组合中的各个资产是相互独立的且其收益和风险相同，则随着组合的风险降低的同时，组合的收益等于各个资产的收益。

11.2.3　资产组合的可行集和有效集

▶ **1. 资产组合的可行集**

资产组合的可行集是指资产组合的机会集合，即资产可构造出的所有组合的期望收益和方差。

1）两种风险资产组合的可行集

若已知两种资产的期望收益、方差和它们之间的相关系数，则可知两种资产构成的组合之期望收益和方差为
$$\bar{r}_p = w_1\bar{r}_1 + w_2\bar{r}_2$$
$$\sigma_p^2 = w_1^2\sigma_1^2 + w_2^2\sigma_2^2 + 2w_1w_2\sigma_{12} = w_1^2\sigma_1^2 + w_2^2\sigma_2^2 + 2w_1w_2\sigma_1\sigma_2\rho_{12}$$
由于 $w_1+w_2=1$，则
$$\bar{r}_p(w_1) = w_1\bar{r}_1 + (1-w_1)\bar{r}_2$$
$$\sigma_p(w_1) = \sqrt{w_1^2\sigma_1^2 + (1-w_1)^2\sigma_2^2 + 2w_1(1-w_1)\sigma_1\sigma_2\rho_{12}}$$
由此就构成了资产在给定条件下的可行集。

两种资产的相关系数为 $1\geqslant\rho_{12}\geqslant-1$，因此，分别在 $\rho_{12}=1$ 和 $\rho_{12}=-1$ 时，可以得到资产组合的可行集的顶部边界和底部边界，其他所有的可能情况在这两个边界之中。

（1）两种完全正相关资产组合的可行集。两种资产完全正相关，即 $\rho_{12}=1$，则有

$$\sigma_p(w_1) = w_1\sigma_1 + (1-w_1)\sigma_2$$
$$\bar{r}_p(w_1) = w_1\bar{r}_1 + (1-w_1)\bar{r}_2$$

当 $w_1=1$ 时，$\sigma_p=\sigma_1$，$r_p=r_1$；当 $w_1=0$ 时，$\sigma_p=\sigma_2$，$r_p=r_2$。所以其可行集是连接两点 $A(\bar{r}_1,\sigma_1)$ 和 $B(\bar{r}_2,\sigma_2)$ 的直线，如图 11-2 所示。

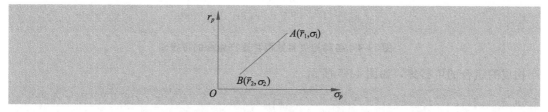

图 11-2　完全正相关资产组合的可行集

(2) 两种完全负相关资产组合的可行集。两种资产完全负相关，即 $\rho_{12}=-1$，则有

$$\sigma_p(w_1) = \sqrt{w_1^2\sigma_1^2 + (1-w_1)^2\sigma_2^2 - 2w_1(1-w_1)\sigma_1\sigma_2}$$
$$= |w_1\sigma_1 - (1-w_1)\sigma_2|$$
$$\bar{r}_p(w_1) = w_1\bar{r}_1 + (1-w_1)\bar{r}_2$$

当 $w_1 = \dfrac{\sigma_2}{\sigma_1+\sigma_2}$ 时，$\sigma_p = 0$；当 $w_1 \geqslant \dfrac{\sigma_2}{\sigma_1+\sigma_2}$ 时，$\sigma_p(w_1) = w_1\sigma_1 - (1-w_1)\sigma_2$；当 $(\bar{r}_1-\bar{r}_2)\dfrac{\sigma_2}{\sigma_1+\sigma_2} + \bar{r}_2$ 时，$\sigma_p(w_1) = (1-w_1)\sigma_2 - w_1\sigma_1$。

完全负相关的两种资产构成的可行集是两条直线，其截距相同，斜率异号，如图 11-3 所示。

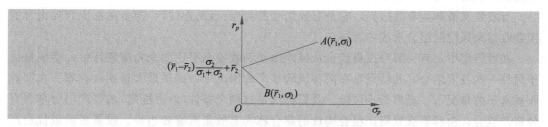

图 11-3　完全负相关资产组合的可行集

(3) 两种不完全相关资产组合的可行集。当 $1 > \rho_{12} > -1$ 时，
$$\bar{r}_p(w_1) = w_1\bar{r}_1 + (1-w_1)\bar{r}_2$$
$$\sigma_p(w_1) = \sqrt{w_1^2\sigma_1^2 + (1-w_1)^2\sigma_2^2 + 2w_1(1-w_1)\sigma_1\sigma_2\rho_{12}}$$

尤其当 $\rho=0$ 时，$\sigma_p(w_1) = \sqrt{w_1^2\sigma_1^2 + (1-w_1)^2\sigma_2^2}$，这是一条二次曲线。事实上，当 $1 > \rho_{12} > -1$ 时，可行集都是二次曲线，如图 11-4 所示。

可行集的弯曲程度取决于相关系数 ρ_{12}。随着 ρ_{12} 的增大，弯曲程度减少；当 $\rho_{12}=+1$ 时，弯曲度最小，也就是没有弯曲，为一条直线；当 $-1 \leqslant \rho_{12} \leqslant +1$ 时，介于直线和直线之间，成为平滑的曲线，而且越小就越弯曲。

2) n 种风险资产组合的可行集

一般地，当资产数量增加时，要保证资产之间两两完全正（负）相关是不可能的，因此，一般假设两种资产之间不完全相关（一般形态），可以得到一个月牙型的区域为 n 种资

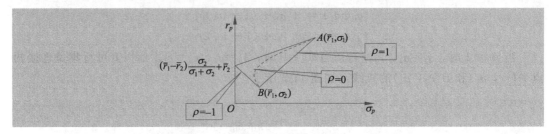

图 11-4　各种相关系数两种资产组合的可行集

产构成的组合的可行集，如图 11-5 所示。

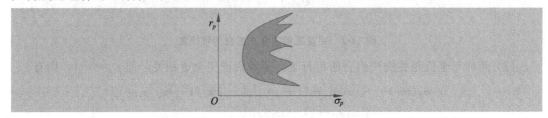

图 11-5　各种相关系数多种资产组合的可行集

在 n 种资产中，如果至少存在三项资产彼此不完全相关，则可行集合将是一个二维的实体区域；可行区域是向左侧凸出的，因为任意两项资产构成的投资组合都位于两项资产连线的左侧。

▶ 2. 资产组合的有效集

资产组合的有效集是根据既定风险下收益最高或者既定收益下风险最小的原则建立起来的证券组合，每一个组合代表一个点。

有效集又被称为有效边界，它是有效组合的集合（点的连线），即坐标系中有效组合的预期收益和风险的组合形成的轨迹。

在可行集中，有一部分投资组合从风险水平和收益水平这两个角度来评价，会明显优于另外一些投资组合，其特点是在同种风险水平的情况下，提供最大预期收益率；在同种收益水平的情况下，提供最小风险。我们把满足这两个条件（均方准则）的资产组合称为有效资产组合，由所有有效资产组合构成的集合称为有效集或有效边界。投资者的最优资产组合将从有效集中产生，而对所有不在有效集内的其他投资组合则无须考虑。

1）两种证券构成的组合的有效边界

两种资产组合的有效边界如图 11-6 所示。

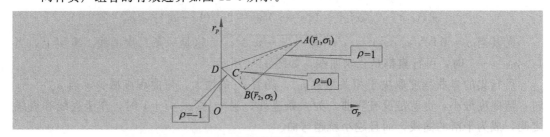

图 11-6　两种资产组合的有效边界

当 $\rho_{12}=1$ 时，有效集是直线 AB；当 $\rho_{12}=-1$ 时，有效集是直线 AD；当 $1>\rho_{12}>-1$ 时，有效集是曲线 AC。

2) n 种证券构成的组合下的有效边界($n>2$)

多种资产组合的有效边界如图 11-7 所示。整个可行集中,G 点为最左边的点(具有最小标准差)。从 G 点沿可行集右上方的边界直到整个可行集的最高点 S(具有最大期望收益

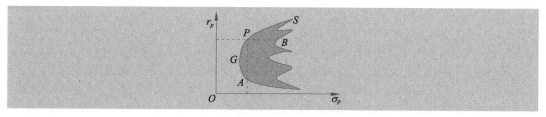

图 11-7　多种资产组合的有效边界

率),这一边界线 GPS 即是有效集。例如,自 G 点向右上方的 GPS 上的点所对应的投资组合(如 P 点),与可行集内其他点所对应的投资组合(如 A 点)相比,在相同风险水平下,可以提供最大的预期收益率;而与 B 点相比,在相同的收益水平下,P 点承担的风险又是最小的。

11.2.4　最优风险资产组合的决定

由于假设投资者是风险厌恶的,因此最优投资组合必定位于有效集边界上,其他非有效的组合可以首先被排除。

虽然投资者都是风险厌恶的,但程度有所不同,因此最终从有效边界上挑选哪一个资产组合取决于投资者的风险规避程度。度量投资者风险偏好的无差异曲线与有效边界共同决定了最优的投资组合。

无差异曲线是描述理性投资者对风险偏好程度的曲线。同一条无差异曲线给投资者提供的效用(即满足程度)是无差异的,无差异曲线向右上方倾斜,高风险被其具有的高收益所弥补。对于每一个投资者,无差异曲线位置越高,该曲线上对应证券组合给投资者提供的满意程度越高。不同的理性投资者具有不同的风险厌恶程度。

在图 11-8 中,图(a)代表的投资者与图(b)代表的投资者相比,风险水平增加相同幅度,图(a)代表的投资者要求收益率的补偿要远远高于图(b)所代表的投资者,因此图(a)对应的投资者更加厌恶风险。如果由无差异曲线族的陡峭程度来反映,则无差异曲线越陡峭,投资者越厌恶风险。

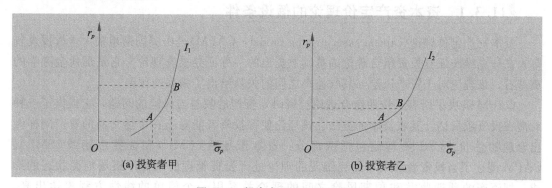

图 11-8　投资者风险无差异曲线

最优投资组合的点就是投资者效用无差异曲线和有效边界的切点，图 11-9 中的 P 点就是多元证券组合的最佳组合点。最优资产组合位于无差异曲线 I_2 与有效集相切的切点 P 处。由 P 点可见，对于更害怕风险的投资者，在有效边界上的点具有较低的风险和收益。

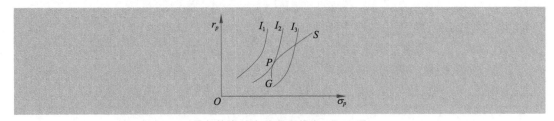

图 11-9　最优投资组合

11.2.5　资产组合理论的优缺点

▶ 1. 资产组合理论的优点

资产组合理论的优点如下：

（1）首次对风险和收益进行精确的描述，解决对风险的衡量问题，使投资学从艺术迈向科学；

（2）分散投资的合理性为基金管理提供理论依据；

（3）单个资产的风险并不重要，重要的是组合的风险；

（4）从单个证券的分析转向组合的分析。

▶ 2. 资产组合理论的缺点

当证券的数量较多时，计算量非常大，使资产组合理论的应用受到限制，它的解是不稳定的，并且资产重新配置的成本较高，因此马克维茨及其学生夏普开始寻求更为简便的方法，这就是资本资产定价理论。

11.3　资本资产定价理论

11.3.1　资本资产定价理论的假设条件

资本资产定价理论（capital asset pricing model，CAPM）是由美国斯坦福大学教授夏普等人在马克维茨证券投资组合理论的基础上提出的一种证券投资理论。它是现代金融学的奠基石，该理论对于资产风险与其收益率之间的关系给出了精确的预测。

CAPM 解决了所有人按照组合理论投资时，资产的收益与风险的问题，它提供了一种对潜在投资项目估计其收益率的方法。该理论使得投资者能对不在市场交易的资产同样做出合理的估价。CAPM 理论包括两部分：资本市场线（CML）和证券市场线（SML）。CAPM 阐述了当投资者都采用马克维茨的理论进行投资管理的条件下市场均衡状态的形成，把资产的预期收益和预期风险之间的理论关系用一个简单的线性方程表达出来。CAPM 以证券投资组合理论为基础，其假设条件对 CAPM 仍然适用，但 CAPM 的有关假设更为严格。基本假设如下：

(1) 投资者根据一段时间内（单期）组合的预期收益率和方差来评价投资组合（理性）；
(2) 所有投资者均是理性的，追求投资资产组合的方差最小化；
(3) 当面临其他相同的两种组合时，投资者将选择具有较高预期收益率的组合；
(4) 资本市场不可分割，所有投资者都可以免费和不断获得有关信息（市场有效）；
(5) 资产无限可分，投资者可以购买任意数量的资产；
(6) 投资者可以用无风险利率借入或者贷出货币；
(7) 不存在税收和交易费用；
(8) 存在大量投资者，每个投资者的财富相对于所有投资者的财富总和来说是微不足道的，所有投资者都只是价格的接受者，单个投资者的交易行为对证券价格不发生影响（即完全竞争市场）；
(9) 只考虑单期投资，即所有投资者都在同一证券持有期计划自己的投资行为和资产组合；
(10) 由于投资者均掌握了马克维茨模型，即所有投资者对证券和经济局势的看法都一致，他们对证券的预期收益率、标准差和协方差的看法一致。

11.3.2 分离定理

▶ 1. 无风险资产与风险资产组合的收益与风险

前面讨论了由风险资产构成的组合，但未讨论资产中加入无风险资产的情形。投资者可以将一个风险投资与无风险证券（如国库券）构成组合。

无风险资产具有正的期望收益，且其方差为 0。在允许卖空的条件下，投资者可以通过卖空无风险资产而将所得资金投资于风险资产。将无风险资产加入已有的风险资产组合中，形成了一个由无风险资产和风险资产组合构成的新组合，这些增加的投资机会大大改变了原有的有效边界，从而使投资者的最优组合发生改变。可以证明，一种由无风险资产与风险资产组合构成的新组合的有效边界为一条直线。

因为：

$$\bar{r_p} = w_1 \bar{r_1} + (1 - w_1) r_f$$
$$\sigma_p = w_1 \sigma_1$$

所以：

$$\bar{r_p} = \frac{\sigma_p}{\sigma_1} \bar{r_1} + \left(1 - \frac{\sigma_p}{\sigma_1}\right) r_f = r_f + \frac{(\bar{r_1} - r_f)}{\sigma_1} \sigma_p$$

我们发现，这是一条以 r_f 为截距，以 $\dfrac{\bar{r_1} - r_f}{\sigma_1}$ 为斜率的直线，如图 11-10 所示。

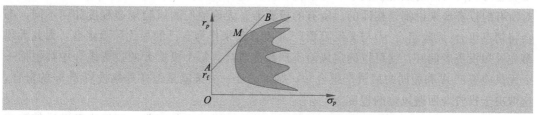

图 11-10 无风险资产与风险资产组合的有效边界

一种风险资产与无风险资产构成的组合,其标准差是风险资产的权重与标准差的乘积。

▶ 2. 资本配置线

资本配置线(capital allocation line,CAL)的函数表达式如下:

$$\bar{r}_p = r_f + \frac{\bar{r}_m - \bar{r}_f}{\sigma_m}\sigma_p$$

资本配置线的曲线如图 11-11 所示。

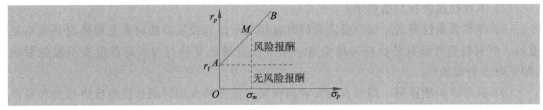

图 11-11 资本配置线

图 11-11 中,A 点表示全部投资无风险资产;M 点表示全部投资于风险资产组合 m;AM 段表示分别投资于无风险资产和风险组合 m;MB 段表示卖空无风险资产增加风险资产的投资比例。

CAL 描述了引入无风险借贷后,将一定的资本在某一特定的风险资产组合 m 与无风险资产之间分配,从而得到所有可能的新的组合的预期收益与风险之间的关系。

▶ 3. 允许无风险借贷条件下的有效边界及最佳投资组合

在允许无风险借贷的条件下,风险资产组合边界及其右侧的任何一点与 A 点的连线均对应一条资本配置线,它们构成了新的可行域,如图 11-12 所示。

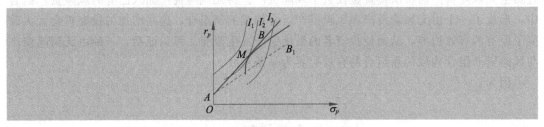

图 11-12 无风险借贷条件下最优投资组合

图 11-12 中,AMB 的斜率是所有资本配置线中的最大者,构成了新的有效边界。

▶ 4. 分离定理的含义

投资者对风险的规避程度与该投资者风险资产组合的最优构成是无关的。根据假定,投资者对风险资产的预期收益率、标准差和协方差有着相同的看法,这意味着线性有效集对所有的投资者来说都是相同的。所有的投资者,无论他们的风险规避程度如何不同,都会将切点组合(风险组合 m)与无风险资产 A 混合起来作为自己的最优风险组合,因此无须事先确知投资者偏好,就可以确定风险资产最优组合。每个投资者的投资组合中都包括一个无风险资产 A 和相同的风资产组合 m,剩下的唯一决策就是怎样筹集投资于 m 的资金,这取决于投资者回避风险的程度。

若市场是有效的,资产组合选择问题可以分为两个独立的工作,即资本配置决策和资产选择决策。资本配置决策是考虑资金在无风险资产和风险组合之间的分配。资产选择决策就是在众多的风险证券中选择适当的风险资产构成资产组合。根据分离定理,基金公司可以在不必考虑投资者偏好的情况下,确定最优的风险组合。

11.3.3 资本市场线

市场组合即最佳风险资产组合 M。根据分离定律,每一个投资者的投资组合中,最佳风险资产组合 M 与该投资者对风险和收益的回避程度无关,即组合中都包括了对最佳风险资产组合 M 的投资。当市场达到均衡时,每一个风险资产在最佳风险资产组合 M 中都会有一个非 0 的比例。否则,经过市场供求关系的内在调整会达到均衡。此时,投资者对每一种风险资产都愿意持有一定数量;每种风险资产均供求平衡,价格为均衡价格;无风险利率水平正好使借入资金总量与贷出资金总量相等。

市场组合包含了所有的证券,而且每种证券的投资比例必须等于各种证券总市值与全部证券总市值的比例。

资本市场线 CML 描述的是当资本市场处于均衡状态下,由多个资产构成的有效组合的预期收益率与标准差之间的线性关系。在均衡状态下,任何一个最优组合都是由市场组合 m 与无风险资产 f 构成,是资本配置线的一个特例。

CML 的实质就是在允许无风险借贷下的新的有效边界,它反映了当资本市场达到均衡时,投资者将资金在市场组合 m 和无风险资产之间进行分配,从而得到所有有效组合的预期收益和风险的关系。

CML 是无风险资产与风险资产构成的组合的有效边界。CML 的截距被视为时间的报酬;CML 的斜率就是单位风险溢价;位于 CML 上的组合提供了最高单位的风险回报率,在金融世界里,任何资产组合都不可能超越 CML。一般来说,由于单个资产并不是最优的资产组合,因此单个资产也位于该直线的下方。

11.3.4 证券市场线

CML 将一项有效资产组合的期望收益率与其标准差联系起来,但它并未表明一项单独资产的期望收益率是如何与其自身的风险相联系。CAPM 理论的最终目的是要对证券进行定价,因此,就由 CML 推导出证券市场线 SML。

CML 反映了市场达到均衡时有效组合的预期收益与风险之间的关系。SML 反映的是当市场达到均衡时,任意资产(或组合)i(无论有效与否)的预期收益和风险之间的关系。证券市场线的函数表达式如下:

$$\bar{r_i} = r_f + (\bar{r}_M - r_f)\beta_{iM}$$

β 系数是美国经济学家威廉·夏普提出的风险衡量指标,用于反映资产组合风险与市场整体风险的相关关系,即定义了系统风险对资产的影响。β 值体现的是具体的某个证券对市场组合风险的贡献度。$\beta>1$ 意味着投资于该证券要承担高于市场组合的波动敏感度,为高风险的进取型证券;$\beta<1$ 意味着其相对于市场组合波动水平不敏感,为低风险的防御型证券,是保守型投资。β 值是个别资产相对于市场资产组合的风险测度,反映了证券的系统性风险,在一般情况下,将某个具有一定权威性的股指(市场组合)作为测量股票 β 值的基准,即证券市场组合的 β 值为 1。

SML 虽然是由 CML 推导得出，但其意义不同。CML 给出的是市场组合与无风险证券构成的组合的有效集，任何资产（组合）的期望收益不可能高于 CML。SML 给出的是单个证券或者组合的期望收益，它是一个有效市场给出的定价，但实际证券的收益可能偏离 SML。

SML 代表投资个别证券的必要报酬率，是证券市场供求运作的结果。SML 给出的是期望形式下的风险与收益的关系，若预期收益高于证券市场线给出的收益，则应该看多该证券；反之，则看空。SML 只是表明期望高 β 的证券会获得较高的收益，并不是说高 β 的证券总能在任何时候都能获得较高的收益，如果这样，高 β 证券就不是高风险了。若当前证券的实际收益已经高于证券市场线的收益，则应该看空该证券；反之，则看多。当然，从长期来看，高 β 证券将取得较高的平均收益率。

11.4 套利定价理论

11.4.1 套利定价理论概述

▶ 1. 套利定价理论的假设条件

建立在均值—方差分析基础上的资本资产定价理论在理论上相当完美，但实际上只有理论意义，因为假设条件太多、太严格。CAPM 解释个别资产预期报酬率的结构由无风险收益和系统风险溢价组成，然而在现实世界里，CAPM 在许多实证中并没有获得支持，不少学者质疑 CAPM 只采用单一因素（即市场风险）来解释个别证券的预期报酬率的可行性。

1976 年，美国经济学家斯蒂芬·罗斯(Stephen Ross)以很少的假设条件，从风险套利原理的角度考察了套利与均衡，推导出均衡市场中的资本资产定价关系，建立了套利定价理论 APT，从新的视角来解释个别资产预期报酬率。

APT 要研究的是如果每个投资人对各种证券的预期收益和市场敏感性有相同估计的话，各种证券的均衡价格是如何形成的。作为对 CAPM 的一种延伸，它提供了一种方法来度量各种因素的变动如何影响资产价格的变化。该模型是以回报率形成的多指数模型为基础，用套利的概念来定义均衡。在某种情况下，APT 导出的风险—回报率关系与 CAPM 完全相同，使得 CAPM 成为 APT 的一种特例。

APT 的出发点是假设资产的收益率与未知数量的未知因素相联系，其核心思想是对于一个充分多元化的组合，只需几个共同因素就可解释风险补偿的来源及影响程度。每个投资者都会利用套利机会构建套利组合，在不增加风险的情况下增加组合的收益率，但在一个有效率的均衡市场中，不存在无风险套利的机会。只要一个人套利，市场就会出现均衡。

APT 的基本假设如下：

（1）市场是有效的、充分竞争的、无摩擦的；

（2）投资者是不知足的，只要有套利机会就会不断套利，直到无利可图为止，因此不必对投资者风险偏好进行假设；

(3) 资产的回报可以用因子表示。

可见，APT不要求"同质期望"假设，并不要求人人一致行动。只需要少数投资者的套利活动就能消除套利机会，也不要求投资者是风险规避的。

▶ 2. 套利

套利是利用一种实物资产或证券的不同价格来获取无风险收益的行为。根据定义，套利是没有风险的，所以投资者一旦发现套利机会就会设法利用，并随着他们的买进和卖出消除这些获利机会。正是这种套利行为推动着有效市场的形成。套利不仅仅局限于同一种资产（组合），对于整个资本市场，还包括那些"相似"资产或组合构成的近似套利机会。

▶ 3. 套利组合

根据APT，投资者将尽力发现构造一个套利组合的可能性，以便在不增加风险的情况下提高组合的预期报酬率。

套利组合必须同时满足三个条件：①它是一个不需要追加投资的组合。②该组合既没有系统风险，也没有非系统风险，即套利组合对任何因素都没有敏感性。③当市场达到不均衡时，组合的收益>0；当市场均衡时，组合的收益为0。

套利组合有以下三个特点。

(1) 零投资：套利组合中对一种证券的购买所需要的资金可以由卖出别的证券来提供，即自融资组合，不增加资金。

(2) 无风险：在因子模型条件下，因子波动导致风险，因此，无因素风险就是套利组合对任何因子的敏感度为0。

(3) 正收益：套利组合的期望收益大于零。

▶ 4. 无套利原则

根据一价定律，两种具有相同风险的资产（组合）不能以不同的期望收益率出售。如果市场是有效的，套利机会将立即消失。因为任何投资者不考虑风险厌恶与财富状况，均愿意尽可能多地拥有套利组合的头寸，大量头寸的存在将导致价格上涨或下跌。套利行为将导致一个价格调整过程，使同一种资产的价格趋于相等，最终套利机会消失，市场达到均衡。

11.4.2 单因素模型

▶ 1. 因素模型的含义

因素模型又称指数模型，是一种假设证券的回报率只与不同的因素波动（相对数）或者指数变动有关的经济模型。模型试图提取那些系统地影响所有证券价格的主要力量，是描述证券回报率是如何生成的一个统计模型。因素模型是APT的基础，其目的是找出这些因素并确认证券收益率对这些因素变动的敏感度。依据因子的数量，可以分为单因素模型和多因素模型。

马克维茨模型为了得到最优投资组合，假定分析n种股票，需要估算n个预期收益、n个方差以及$(n^2-n)/2$个协方差，计算量巨大，并且估计量和计算量随着证券种类的增加以指数级增加。

因素模型大大降低了马克维茨模型的计算量，它把精力放在了对证券的专门分析中。因素模型以一种简单的方式来计算协方差，证券间的协方差由单个一般因素的影响生成，以市场指数收益为代表，从而提供关于证券回报率生成过程的一种新视点，因素模型通过一元或者多元统计分析,以一个或者多个变量来解释证券的收益,从而比仅仅以市场来解释证券的收益更准确。

▶ 2. 单因素模型的含义

把经济系统中的所有相关因素如 GDP 的预期增长率作为一个总的宏观经济指数,是影响证券回报率的主要因素。假设证券的回报率仅仅取决于该指数的变化,除此以外的因素是公司特有风险——残余风险,则可建立以宏观经济指数变化为自变量,以证券回报率为因变量的模型。主要证券指数收益率(如标准普尔 500 指数的收益率)是一般宏观因素的有效代表。单因素模型的公式如下:

$$r_i = a_i + b_i f + e_i$$

式中,f 是公共因子的预测值;r_i 是证券 i 的回报;e_i 是在时期 t 证券 i 的特有回报;a_i 是零因子;b_i 是证券 i 对公共因子 f 的敏感度或因子载荷。

▶ 3. 单因素模型的假设条件

(1)因子 f 具体取什么值对随机项没有影响,即因子 f 与随机项是独立的,这样保证了因子 f 是回报率的唯一影响因素;

(2)一种证券的随机项对其余任何证券的随机项没有影响,即两种证券之所以相关,是由于它们具有共同因子 f 所致。

▶ 4. 单因素模型中证券 i 的回报率

单因素模型中证券 i 的回报率的期望值和方差分别为

$$R_i = \alpha_i + \beta_i R_M + e_i$$
$$\sigma_i^2 = b_i^2 \sigma_f^2 + \sigma_{ei}^2$$

式中,$b_i^2 \sigma_f^2$ 称为因子风险;σ_{ei}^2 称为非因子风险。

对于证券 i 和 j 而言,它们之间的协方差为

$$\begin{aligned}\sigma_{ij} &= \text{cov}(r_i, r_j) \\ &= \text{cov}(a_i + b_i f + e_i, a_j + b_j f + e_j) \\ &= b_i b_j \sigma_f^2\end{aligned}$$

▶ 5. 单因素模型的优点

单因素模型能够大大简化我们在均值—方差分析中的估计量和计算量。假定要分析 n 种股票,则均值—方差模型有 n 个期望收益、n 个方差、$(n^2-n)/2$ 个协方差。单因子模型只有 n 个期望收益、n 个 b_i、n 个残差 σ_{ei}^2、一个因子 f 方差 σ_f^2,共 $3n+1$ 个估计值。若 $n=50$,前者为 1 325,后者为 151。

单因素模型有两个重要性质:一是资产组合导致风险的分散化,分散化导致因子风险的平均化;二是资产组合导致风险的分散化,分散化缩小非因子风险。

▶ 6. 单指数模型

1)单指数模型的回报率

夏普用一个股票指数代替单因素模型中的宏观影响因素。单指数模型的回报率公式为

$$R_i = \alpha_i + \beta_i R_M + e_i$$

式中,R_i 是股票超过无风险收益的超额收益($r_i - r_f$);α_i 是当市场超额收益率为零时的期望收益,它的值通常很小,也很稳定,一定时期可以看成是一个常量;β_i 是股票 i 对

宏观因素的敏感程度；R_M 是市场收益超过无风险收益的超额部分 $(r_M - r_f)$；$\beta_i R_M$ 合在一起的含义是影响股票超额收益的宏观因素，也称作系统因素；e_i 是影响股票超额收益的公司特有因素，也称作非系统因素，是不确定的，其期望值为零。

由于 R_i 是股票超过无风险收益的超额收益，投资者对其的要求与无风险收益的水平有关。CAPM 模型是单指数模型的一个特例，CAPM 模型是所有股票阿尔法的期望值为零的单指数模型。

2）单指数模型的风险

单指数模型风险的公式为

$$\sigma_i^2 = \beta_i^2 \sigma_M^2 + \sigma^2(e_i)$$

式中，σ^2 称为总方差；$\beta_i^2 \sigma_m^2$ 称为系统风险；$\sigma^2(e_i)$ 称为公司特有风险。

由此可见，证券 i 的方差由两部分构成：一是由宏观因素的不确定性导致的系统风险；二是由随机项带来的非系统风险。

两证券 R_i 与 R_j 的协方差为

$$\begin{aligned}\sigma_{ij} &= \text{cov}(R_i, R_j) \\ &= \text{cov}(\beta_i R_M, + \beta_j R_M) \\ &= \beta_i \beta_j \sigma_M^2\end{aligned}$$

单指数模型可表达为一条截距为 α_i，斜率为 β_i 的斜线。横轴为市场证券组合超额收益，纵轴为资产 i 的超额收益，如图 11-13 所示。

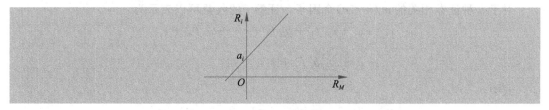

图 11-13 单指数模型

11.4.3 多因素模型

▶ 1. 多因素模型的含义

单指数模型将股票收益的不确定性简单地分为系统性风险与非系统风险两部分，而且把系统风险限制在单一因素内。实际上，用市场收益来概括的系统性风险受多种因素影响，如 GDP、经济周期、利率和通货膨胀率等。系统性风险包括多种因素，不同的因素对不同的股票的影响力是不同的。

单因素模型难以把握公司对不同的宏观经济因素的反应，显然多因素模型可以给出影响收益的更好描述。运用每个因素在每一时期的超额收益对股票的超额收益进行多元回归，估计股票收益对每一因素的 β 值（即敏感度系数），可得出多因素模型。

▶ 2. 两因素模型

假定系统性风险是由经济周期（GDP）和利率（IR）两个因素的不确定性引起的。单指数模型扩展成了两因素模型。例如，经济中公用事业公司对 GDP 不敏感，但是对利率很敏感；航空公司对 GDP 很敏感，对利率不敏感。这时只有两因素模型才可能较好地做出恰

当的分析，单指数模型会显得较无力。两因素模型的公式为

$$R_t = \alpha + \beta_{\text{GDP}} \text{GDP}_t + \beta_{\text{IR}} \text{IR}_t + e_t$$

$$i = 1, 2, 3, \cdots, n; \quad j = 1, 2, 3, \cdots, m$$

$$E[e_i] = 0$$

$$\text{cov}(e_i, f_j) = 0$$

$$\text{cov}(e_i, e_k) = 0, \quad i \neq k$$

两因子模型下，证券 i 的回报率的均值和方差为

$$\bar{r}_i = a_i + b_{i1}\bar{f}_1 + b_{i2}\bar{f}_2$$

$$\sigma_i^2 = b_{i1}^2 \sigma_{f_1}^2 + b_{i2}^2 \sigma_{f_2}^2 + 2b_{i1}b_{i2}\text{cov}(f_1, f_2) + \sigma_{ei}^2$$

对于证券 i 和 j，其协方差为

$$\begin{aligned}\sigma_{ij} &= \text{cov}(r_i, r_j) \\ &= \text{cov}(a_i + b_{i1}f_1 + b_{i2}f_2 + e_i, a_j + b_{j1}f_1 + b_{j2}f_2 + e_j) \\ &= b_{i1}b_{j1}\sigma_{f1}^2 + b_{i2}b_{j2}\sigma_{f2}^2 + (b_{i1}b_{j2} + b_{i2}b_{j1})\text{cov}(f_1, f_2)\end{aligned}$$

两因子模型同样具有单因子模型的重要优点：①有关资产组合有效边界的估计和计算量大大减少（但比单因子增加），若要计算均方有效边界，需要 n 个期望收益、n 个 b_{i1}、n 个 b_{i2}、n 个残差、2 个因子 f 方差、1 个因子间的协方差，共 $4n+3$ 个估计值；②分散化导致因子风险的平均化；③分散化缩小非因子风险。

▶ 3. 多因素模型的方程

对于 n 种证券相关的 $m(m<n)$ 个因子，证券 i 的收益可以表示为

$$\begin{aligned}r_i &= a_i + b_{i1}f_1 + b_{i2}f_2 + \cdots + b_{im}f_m + e_i \\ &= a + \sum_{j=1}^{m} b_{ij}f_j + e_i\end{aligned}$$

式中，

$$i = 1, 2, 3, \cdots, n; \quad j = 1, 2, 3, \cdots, m;$$

$$E[e_i] = 0; \quad \text{cov}(e_i, f_j) = 0; \quad \text{cov}(e_i, e_k) = 0, \quad i \neq k$$

$$\begin{aligned}\text{cov}(r_i, r_m) &= \text{cov}(a_i + b_i f + e_i, r_m) \\ &= b_i \text{cov}(f, r_m) + b_i \text{cov}(e_i, r_m)\end{aligned}$$

▶ 4. APT 与 CAPM 的对比

1）相同点

（1）两者在理念上相似，都主张在市场达到均衡时，个别证券的预期报酬率可由无风险报酬率加上风险溢价来决定。

（2）两者都说明了风险与报酬之间的理性原则，即系统性风险越大，预期报酬越高。

（3）两者都是均衡模型，CAPM 强调证券市场上所有证券的供需达到均衡；APT 要求市场处于均衡状态从而使证券价格不存在套利机会。

（4）从某种意义上说，CAPM 是 APT 的一个特例。

2）区别

（1）APT 大大简化了 CAPM 的假设条件。与 CAPM 一样，APT 假定拥有相同预期的投资者都是风险厌恶者，市场不存在交易成本。但是 APT 的限制条件不那样严格，其最基本的假设是证券收益率受某些经济因素的共同影响，但是没有限定这些因素的个数及

内容。

(2) 理论依据不同。APT 建立在无风险套利原理上，认为市场在不存在套利机会时达到均衡，证券价格正是因为投资者不断进行套利活动而实现均衡。CAPM 以均值—方差模型为基础，考虑所有投资者以相同方式选择投资组合时，如何确定证券价格。

(3) 市场均衡的形成原因不同。CAPM 中投资者具有相同的预期，当证券定价不合理时，所有投资者都会改变投资策略，调整资产组合，CAPM 假定在投资者共同行为的影响下，市场重新回到均衡状态。根据 APT 模型，不需要所有投资者都对不合理的证券价格产生反映，即使只有几个投资者的套利行为也会使市场尽快回到均衡状态。

(4) CAPM 纯粹从市场投资组合的观点来探讨风险与报酬的关系，市场组合居于不可或缺的地位，认为经济体系中的全面性变动(即市场风险)才是影响个别证券预期报酬率的主要且唯一因素。但 APT 则认为不止一个经济因素会对个别证券的报酬产生影响，即使在没有市场组合的条件下仍成立。APT 模型可以得到与 CAPM 类似的期望回报——β 直线关系，但并不要求组合一定是市场组合，可以是任何风险分散良好的组合，所以 APT 的适用性更强。

(5) CAPM 所借用的市场组合实际上是不存在的，因此只能借用股价指数来评估市场风险与报酬；而 APT 则不需要市场组合，只要设定若干个因素加入模型即可用于预测。

(6) APT 没有说明哪些因素关系着证券的预期报酬率，因此 APT 似乎不如 CAPM 的单一因素模式，只要配合足够多的假设，以 β 来解释仍相对容易理解。

11.5 有效市场理论

11.5.1 有效市场理论概述

1. 随机游走与有效市场

马克维茨均值—方差模型、CAPM、APT 模型、B-S 期权定价模型是现代金融学最主要的模型，他们都假设人是理性的，并且基于人是理性的假设对市场的有效进行研究。因此，现代金融学所有模型都有一个基础性假设——市场是弱式有效市场。

假设存在一个"准确的"模型，预测 A 股票价格 3 天后将从 20 元/股涨至 23 元/股，若该预测信息是公开的，则股票价格瞬间上升到 23 元/股。3 天后去买就失去了获利机会，因为信息已经成为历史。

由于理性投资者的存在，任何能够用来对股票价格进行预测的信息已经反映在股票的价格中。由于价格是公开可知的，这意味着已经反映价格的所谓"新信息"已经可知，则"新信息"就成为旧信息了。

若以已反映信息的价格来预测未来，等价于以旧信息作为决策依据，这种决策是无效的，得不到任何结论，未来价格的结论什么可能都有，即价格是随机游走的。"市场有效"的本质是信息有效，而信息有效是指股票价格已经充分地、有效地、立即地消化了所有可以得到的信息。

▶ 2. 随机游走与市场理性

随机游走的形式并不是说明市场是非理性的,而恰恰表明这是投资者争相寻求新信息,以使得自己在别的投资者获得这种信息之前买或者卖股票而获得利润的结果。这里不要将股票价格变化的随机性,等同于市场的非理性(无序性)。如果股价是理性确定的,则只有新信息才导致股价的变化,表现为市场的无序性;反之,如果股票价格不是随机游走而是可以预测的,那么任何人均可以直接从市场上无成本地获得信息从而获得利润,那么这样的市场才是非理性的。

证券在任何一个时点的价格都是对所有相关的信息做出的反应,称为有效性市场理论(efficient market hypothesis,EMH)。EMH 是信息有效、投资者理性、市场理性的统一。

11.5.2 市场效率及其种类

有效市场是指现时市场价格能够反映所有相关信息的资本市场。在这个市场中,不存在利用可预测的信息获得超额利润的机会。

不同的信息集对证券价格产生影响的速度不一样。为了处理不同的反应速度,把信息集分成不同的类别。最常用的一种分类方法是将信息分为过去交易的信息、可获得的公开信息、所有可获得的信息,如图 11-14 所示。针对这三种信息集,可将有效市场分为弱式有效市场、半强式有效市场和强式有效市场。

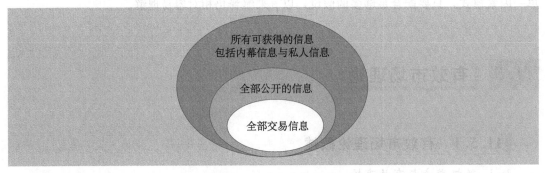

图 11-14　信息集的类型

▶ 1. 弱式有效市场

如果股价已经反映了全部能从市场交易数据得到的信息,则称这样的资本市场为弱式有效市场。

市场交易数据中得到的历史信息包括过去的股价、交易量等数据。股票价格的历史数据是可以免费得到的,如果这些数据里包含有用的数据,则所有的投资者都会利用它,导致价格调整,最后这些数据就失去预测性。股价的历史记录不含有对预测未来价格有用的信息,况且人人都可以获得这样的信息,没有人更加高明,因此利用历史资料对市场未来的价格趋势分析是徒劳的。弱式有效市场是最弱类型的有效市场。

▶ 2. 半强式有效市场

如果价格反映了所有公开可得的信息,则市场是半强式有效的。所有公开信息是指除了历史交易数据外,还有与公司生产有关的基本数据、管理的质量、资产负债表、专利情况、收益预测、会计处理等经营信息和宏观方面的信息。证券的价格会迅速、准确地根据可获得的所有公开信息进行调整。

▶ 3. 强式有效市场

如果一个市场是强有效的,则股价反映了全部与公司有关的信息,甚至包括仅为内幕人士所知道的信息。强式有效假定是一种理想状态。

11.5.3 有效市场理论的检验

▶ 1. Fama 的有效市场模型

$$E(p_{t+1}|\Phi_t) = E[(1+r_{t+1})p_t|\Phi_t]$$
$$= p_t[1+E(r_{t+1}|\Phi_t)]$$

式中,P_{t+1} 是证券在时间 $t+1$ 时的价格;r_{t+1} 是证券在非常短的时间区间 $[t,t+1]$ 的超额回报率;Φ_t 是投资者在时间 t 可以获得的信息集。

如果市场是有效的,则投资者利用已知的信息集 Φ_t,不可能获得超额期望收益(超过预期收益的利润),即超额期望收益为零,公式为

$$E(r_{t+1}|\Phi_t) = 0$$

从而可以得到

$$E(p_{t+1}|\Phi_t) = p_t$$

利用历史信息估计证券未来价格的期望值,结果只能是当前价格(当前价格已经包含所有的历史信息);未来价格的短期趋势无法判定(随机游走),有效市场是一个公平赌局。例如,已知今日股票是上涨的,要利用今日股票的交易信息来预测明日股票是涨还是跌,则涨跌的概率只能是各为 50%,而不可能是涨 70%、跌 30%。

▶ 2. EMH 的意义

若市场弱式有效,则技术分析是无用的;若市场半强式有效,则基本分析也是无用的,市场越有效,则资产组合的积极管理越无效;若市场完全有效,市场组合是最优投资组合,这意味组合的被动管理是有效的。由此得到 EMH 的几点推论:

(1) 在媒体上发布的投资选股建议都是无效的。投资者获得选股建议信息是无成本的,根据无套利原则,无成本就无收益。

(2) 提出选股建议的专家也没有成功的把握。如果专家发现确实能赚钱的投资方案或股价确定会上涨的股票,他可能更愿意将方案或股票的名字保密,并利用它进行投资以赚大量的钱,而不是将它投给报刊换取少量的稿酬;只有无成本的选股建议,才会以无成本公布出来,而无成本的选股建议是无效的。

(3) 大众已知的投资策略不能产生超额利润。某些业绩表现突出的投资者仅仅是运气,过去的业绩不能代表将来。

(4) 内幕信息往往不是内幕。信息是否有用取决于是否真实及多少人知道。不应对有效市场的理论过分教条,而认为努力研究是不必要的,因此可以得出这样的结论:市场有效,但创造性的工作会有应得到的报酬。

▶ 3. 有效市场理论的违背现象

1) 小公司效应

1981 年,Benz 对所有在纽约证券交易所上市的股票收益情况进行了研究,他将公司按规模分成五组,发现最小规模组的平均年收益率比那些最大规模组的公司要高 19.8%,

而且无论是在风险调整之前还是调整之后,小规模组的公司股票的收益率都系统地高。人们称这一现象为小公司效应。这意味着小公司具有可预见的相对高收益。

2) 1月份效应

Keim 等在 1983 年又分别证明了小公司效应在 1 月份最明显,特别是在 1 月的头两个星期,称为小公司 1 月份效应。Keim 将公司按规模分成 10 组,比较了每月最小规模和最大规模公司组的平均超额收益情况,1963—1979 年的平均月差额显示 1 月份平均小公司每天股价上升达 0.714%,1 月份头 5 天的上升幅度超过了 7.16%。这意味着 1 月份投资具有某种可预测性。

3) 被忽略的公司效应

Arbel 等对小公司 1 月份效应提出了新解释。小公司容易被忽略,市场对其研究不充分,小公司成为获得较高利润的投资对象。

4) 流动性效应

上市公司的规模越小,其股票的流动性(即换手情况)越差,要求的流动性风险补偿越多。

5) 颠倒效应

1985 年,Debondt 等发现,在一段时间内,表现最好的股票在接下来的时期会表现非常差。实际研究表明,如果对股票业绩进行为期 5 年的排序,基期表现不好的股票组(含 35 种业绩最差的股票)在以后的 3 年中的平均累计收益,比基期表现最好的股票组(含 35 种业绩最好的股票)的累计收益高出 25%。注意这些企业本身的经营业绩并没有提高多少,而股价却上升不少。

Fama 等人认为,这些现象并不表明有效市场理论不成立。这些现象的实质是一种额外的风险,这些公司的股票之所以有较高期望收益,因其有着更高的风险。Lakonishok 等人认为,这些现象正是市场无效的证据。由于太强调公司业绩对股价的影响,把近期表现良好的公司的股价过度抬高,把近期业绩较差的公司的股价压得过低。当投资者发现过错时,价格就颠倒了过来(若市场有效,差的就是差的,差的企业股价不会好)。这恰好说明市场不是有效的,有系统偏差。

11.6 证券投资组合的原则

构建证券组合就是在根据投资政策和一定的分析方法选择了证券之后,确定如何将资金进行分配以使证券投资组合具有理想的风险和收益。不同类型的证券组合的风险和收益的特征是不同的。但是,下述基本原则是构建任何类型的证券组合都应该考虑的。

▶ 1. 本金的安全性原则

投资组合管理首先要考虑的是本金的安全无损,这是未来获得基本收入和资本增值的基础。本金的安全不仅指保持本金原值,而且包括保持本金的购买力。由于通货膨胀的存在,购买力风险是一种非常现实的风险。买普通股比买固定收益证券如债券、优先股更有利于抵御这种风险。

▶ 2. 基本收益的稳定性原则

在构建投资组合时,组合管理者都把获得稳定的基本收益当作一种基本的考虑。以股息或利息形式获得的当前收益,使投资者可以很现实地享受组合的成果,这可能要比收入的期望值更有意义。因为稳定的收入可以使投资者更准确、更合理地做投资计划,确定是再投资还是消费。

▶ 3. 资本增长原则

一般而言,资本的增长是组合管理的一个理想目标,然而这并不意味着一定要投资于增长型股票。组合既可以通过购买增长型股票而壮大,也可以通过收益再投资而壮大。大的资产组合比小的更稳定、更安全,收入也更多。资本增长对改善组合头寸状况、维持购买力和增强管理的灵活性都是有益的。

▶ 4. 良好的市场性原则

良好的市场性原则是指证券组合中的任何一种证券应该易于迅速买卖,这取决于具体证券的市场价格和市场规模。某种股票的市场规模取决于公司的规模、股东的数量、公众的兴趣。高价股的市场性一般不如低价股的市场性好,每股 400 元的股票肯定不如每股 40 元的股票容易买卖。小公司股票的市场性不如大公司好。大公司可流通股票多,可保证市场交易的连续性,而且大公司的稳定性及高质量形象也对增强其股票的市场性有利。

▶ 5. 流动性原则

资产的流动性强有利于组合管理者及时抓住有利的投资机会。谨慎的组合管理者往往会专门保留一部分现金资产或持有部分流动性强的证券。

▶ 6. 多元化原则

组合理论为组合管理者的多元化投资提供了有实际应用价值的建议:第一,应根据证券的预期收益及其与市场和其他证券收益的相关关系来构建组合;第二,不仅要考虑收益,还要考虑收益的波动;第三,要有效降低证券组合的标准差,证券组合中至少应包含 10 种证券。

▶ 7. 有利的税收地位原则

很多金融决策都要受所得税的影响,承担高税赋就难以实现理想的收益目标。在需要避税时,可考虑投资于免税的政府债券或较少分红的股票上。

本章小结

本章从讨论证券投资的收益和风险入手,讨论了证券投资组合的必要性和意义。现代证券投资理论主要有资产组合理论、资本资产定价理论、套利定价理论和有效市场理论。证券组合理论为那些想增加个人财富,但又不甘冒风险的投资者指明了一个获得最佳投资决策的方向。资本资产定价理论解决了所有人按照组合理论投资下,资产的收益与风险的问题,它提供了一种对潜在投资项目估计其收益率的方法,使得投资者能对不在市场交易的资产同样做出合理的估价。套利定价理论研究的是如果每个投资人对各种证券的预期收益和市场敏感性有相同估计的话,各种证券的均衡价格是如何形成的。作为对资本资产定价理论的一种延伸,它提供了一种方法来度量各种因素的变动如何影响资产价格的变化。有效市场是指现时市场价格能够反映所有相关信息的资本市场。在这个市场中,不存在利用可预测的信息获得超额利润的机会。通常将信息分为过去交易的信息、可获得的公开信息、所有可获得的信息。根据这三种信息集,可将有效市场分为弱式有效市场、半强式有效市场和强式有效市场。最后,提出了构建证券投资组合的原则。

本章练习

一、填空题

1. 从风险与收益的关系来看,证券投资风险可分为_____风险和_____风险两种。

2. 根据资产组合理论,完全负相关的两种资产构成的可行集是_____条直线,其截距_____,斜率_____。

3. 根据资本资产定价理论,一种无风险资产与风险组合构成的新组合的有效边界为_____条_____线。

4. 套利组合有三个特点:_____、_____和_____。

5. 根据过去交易的信息、可获得的公开信息、所有可获得的信息,可以将有效市场分为_____有效市场、_____有效市场和_____有效市场。

二、单项选择题

1. 政府的经济政策和管理措施可能会造成证券收益的损失,这种风险称为(   )风险。
   A. 政策风险　　　　B. 利率风险　　　　C. 市场风险　　　　D. 经营风险

2. 依据资产组合理论,当相关系数 $\rho_{12}=1$ 时,说明两种资产(   )。
   A. 完全负相关　　　B. 完全正相关　　　C. 完全不相关　　　D. 不完全相关

3. 单因素模型认为资产组合导致风险的分散化,分散化导致(   )风险的平均化,分散化缩小(   )风险。
   A. 非因子、因子　　　　　　　　　　　B. 因子、因子
   C. 非因子、非因子　　　　　　　　　　D. 因子、非因子

4. (   )线描述的是当资本市场处于均衡状态下,由多个资产构成的有效组合的预期收益率与标准差之间的线性关系。
   A. 资本市场线　　　B. 资本配置线　　　C. 证券市场线　　　D. 资产组合线

5. 如果证券价格反映了所有公开可得的信息,则市场是(   )有效的。
   A. 弱式　　　　　　B. 强式　　　　　　C. 半强式　　　　　D. 不能确定

三、多项选择题

1. 下列各项中,属于证券投资系统风险的有(   )。
   A. 政策风险　　　　B. 财务风险　　　　C. 购买力风险　　　D. 利率风险

2. 两种资产可行集的形状可能有(   )。
   A. 一条直线　　　　B. 两条直线　　　　C. 圆形曲线　　　　D. 椭圆曲线

3. 下列各项中，属于资本资产定价理论假设条件的有（   ）。
A. 所有投资者均是理性的，追求投资资产组合的方差最小化
B. 投资者可以用无风险利率借入或者贷出货币
C. 存在税收和交易费用
D. 一致性预期

4. 单因素模型的优点有（   ）。
A. 大大简化在均值—方差分析中的估计量和计算量
B. 风险的分散化导致因子风险的平均化
C. 增加了模型分析的计算量
D. 风险的分散化缩小非因子风险

5. 构建任何类型的证券组合都应该遵循的原则有（   ）。
A. 基本收益的稳定性原则　　　　　　B. 资本增长原则
C. 多元化原则　　　　　　　　　　　D. 集中投资原则

四、思考题

1. 假设市场组合由 A、B、C 构成，有关数据如下：
(1) 各自所占比重分别为 0.1、0.5 和 0.4；
(2) 预期收益率分别为 0.12、0.08 和 0.16；
(3) 方差分别为 0.035、0.067 和 0.05；
(4) 协方差分别为 $cov(r_a, r_b)=0.043$、$cov(r_a, r_c)=0.028$、$cov(r_b, r_c)=0.059$；
(5) 市场无风险利率 $r_f=0.03$。
求均衡状态下的 CML 方程。

2. 假定某证券的无风险利率为 3%，市场资产组合预期收益率是 8%，β 值为 1.1，则该证券的预期收益率为多少？

3. 在 2005 年，短期国库券（被认为是无风险的）的收益率为 5%。假定一个 β 值为 1 的资产组合市场要求的期望收益率为 12%，根据 CAPM 模型：
(1) 市场资产组合的预期收益率是多少？
(2) β 值为 0 的股票组合的预期收益率是多少？
(3) 假定投资者正在考虑买入一只股票，价格为 40 元。该股票预计下一年派发红利 3 元，并且投资者预期可以 41 元卖出。股票的 β 为 -0.5，该股票的价格是高估还是低估了？

4. 假设现在 6 个月即期年利率为 10%（连续复利，下同），1 年期的即期利率是 12%。如果有人把今后 6 个月到 1 年期的远期利率定为 11%，判断有无套利机会。

5. APT 与 CAPM 的相同点和不同点是什么？

6. 构建证券组合应该遵循的原则是什么？

第12章 证券行情分析软件基本操作

> **知识目标**
> 1. 熟悉证券行情软件的窗口布局；
> 2. 掌握分时走势图和K线走势图的基本操作；
> 3. 了解证券行情分析软件的安装和登录。

> **技能目标**
> 1. 能够利用行情软件查看股票走势和交易信息；
> 2. 能够根据行情软件提供的交易信息做出买卖决策。

案例导入

怎样才能学会行情软件的操作？

汪小梦经过前期的各种分析，决定买入东阿阿胶股票，她想了解股票的即时交易行情。经过咨询，她知道了市场上有很多股票行情软件都能够提供即时交易信息。她面对复杂的股票行情软件一头雾水，不知道该怎样查看股票实时行情和历史行情。周日，她到开户的证券营业部参加了一天的培训，终于熟练地掌握了股票行情软件常用功能的基本操作，在接下来的交易日里，她已经能够熟练地下单交易，并在东阿阿胶的股票买卖中大获盈利。

12.1 证券行情分析软件简介

随着互联网技术的发展，网上证券交易逐渐成为证券交易的主流模式，证券公司在营业部和网站上为投资者提供各种版本的免费证券行情分析软件。现在的证券行情分析软件都嵌入了证券交易的功能，故又称为证券行情分析交易软件。这些软件成为投资者收看行情走势、研究股价运行规律的重要工具和必备平台。如何选择合适的证券行情分析软件，如何把握软件选股和理性操作的尺度，如何识别真正实用的证券行情分析软件，是投资者正确使用证券行情软件的前提。本节主要对目前市场上常用的证券行情分析软件进行介绍。这些软件在市场中的使用频率比较高、普及度比较广，它们都有一些各自独到的分析功能，在不同程度上得到了众多投资者的认可。

12.1.1 钱龙证券行情分析软件

钱龙证券行情分析软件是上海乾隆高科技有限公司（以下简称乾隆公司）开发的证券行情分析软件。乾隆公司成立于1993年，专业从事金融领域信息技术产品的开发、生产和销售，是国家认定的高新技术企业、先进技术企业和重点软件企业。

乾隆公司旗下拥有著名的"钱龙"品牌，其系列产品涵盖了实时行情和委托交易平台、实时证券分析终端、金融数据库、实时资讯数据服务、信息发布服务、Web金融服务平台、金融教学系统等各个领域，用户遍布政府监管机构、券商、基金管理公司、信息公司、投资机构、上市公司、行情信息运营商和广大证券投资者。

钱龙创立了多项业界标准，如红涨绿跌、领先指标、F10接口、主力实时监控、板块分析、股市风云榜等，系统安全、稳定、可靠、值得信赖，界面设计清晰柔和、操作方便，咨询实时、准确，分析全面、完整、客观、准确，从20世纪90年代初期开始至今，始终是业内实力最强、用户美誉度最高的软件之一。钱龙证券行情分析软件的主要特点如下。

▶ 1. 多市场高速深度行情

率先支持沪深港3市Level-2十档深度行情、支持中金所股指期货5档高速行情，全面、快速、稳定、可靠的行情信息，成为沪、深、港三地投资者值得依赖的实战操盘工具。

▶ 2. 精准的钱龙特色指标

钱龙指标系列历经20年实战锤炼和优化，信号稳定、可靠，已然成为经典。全新创设的黄金眼系列指标，则又打造出高精度主力监控分析软件的新标杆。

▶ 3. 全景板块监控

新增全景板块监控功能，有助于了解最新的板块动态及异动情况、抢先截获热点板块，根据权重及贡献度指标更可精准把握热点板块中的龙头个股。帮助投资者研判板块未来走势，提前布局下一波热点行情。

▶ 4. 内置券商委托

内置所有主流券商委托程序，无须另外重新下载安装券商程序，按热键F12可直接启动委托下单。

▶ 5. 强大的智能分析平台

囊括了智能选股、自设指标、买卖条件、组合选股、交易测试等功能，帮助用户轻松地进行分析和决策。

▶ 6. 海量资讯集成展示

股市风云榜、财经直播室、今日焦点、钱龙信息中心、大单成交、券商资讯等归类整理、查询方便，帮助用户快速把握资讯要点，让投资者一站式读遍天下财经资讯。

12.1.2　大智慧证券行情分析软件

大智慧证券行情分析软件是上海大智慧股份有限公司开发的证券行情分析软件。公司致力于以软件终端为载体，以互联网为平台，向投资者提供及时、专业的金融数据和数据分析。作为中国领先的互联网金融信息服务提供商，公司凭借强大的技术研发实力、敏锐的市场洞察力和丰富的信息加工经验，始终前瞻性地把握行业发展方向，不断开发出满足投资者需求的创新产品，在行业内具有重要影响力。大智慧软件，大智慧咨询、资讯，大智慧网站都是行业的知名品牌。大智慧也是首批获得上证所 Level-2 行情授权的开发商。大智慧证券行情分析软件的主要特点如下。

▶ 1. 使用简单

传统界面和操作习惯，不用学习就能上手，而且不需要特别维护。

▶ 2. 功能强大

在涵盖主流的分析功能和选股功能的基础上不断创新，星空图、散户线、龙虎看盘等高级分析功能包含大智慧的绝密分析技术，在证券市场独树一帜，基金平台、股权分置模型更是紧扣市场脉搏。

▶ 3. 资讯精专

万国测评专业咨询机构专门支持，其制作的生命里程、信息地雷、大势研判、行业分析、名家荐股、个股研究在证券市场具有广泛的影响力。还包括全球新闻财经、实时滚动资讯、权威研究报告、新闻关注排行等内容。

▶ 4. 互动交流

大智慧路演平台和股民交流互动，嘉宾包括基金公司、上市公司、大智慧分析师、券商研究机构等。大智慧模拟炒股为股民提供精练技艺和学习交流的场所。

▶ 5. 全面深刻

软件中整合的功能平台涵盖证券市场的各个方面，而就某一方面来说又准确深刻。包含多市场行情和套利分析，采用全推送行情技术，涵盖沪深、港股、期货、外汇等全球市场。

▶ 6. 扩展分析功能

扩展数据库和用户自定义数据库。

12.1.3　同花顺证券行情分析软件

同花顺证券行情分析软件是浙江核新同花顺网络信息股份有限公司开发的证券行情分析软件。同花顺（股票代码300033）于2009年12月25日成功登陆创业板，成为A股市场首家中国互联网金融信息服务企业。同花顺证券行情分析软件的主要特点如下。

▶ 1. 资讯全面，形式多样

同花顺是一个强大的资讯平台，能为投资者提供文本、超文本（HTML）、信息地雷、财务图示、紧急公告、滚动信息等多种形式的资讯信息，能同时提供多种不同的资讯产品（如港澳资讯、巨灵资讯等），能与券商网站紧密衔接，向用户提供券商网站的各种资讯。个股资料、交易所新闻等资讯都经过预处理，可供投资者轻松浏览、快速查找。丰富的资讯信息与股票的行情走势密切地结合，使投资者能方便、及时、全面地享受券商全方位的资讯服务。

▶ 2. 指标丰富，我编我用

系统预置了近两百个经典技术指标，并且为了满足一些高级用户的需求，还提供指标、公式编辑器，可随意编写、修改各种公式、指标、选股条件及预警条件。

▶ 3. 页面组合，全面观察

同花顺提供了大量的组合页面，将行情、资讯、图表、技术分析与财务数据有机组合，可供投资者多角度、全方位地进行观察、分析，捕捉最佳交易时机。

▶ 4. 财务图示，一目了然

同花顺将各种复杂的财务数据通过图形和表格的形式表达出来，使上市公司的经营业绩清晰地展示出来。并可以在上市公司之间、板块之间做各种比较、计算，并配以丰富的说明，让没有财务分析经验的投资者轻松地掌握这种强大的工具。

▶ 5. 个性复权，简单方便

不仅提供向前、向后两种复权方式，还提供个性复权，只用输入一个时间，就可将以这一天的价格为基准对前后历次除权做复权。另外，可以选择时间段复权，即仅对某段时间内的除权做复权。

▶ 6. 智能选股，一显身手

有简单易用的智能选股功能，只在需要的被选条件前面打钩即可轻松选股。还可利用100多个选股条件和200多个技术指标，轻松编制各种选股条件组合，从而在一千多只股票中选择出自己需要的股票。

▶ 7. 区间统计，尽收眼底

在K线图里能统计区间内的涨跌、振幅、换手等数据，能迅速地统计一只股票在一段时间内的各项数据。而且还提供阶段统计表格，这样就能对一个时间段内的数据在不同股票之间进行排序、比较。

▶ 8. 个人理财，轻松自如

在个人理财中心，可以轻松地对个人财务状况做出统计分析，了解目前每只股票的持仓成本、股票资金的比例、历史上每次交易的盈亏、总盈亏、账户内股票资金总额的变动状况等个人财务资料。

▶ 9. 报表分析，丰富全面

同花顺提供了阶段统计、强弱分析、板块分析及指标排行等多种报表分析的功能。使投资者在不同股票、板块、指标之间比较的时候有了更多、更丰富的项目和依据。

▶ 10. 风格定制，个性张扬

同花顺是一个支持多用户的系统，在多个用户使用同一个程序时，可为不同的用户保留其个性化设置(如自选股、程序风格等)。同花顺允许用户修改显示风格，包括程序中几乎所有的页面、字体、颜色、背景色等，给投资者提供一个尽情展示个性的空间。

12.1.4 东方财富通证券行情分析软件

东方财富通是我国访问量最大、影响力最大的财经证券门户网站之一——东方财富网基于自身的平台优势研发的一款免费证券行情分析软件。东方财富通行情分析软件囊括了沪深主板、中小板、创业板、股指期货、港股、全球指数、全球商品期货及外汇等金融市场行情数据，面向广大股民，充分考虑投资者的立场，不断提升用户体验，是一款功能强大的炒股利器。东方财富通的主要特点如下。

▶ 1. 界面友好

东方财富通在沿袭传统界面的基础上优化添加了导航栏、全景图等功能，大大提升了用户使用体验，简单易上手，又不失专业性。

▶ 2. 功能齐全

各类数据全面，提供了包括全球指数、香港市场、商品期货、外汇牌价在内的各类市场和产品行情，自主选股、平台交互、滚动资讯等软件功能完备。东方财富通拓展了各类市场行情的深度和广度，率先为用户免费提供股指期货实时行情。

▶ 3. 资讯强大

东方财富通基于东方财富网强大的资讯平台设立滚动财经资讯功能，提供 24 小时不间断滚动的及时新闻，帮助投资者了解最新的市场动态。

▶ 4. 动态交互

东方财富通基于东方财富网全国最具人气的股吧平台设立动态交互功能，整合了国内最具人气的股吧平台，为用户提供学习交流和即时互动的机会。

▶ 5. 深度分析

自动收集并提供个股深度资料分析，在全面分析的基础上加强深度挖掘，给投资者提供最大的帮助。

▶ 6. 账户全站共享

东方财富通的注册用户名与东方财富网通行证实行共享互通，投资者只要一次注册后，即可用该注册名登录东方财富旗下的网站、股吧、博客、论坛及相关产品。

▶ 7. 自动收盘作业

东方财富通默认在每个交易日结束后自动下载当日最新数据，便于维护基础数据，提高分析的准确性。

▶ 8. 条件选股和多档自选股

条件选股功能提供了多种条件和预设方案，便于筛选出符合要求的股票，减少盲目搜索。多档自选股的设置有助于区分不同风格类型的股票，便于在盘中更加清晰而准确地查看。

▶ 9. 全景盯盘界面

全景图使投资者在同一界面下可以一眼看到两市走势、领涨板块、活跃个股、期货行情、外盘行情，同时也不放过自选股的实时价格变动和最新财经资讯。

▶ 10. 一站式导航栏

东方财富通提供了内容丰富的导航栏，点击可以迅速链接到对应的项目界面，方便查看相应行情的最新动态。

12.1.5 通达信证券行情分析软件

通达信证券行情分析软件是深圳市财富趋势科技有限责任公司研发的一款证券行情分析软件。深圳市财富趋势科技有限责任公司是一家资深的证券业高科技企业，致力于证券分析系统和计算机通信系统的研究开发，自 1995 年成立以来，经过蓬勃发展已经成为该行业的典范。深圳市财富趋势科技有限责任公司在证券行业的著名品牌是"通达信"。该软件是集A股、B股以及股指期货实时行情、消息资讯和技术分析等功能于一体的系统平台。通达信软件包含以下功能。

▶ 1. 股指期货行情报价功能

股指期货是中国证券史上具有里程碑的标志性事件，通达信软件对股指期货的标的物"沪深300指数"及其所包含的成分股表现进行实时全景展现，使投资者手握利器，在风险和收益都巨大的股指期货中快速捕捉机会。

▶ 2. 板块指数全景展现功能

可对整个A股市场的行业板块表现进行综合呈现，还可按涨跌幅等进行排行，并可以快速切换到个股的分时和K线图中。便于查询所有行业的表现，抓住热点板块，并捕捉到各个行业的龙头股票，快速从数十个行业、1 000多只个股中找出最有价值的股票。

▶ 3. 关联报价功能

主力是市场的主导力量，只有监控到他们的一举一动，才能抓住黑马，通达信软件可以自动对市场上所有的股票进行实时监控，主力的买入卖出举动尽在掌握。

▶ 4. 市场雷达

市场上1 000多只个股，如何对其中的异动进行实时监控，市场雷达功能可以解决，及时捕捉大单买卖、快速涨跌等有异动表现的个股，使投资者最快了解到当前市场的变化。

▶ 5. 移动筹码分布

自动分析该股的筹码分布，使投资者清晰了解到该股的压力位和支撑位，当前的获利盘、套牢盘，以及主力的成本区间等关键信息，为做出投资判断提供重要参考。

▶ 6. 热门板块排行

热门板块排行可以按照行业、地区、概念等板块进行实时排行，同时列出各板块的成交额、换手率、市盈率、领涨股等实用信息，为投资者呈现更全面的市场信息。

▶ 7. 机构评测功能

机构作为市场上的专业研究机构，其对个股及行业的研究是普通投资者所无法比拟的，通达信收集了各大著名机构的研究成果，按照个股和其所处行业进行分类，投资者只需在个股分时页中点击"机构攻略""行业攻略"等按键就可以方便地进行查询，为投资者做出有益的参考。

▶ 8. 热点星空图

对于喜欢使用星空图的用户来说，该功能可以方便地把星空图的各项功能呈现在一个窗口内，不仅可以快速切换星空图的条件设置，而且可以通过单击星空图上的红点和绿点快速切换出该股的报价、分时图和K线图。

▶ 9. 环球股市行情报价

在全球经济一体化的今天，各个国家的股市行情往往会互相影响、共涨共跌，环球股市行情报价包括欧美、亚洲、澳洲、非洲等各个主要国家和地区的股市指数报价，让投资者纵览全球股市，及时获得可能对中国股市产生影响的重要信息。

本章其余各节以大智慧证券行情分析软件为例，介绍行情分析软件的基本操作和操作技巧。

12.2 证券行情分析软件的安装与登录

12.2.1 大智慧行情分析软件的安装

要使用大智慧证券行情分析软件，首先要将其安装到计算机上。

首先进入大智慧官方网站，打开图12-1所示的界面，单击"下载地址一"或"下载地址二"按钮，下载大智慧安装程序。

打开下载的大智慧安装程序，双击该安装程序，根据安装提示，单击"下一步"按钮，即可完成大智慧证券行情分析软件的安装，如图12-2所示。

图12-1　大智慧软件的下载

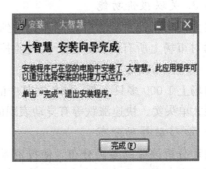

图12-2　大智慧软件安装完成

12.2.2 大智慧行情分析软件的登录

双击桌面的"大智慧"图标，弹出登录窗口，输入用户名和用户密码，如图12-3所示。单击"用户登录"按钮，即可进入"大智慧证券信息港"首页。

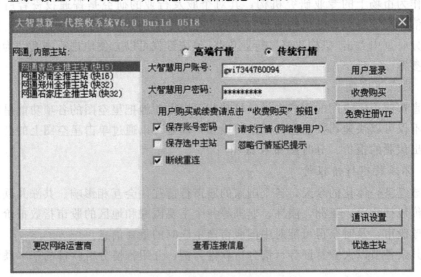

图12-3　证券行情软件的登录

12.2.3 大智慧行情分析软件的窗口布局

大智慧证券行情分析软件的界面中主要包括主窗口、市场栏、窗口状态栏、命令栏、工具栏、菜单栏、页面栏、滚动资讯栏、短线精灵栏，如图 12-4 所示。

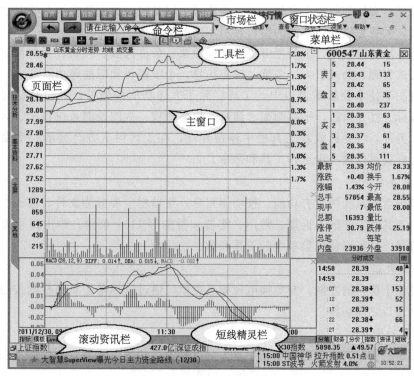

图 12-4　大智慧软件的窗口布局

▶ 1. 主窗口

软件常规窗口包括动态显示牌、分时图窗口、K 线图窗口三种。

分时图窗口属于图形分析窗口之一，即日内动态分时走势图，最小时间段为 1 分钟。

K 线图窗口属于图形分析窗口之一，根据股价(指数)一天的走势中形成的最重要四个价位即开盘价、收盘价、最高价、最低价绘制而成。根据 K 线的计算周期可将其分为日 K 线、周 K 线、月 K 线、年 K 线等。

此外，窗口类型还包括星空图、专业 F10、公告新闻、浏览器、数据表、固定收益平台、信息浏览器等。

▶ 2. 市场栏

市场栏包括股票、指数、基金、商品、债券、理财、房地产、咨询、服务、委托、投顾等子栏目，单击任一图标，就会进入相应市场交易的动态显示牌。

▶ 3. 窗口状态栏

单击窗口状态栏图标，会显示当前窗口所处的市场，并提供其他市场的链接。

▶ 4. 命令栏

命令栏又称键盘精灵，输入股票代码、股票简称、股票简称拼音的首字母或其他操作命令,就会显示股票分时图或相应命令对应的画面。例如,输入600547(或山东黄金、SDHJ)后按回车键,就会显示山东黄金的分时交易图;再输入60,就会显示全部A股涨幅排名。

▶ 5. 工具栏

工具栏显示常用的各种命令和工具,投资者可以更快、更方便地调取工具栏中的各种命令和工具。大智慧软件中不同的窗口显示不同的工具栏。

在动态显示牌窗口中,工具栏可提供选择股票、条件选股、预警、系统测试、交易系统优选、公式管理、公式引入、咨询、动态信息、个股资料和帮助等功能。

在分时图和技术分析图窗口中,工具栏除了上述功能按钮外,还包括分时图、日线图、选择指标、打开模版、平移画面、测量、价格还权、主图绘制系统指示、区间状态指示等按钮。另外,将光标放在工具栏中停留片刻,在工具栏下方会显示一个隐藏的工具栏,通过光标就可以进一步选择工具和命令。

▶ 6. 菜单栏

菜单栏包含了系统的所有功能。按功能划分,菜单栏主要分为文件、画面、查看、分析、决策、工具、工作区、近期、常用、终端和帮助等11个菜单。单击每个菜单名称旁边的三角符号,就可以使用菜单中的工具和命令。

▶ 7. 页面栏

页面栏位于窗口的左侧。与更换电视频道类似,通过鼠标单击页面栏的按钮,可以快速地在各个窗口之间切换。

▶ 8. 滚动资讯栏

滚动资讯栏实时、全面更新市场上重大的财经资讯和热点要闻,并以滚动的形式反复播出。

▶ 9. 短线精灵栏

短线精灵栏实时监控所有沪深A股的盘口异动,第一时间提示日内短线机会,预警项目如表12-1所示。

表12-1 短线精灵栏预警项目

预 警 项 目	功　　能
火箭发射	快速上涨并且创出当日新高
快速反弹	由原来的下跌状态转变为快速上涨
高台跳水	由上涨状态转化为快速下跌
加速下跌	延续原下跌状态并且加速
大笔买入	出现换手率大于0.1%的外盘成交
大笔卖出	出现换手率大于0.1%的内盘成交
封涨停板	涨停板
封跌停板	跌停板
打开涨停	打开涨停板
打开跌停	打开跌停板
有大卖盘	5档卖盘合计大于80万股或与流通盘的比值大于0.8%

续表

预警项目	功　能
有大买盘	5档买盘合计大于80万股或与流通盘的比值大于0.8%
拉升指数	5分钟内对指数的拉升值大于0.5
打压指数	5分钟内对指数的打压值大于0.5
机构买单	买入队列中出现大于50万股、100万元或与流通盘的比值大于0.25%的买单
机构卖单	卖出队列中出现大于50万股、100万元或与流通盘的比值大于0.25%的卖单
机构吃货	立即买入大于50万股、100万元或与流通盘的比值大于0.1%的挂单
机构吐货	立即卖出大于50万股、100万元或与流通盘的比值大于0.1%的挂单
买单分单	大于1万股的连续买入挂单超过4个
卖单分单	大于1万股的连续卖出挂单超过4个
买入撤单	撤销买入大于50万股、100万元或与流通盘的比值大于0.1%的委托单
卖出撤单	撤销卖出大于50万股、100万元或与流通盘的比值大于0.1%的委托单
买入新单	增加50万股、100万元或与流通盘的比值大于0.1%的总买盘
卖出新单	增加50万股、100万元或与流通盘的比值大于0.1%的总卖盘

12.3 动态显示牌

12.3.1 动态显示牌简介

动态显示牌窗口是用于同时显示多行股票行情的动态列表，如图12-5所示。默认显示股票的行情页面，列表每一行表示同一个股票的不同行情数据，每一列表示不同股票的行情项目。行情栏目主要显示股票代码、名称、最新、涨跌、幅度、总手、现手、昨收、今开、最高、最低等项目。

大智慧行情分析软件提供扩展数据、财务数据、统计数据等多种报价表，这些报价表的操作基本相似。

12.3.2 动态显示牌的基本操作

▶ 1. 进入动态显示牌

单击市场栏的"股票"按钮，就可进入动态显示牌，即行情报价表。

根据股票市场类型不同，动态显示牌又细分为上海A股、深圳A股、沪深B股、创业板、股指期货、自选股等报价表。通过单击红色的"市场类型栏"按钮，可以很方便地在这些动态显示牌之间切换。在上海A股、深圳A股右侧有一个三角形符号，单击三角形符号，可以选择进一步细分的动态显示牌。

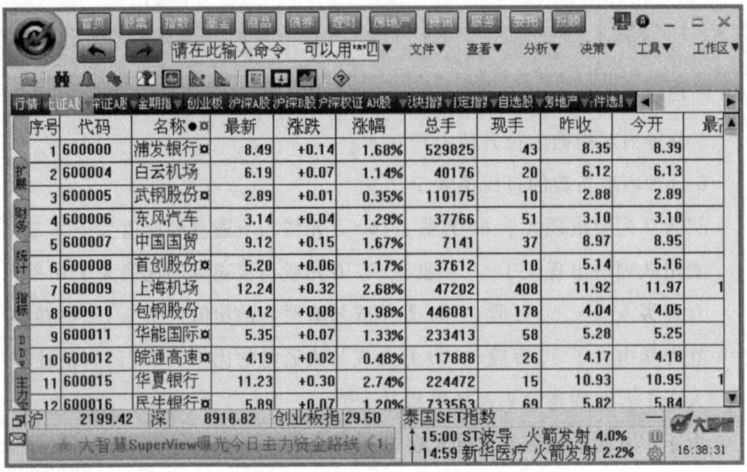

图 12-5　动态显示牌窗口

▶ 2. 浏览行情

拖动显示屏右侧的纵向滚动条，可以整屏滚动显示股票列表，按键盘上的方向键↑或↓可以在股票之间逐条移动，按键盘上的方向键←或→，或者拖动显示屏右上角的横向滚动条可以向左或者向右移动查看动态显示牌的栏目信息，如图 12-6 所示。

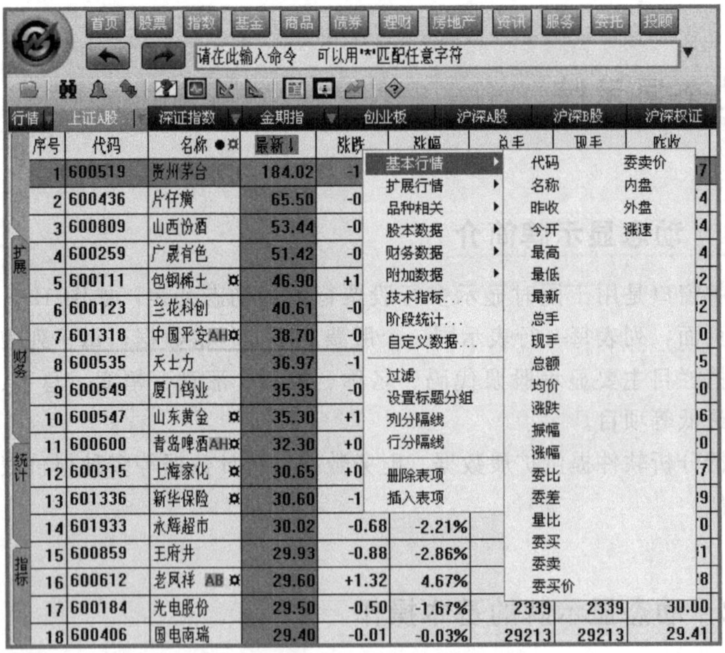

图 12-6　动态显示牌基本操作

▶ 3. 栏目排序

在动态显示牌顶部单击栏目名称后，系统会按照单击的栏目从高到低对股票进行排序，再次单击会从低到高对股票进行排序，如图 12-6 所示。

▶ 4. 调整列表栏目

市场类型栏下方是各种列表栏目，包括"代码""名称""最新""涨跌"等，当需要调整列表栏目时，可用鼠标右键点击任意"栏目名称"，在弹出的快捷菜单中选择其他栏目，栏目分为基本行情、扩展行情、股本数据、财务数据等类型，如图 12-6 所示。

▶ 5. 编辑表项格式

列表栏目中的表项格式是开放用户编辑的，用鼠标右键点击任意"栏目名称"，在弹出的快捷菜单中可完成插入表项，删除表项，设置标题分组，设置显示名称，设置列，行分隔线，设置文字颜色，背景颜色等操作，如图 12-6 所示。

▶ 6. 切换页面类型

动态显示牌默认显示股票的行情页面，此外系统还包含扩展数据、财务数据、统计数据等不同的页面，如图 12-6 所示。

▶ 7. 过滤条件

在动态显示牌中可设置多个过滤条件，以达到将不满足条件的股票剔除掉的目的。用鼠标右键点击任意"栏目名称"，在弹出的快捷菜单中选择"过滤"功能，可打开"过滤条件"对话框进行过滤条件设置，如图 12-7 所示。

图 12-7　动态显示牌过滤条件设置

▶ 8. 将股票加入自选股或板块股

如图 12-8 所示，在报价牌中选中任意股票，点击鼠标右键，在弹出的快捷菜单中选择"加入到板块"或"加入到自选股"，从列表中选择板块，可以将指定的股票加入板块或自选股中。

12.4　分时走势图

12.4.1　分时走势图简介

证券分时走势图主要用来监控证券的实时行情和资讯信息，如图 12-9 所示，包括分时价格曲线图、成交量柱状线图、信息栏三部分内容。

▶ 1. 分时价格曲线图

分时价格曲线图的横坐标代表当天交易时间，以 1 分钟为单位，左侧纵坐标代表股价，右侧纵坐标代表与上一个交易日相比的涨跌幅度。白线是由每分钟最后一笔成交的价

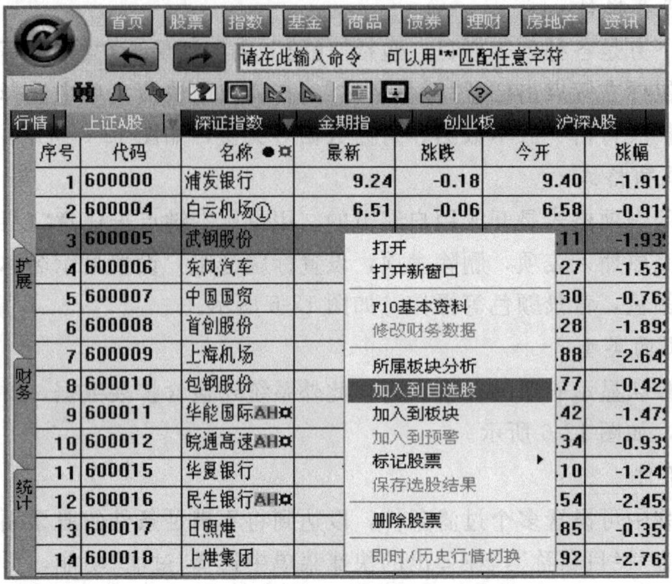

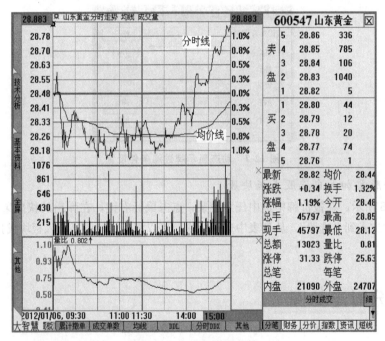

图 12-8 将指定的股票加入自选股

图 12-9 分时走势图窗口

格构成的曲线。黄线是由分时平均价格(均价)构成的曲线。平均价格是从开盘到目前交易时点成交的总金额除以总成交量得到的。

▶ 2. 成交量柱状线图

成交量柱状线图中的横坐标代表当天交易时间，以 1 分钟为单位，左侧纵坐标代表成交数量，以 1 手为单位。黄色柱状线表示每分钟的成交数量，柱状线越高，说明该分钟成交量越大。

3. 信息栏

1) 卖盘和买盘

卖盘是指委托卖出尚未成交的申报价格和数量（以手为单位），共显示 5 档的申报卖盘，按照竞价交易申报价格低的先卖出的原则，卖 1、卖 2、卖 3、卖 4、卖 5 的申报价格按照从低到高的顺序排列。

买盘是指委托买入尚未成交的申报价格和数量（以手为单位），共显示 5 档的申报买盘，按照竞价交易申报价格高的先买入的原则，买 1、买 2、买 3、买 4、买 5 的申报价格按照从高到低的顺序排列。

2) 成交信息

最新：现在时刻的成交价格。

涨跌：现在时刻的成交价格与上一个交易日收盘价上涨或下跌的差。

涨幅：现在时刻的成交价格与上一个交易日收盘价上涨或下跌的百分比。

总手：从开盘到现在时刻成交的总数量（以手为单位）。

现手：当前时刻成交的数量（以手为单位）。

总额：从开盘到现在时刻成交的股票总价值。

均价：从开盘到现在时刻成交的平均价格。

换手：换手率，即今日成交的总手占公司股票流通总量的比率，用来反映股票交易的活跃程度。换手率越高，表明该股票交易越活跃。

今开：今日的开盘价。

最高：从开盘到现在时刻成交的最高价。

最低：从开盘到现在时刻成交的最低价。

量比：从开盘到现在时刻每分钟平均成交量与过去 5 日每分钟平均成交量的比率。量比越高，说明股票交易越活跃。

涨停：今日上涨的最高价格。普通股票的涨停价是上一个交易日收盘价的 10%，ST、*ST 股票涨停价是上一个交易收盘价的 5%。

跌停：今日下跌的最低价格。普通股票的跌停价是上一个交易日收盘价的 10%，ST、*ST 股票跌停价是上一个交易收盘价的 5%。

外盘：以卖盘的申报价格成交的股票总手数。因为这是由投资者主动买入导致的成交，所以外盘又称为主动性买盘。

内盘：以买盘的申报价格成交的股票总手数。因为这是由投资者主动卖出导致的成交，所以内盘又称为主动性卖盘。如果外盘大于内盘，即主动性买盘大于主动性卖盘，表明投资者看好该股票，股票价格未来可能上涨；如果外盘小于内盘，即主动性买盘小于主动性卖盘，表明投资者看淡该股票，股票价格未来可能会下跌。

3) 子窗口

软件右下角有"分笔""财务""分价""短线"等子窗口，单击这些按钮，就可以显示成交明细、财务信息、分价表和短线精灵等内容。

分笔又称分时成交，是每隔 3 秒的行情快照，显示的是 3 秒内累计的成交量和最后一笔的成交价格，分时成交可能是一笔或多笔成交的集合。由于盘面限制，无法查看更详细的成交明细，可以单击右下角的"细"按钮查看全部成交明细，如图 12-10 所示。红色的成交量代表该笔成交是主动性买入，绿色的成交量代表该笔成交是主动性卖出。

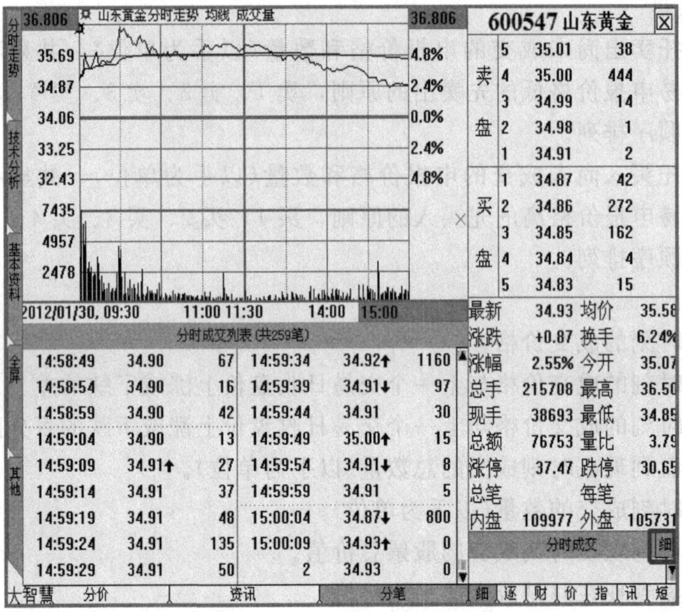

图 12-10 分时成交列表

逐笔是指每一笔成交的时间、价格和成交量，属于大智慧 Level-2 行情，是交易过程中的单次成交，是交易过程的真实成交情况。

分价是按照成交价格分类形成的交易信息，如图 12-11 所示。

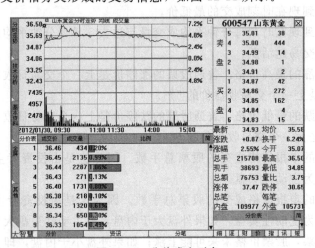

图 12-11 分价成交列表

财务是根据公司的财务报告形成的公司财务信息。

短线是指短线精灵，实时监控所有沪深 A 股的盘口异动，第一时间提示日内短线机会。

12.4.2 分时走势图的基本操作

▶ 1. 进入个股分时走势图

在动态显示牌窗口中双击某只股票或者单击选中某只股票，然后按回车键就可以进入该股的分时走势图。

连续按回车键可以在分时走势图、K线走势图和动态显示牌的界面之间切换。

▶ 2. 查看某一时点的交易信息

如图12-12所示，按键盘上的方向键←或→可以向左或向右移动光标来查看某一时点的交易数据信息，此时会出现白色的十字线，左侧的浮动窗格中的数据就是白色竖线对应时点的交易数据。按Esc键可以取消浮动窗格。

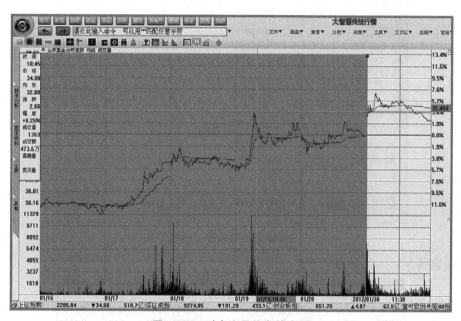

图12-12 时点交易信息的查看

连续按键盘上的方向键↓可以显示最近2天到最近5天的分时走势图，连续按方向键↑可以取消显示最近5天到最近2天的分时走势图。

▶ 3. 查看成交明细表

在分时走势图中按F1键，可以显示分时成交明细表，再次按F1键可以取消显示分时成交明细表。按F2键，可以显示分价成交明细表，再次按F2键可以取消显示分价成交明细表。

▶ 4. 切换指标

在分时走势图中点击鼠标右键，在显示的菜单中选中"显示分时指标工具栏"，在窗口的下方会显示分时指标工具栏及分时指标，单击工具栏按钮就可以在指标之间切换，如图12-13所示。

▶ 5. 加入自选股

如图12-13所示，在分时走势图中点击鼠标右键，在显示的菜单中选中"加入自选股"，则该股票就会加入自选股栏目中。以后可以在动态显示牌窗口的顶部单击自选股按钮，就可以很方便地找到该股票。

▶ 6. 查看综合排名

在"查看"菜单栏中选择"综合排名"，可以查看今日涨幅、跌幅、振幅、委比等前五名

图 12-13　切换分时指标

的股票排名情况，如图 12-14 所示。

上证A股综合排名

今日涨幅排名			5分钟涨幅排名			委比正序排名		
骆驼股份	20.58	6.91%	贵州茅台	184.89	0.00%	*ST中达	3.31	100.00%
*ST中达	3.31	5.08%	片仔癀	64.35	0.00%	ST九发	6.58	100.00%
ST中源	25.17	5.01%	山西汾酒	53.34	0.00%	ST天龙	4.03	100.00%
ST天龙	4.03	4.95%	广晟有色	50.89	0.00%	ST中源	25.17	100.00%
ST九发	6.58	4.94%	包钢稀土	46.30	0.00%	天业股份	7.70	90.10%
冠城大通	6.95	4.83%	兰花科创	40.50	0.00%	丰林集团	9.79	88.12%
今日跌幅排名			5分钟跌幅排名			委比逆序排名		
敦煌种业	17.50	-5.46%	新农开发	7.64	-2.30%	国电南瑞	29.00	-92.83%
天利高新	6.50	-5.05%	宋都股份	7.99	1.48%	天威保变	11.22	-86.79%
丹化科技	14.30	-3.70%	ST国药	3.88	-1.27%	恒顺醋业	10.00	-86.10%
华阳科技	8.42	-3.44%	悦达投资	13.10	-1.21%	ST北人	4.14	-85.57%
ST园城	8.86	-3.38%	中兵光电	7.61	-0.91%	亚宝药业	6.05	-85.42%
ST海建	4.49	-2.60%	科达机电	9.39	-0.84%	亿晶光电	18.45	-84.20%
今日振幅排名			今日量比排名			总金额排名		
敦煌种业	17.50	7.51%	骆驼股份	20.58	28.38	三一重工	14.58	12770
欧亚集团	21.90	6.44%	联美控股	8.10	28.35	骆驼股份	20.58	3800
瑞贝卡	6.58	3.95%	东睦股份	9.83	22.74	重庆啤酒	22.55	3250
亿晶光电	18.45	3.99%	老白干酒	21.33	21.39	宁波韵升	17.00	3081
*ST建通	5.30	3.85%	冠城大通	6.95	20.41	包钢稀土	46.30	2667
ST建机	5.35	3.61%	ST天龙	4.03	20.23	民生银行	6.40	2477

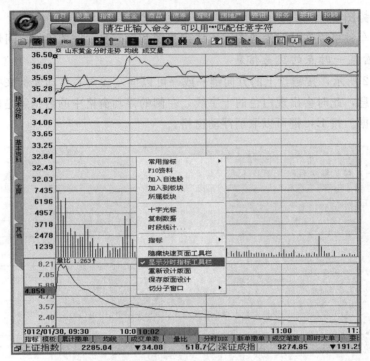

图 12-14　综合排名

▶ 7. 预警设定

在"查看"菜单栏中选择"预警"，在图 12-15 所示对话框中单击"新增条件"按钮，弹出如图 12-16 所示的对话框，设定好预警条件后单击"确定"按钮。在图 12-15 中单击"启动预警"按钮即可完成预警的设定。当股票走势达到预定的条件时，系统就会发出警报，提示投资者关注。

图 12-15　启动预警

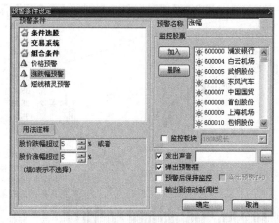

图 12-16　预警条件设定

▶ 8. 条件选股

在"查看"菜单栏中选择"条件选股",在图 12-17 所示对话框中设定选股条件,单击"执行选股"按钮,系统就会将符合条件的股票列出,供投资者参考。

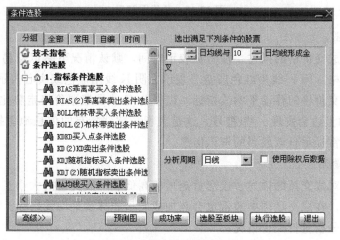

图 12-17　条件选股

12.5 K 线 图

12.5.1 K 线图简介

K 线图属于图形分析窗口之一，是根据股价（指数）一天的走势中形成的最重要的四个价位即开盘价、收盘价、最高价、最低价绘制而成，使投资者对变化多端的股市行情一目了然。根据 K 线的计算周期可将其分为日 K 线、周 K 线、月 K 线、年 K 线等。该窗口中除了包括分时走势图下的信息栏以外，还包括 K 线图、成交量图和技术指标图，如图 12-18 所示。

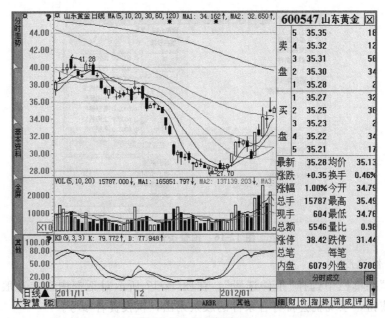

图 12-18 K 线图窗口

▶ 1. K 线图

K 线图是对成交价格的描述。横坐标表示时间，默认情况下是以交易日为单位，纵坐标表示股票的价格。阳 K 线用红色或空心表示，阴 K 线用蓝色或实心表示。在 K 线图中，系统默认叠加成交价格的移动平均线指标，以便与 K 线图股票价格走势比较和分析。

在 K 线图的上边会发现一些■符号，这是大智慧软件特有的信息地雷提示。单击■，就可以显示信息地雷提示日该股票的资讯信息。

▶ 2. 成交量图

成交量图是对成交量的描述。成交量矩形的高低表示成交量的大小。矩形越高表示当天的成交量越大。在成交量图中通常也会叠加成交量的移动平均线指标。同时观察 K 线图和成交量图可以分析量价配合情况。

3. 技术指标图

技术指标是在市场交易行为的基础上建立起来的数学模型，通过技术指标可以对交易进行分析，便于投资决策。在技术指标图中显示了指标的名称，指标名称后面的括号内显示的是指标参数，然后是各条指标线的名称和当前鼠标指针所在处的指标值。

单击技术指标图下方的指标名称按钮，可以使技术指标图在不同的技术指标之间切换。

12.5.2 K线走势图的基本操作

1. 进入K线走势图

在分时走势图中双击或者单击左侧的页面栏的"技术分析"，进入该股的K线走势图，再次双击可以返回分时走势图。

2. 查看历史K线交易信息

如图12-19所示，按键盘上的方向键←或→可以向左或向右移动光标来查看某一日的交易数据信息，此时会出现白色的十字线，左侧的浮动窗格中的数据就是白色竖线对应日期的交易数据。按Esc键可以取消浮动窗格。

图12-19 历史K线交易信息

3. 放大、缩小K线图

连续按键盘上的方向键↓可以查看更多交易日的K线，连续按方向键↑可以查看更少交易日的K线。

4. 查看某日分时走势图

将光标放在某日的K线上，点击鼠标右键，在显示的菜单中选择"显示当天的分时图"，在窗口的右下角会弹出该日分时走势图的浮动窗口。再次单击鼠标左键会取消显示该日分时走势图窗口，如图12-19所示。

▶ 5. 画面组合

如图 12-20 所示，在 K 线图中单击菜单栏，选择"画面组合"可以设定主窗口中显示的画面的数量，画面数量可在 1～6 选择。

▶ 6. 切换 K 线图的周期

默认情况下，软件显示的是日 K 线图。如果要切换到其他周期可以单击菜单栏选择"分析周期"，设定主窗口中显示的 K 线周期，如图 12-21 所示。

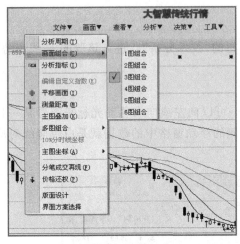

图 12-20 画面组合

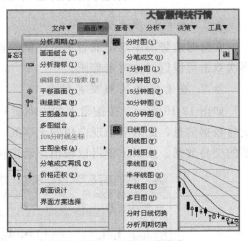

图 12-21 设置 K 线周期

▶ 7. 显示、隐藏主图指标

如图 12-22 所示，在 K 线空白处点击鼠标右键，在菜单中选择"指标"→"删除指标"就可以删除 K 线图中的移动平均线指标。要想重新显示指标，用键盘输入"MA"即可。

▶ 8. 修改技术指标参数

在 K 线图或技术指标图点击鼠标右键，在快捷菜单中选择"指标"→"调整指标参数"，打开图 12-23 所示对话框，就可以调整技术指标的参数。

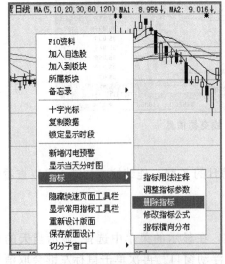

图 12-22 删除技术指标

图 12-23 调整指标参数

▶ 9. 切换技术指标

在技术指标图中,在菜单中选择"常用指标"项下的级联菜单即可切换技术指标。

切换技术指标的另一种办法是单击窗口左下角的"指标"按钮,窗口下方会出现一行指标栏,单击即可在不同的技术指标之间切换。

▶ 10. 复权与除权

在"画面"菜单栏中单击"价格还权",可以向前复权,即保持现有的价位不变,将以前的价格逐级缩减,以消除由于分红送配带来的缺口影响,保持总体图形的连续性,如图12-24所示。再一次选择"价格还权",又回到除权状态。

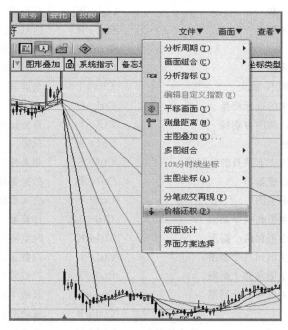

图 12-24 价格的复权

复权还可以向后复权,即保持先前的价格不变,而将以后的价格逐级增加。将光标放在 K 线空白处,按下 Ctrl+T 组合键,就可以向后复权。再次按下 Ctrl+T 组合键,会取消向后复权,重新回到除权状态。

12.6 快捷键操作

证券行情分析软件除了用鼠标操作外,还可以通过键盘快捷键的方式完成操作。下面以大智慧行情分析软件为例介绍快捷键的操作,如表12-2~表12-4所示。

表 12-2 常用快捷键

快捷键	快捷键含义	快捷键	快捷键含义
F1	帮助/成交明细	F2	分价表

续表

快捷键	快捷键含义	快捷键	快捷键含义
F3	上证指数	Ctrl+F7	系统测试平台
F4	深证成指	Ctrl+F8	数据管理中心
F5	分时图/K线图	Ctrl+F9	优选交易系统
F6	自选股	Ctrl+F10	备忘录
F7	条件选股	Ctrl+PgDn	自动换页
F8	分析周期	Ctrl+Tab	切换当前窗口
F9	画线工具	Ctrl+Q	移动成本
F10	个股资料	Ctrl+W	报价牌
F11	价格还权	Ctrl+R	前/后复权
F12	委托	Ctrl+T	双向除权
←与→	十字光标	Ctrl+Y	10%分时坐标
↑与↓	区间缩小/放大	Ctrl+I	全屏显示
/	副图中的指标切换	Ctrl+O	选项
+	小窗口的内容切换	Ctrl+P	百分比坐标
Pause Break	老板键	Ctrl+A	预警
空格	查看历史上某日的分时图	Ctrl+S	相关性分析
Shift+C	全息高速盘口	Ctrl+D	数据管理
Alt+1	只显示主图	Ctrl+F	公式管理
Alt+2	显示主图和一个副图	Ctrl+J	计算器
Alt+3	显示主图和两个副图	Ctrl+K	时空隧道
Alt+4	显示主图和三个副图	Ctrl+L	对数坐标
Alt+5	显示主图和四个副图	Ctrl+Z	投资管理
Alt+6	显示主图和五个副图	Ctrl+X	画线工具
Alt+H	帮助	Ctrl+B	板块对比
Alt+I	信息地雷	Ctrl+N	普通坐标
Alt+Q	退出	Ctrl+M	多图组合
Alt+X	自选股设置	0	分笔成交图
Alt+Z	当前股票加入自选股板块	01	成交明细
Alt+D	除权标记	02	分价表
Alt+M	最高价/最低价标记	03	上证领先
Alt+F2	板块对比分析	04	深证领先
Alt+F4	退出	05	分时图/日K线图
Alt+F5	全屏显示	06	自选股
Alt+F7	条件选股	07	条件选股
Alt+F10	备忘录	08	分析周期切换
Alt+←	历史回忆日期前移	09	画线工具
Alt+→	历史回忆日期后移	10	个股资料
Ctrl+F4	报价牌	30	板块指数
Ctrl+F5	系统指示	31	板块指数涨幅排名
Ctrl+F6	指标排序	33	主题投资库

续表

快捷键	快捷键含义	快捷键	快捷键含义
41	开放式基金	69	中小企业涨幅排名
42	LOF 基金	71	上交所公告
43	ETF 基金	72	深交所公告
51～58	常用板块切换	80	全部 A 股综合排名
59	实时观察	81	上证 A 股综合排名
60	全部 A 股涨幅排名	82	上证 B 股综合排名
61	上 A 涨幅排名	83	深证 A 股综合排名
62	上 B 涨幅排名	84	深证 B 股综合排名
63	深 A 涨幅排名	85	上证债券综合排名
64	深 B 涨幅排名	86	深证债券综合排名
65	上证债券涨幅排名	87	创业板综合排名
66	深证债券涨幅排名	89	中小企业综合排名
67	创业板涨幅排名	777	路演中心

表 12-3　图形分析窗口中的快捷键

快捷键	快捷键含义	快捷键	快捷键含义
0	分笔成交图	8	月 K 线图
1	1 分钟 K 线图	9	多日 K 线图
2	5 分钟 K 线图	10	个股资料
3	15 分钟 K 线图	11	季度 K 线图
4	30 分钟 K 线图	12	半年 K 线图
5	60 分钟 K 线图	13	年 K 线图
6	日 K 线图	250	250 日 K 线图
7	周 K 线图		

表 12-4　报价牌窗口中的快捷键

快捷键	快捷键含义	快捷键	快捷键含义
1	上证 A 股	7	上证基金
2	上证 B 股	8	深证基金
3	深证 A 股	9	中小企业
4	深证 B 股	10	个股资料
5	上证债券	11～23	各类排行
6	深证债券		

本章小结

本章主要介绍了钱龙、大智慧、同花顺、东方财富通、通达顺等在市场中使用频率比较高、普及度比较广的证券行情分析交易软件。从软件的安装和登录,以及动态显示牌、分时图窗口、K线图窗口的介绍和基本操作入手,指导投资者进行证券行情分析软件操作。通过本章的学习,要掌握证券行情软件的窗口布局,以及分时走势图和K线走势图的基本操作,能够利用行情分析软件查看股票走势和交易信息。

本章练习

一、填空题

1. 软件常规窗口包括_____、_____和_____三种。
2. 在"画面"菜单栏中单击_____,可以向前复权。
3. 在报价牌中选中任意股票,点击鼠标右键,在弹出的快捷菜单中选择_____或_____,从列表中选择板块,可以将指定的股票加入板块或自选股中。
4. _____是由分时平均价格(均价)构成的曲线。平均价格是从开盘到目前交易时点成交的。
5. _____买盘是指委托买入尚未成交的申报价格和数量(以手为单位)。

二、判断题

1. 向前复权,即保持现有的价位不变。(   )
2. 分时价格曲线图中的黄线是由每分钟最后一笔成交的价格构成的曲线。(   )
3. 卖盘是指委托卖出尚未成交的申报价格和数量(以手为单位),共显示5档的申报卖盘。(   )
4. 向后复权,即保持先前的价格不变,而将以后的价格逐级增加。(   )
5. 默认情况下,软件显示的是日K线图。如果要切换到其他周期可以单击菜单栏选择"分析周期",设定主窗口中显示的K线周期。(   )

三、简答题

1. 简述证券行情软件的窗口布局。
2. 怎样进入动态显示牌?
3. 简述分时走势图窗口的主要组成部分。
4. 如何在分时走势图中查看某一时点的交易信息?
5. 怎样在K线图中进行复权与除权的操作?

参 考 文 献

[1] 赵锡军. 证券投资分析[M]. 5版. 北京：中国人民大学出版社，2011.
[2] 证券业从业资格考试研究中心. 证券投资分析2012[M]. 北京：教育科学出版社，2011.
[3] 严渝军. 证券投资分析与原理[M]. 北京：对外经济贸易大学出版社，2010.
[4] 傅学良. 证券投资理论与实务[M]. 上海：上海交通大学出版社，2011.
[5] 吴晓求. 证券投资学[M]. 3版. 北京：中国人民大学出版社，2009.
[6] 中国证券业协会. 证券投资分析[M]. 北京：中国财政经济出版社，2011.
[7] 赵锡军，李向科. 证券投资分析[M]. 北京：中国金融出版社，2003.
[8] 裘永苹，李义龙. 证券投资基础与实训[M]. 大连：大连理工大学出版社，2011.
[9] 胡海鸥，宣羽畅，马骏. 证券投资分析[M]. 上海：复旦大学出版社，2000.
[10] 田继鸣，胡怀栋. 江恩股市定律[M]. 北京：清华大学出版社，2011.
[11] 何造中. 江恩价格与形态[M]. 北京：机械工业出版社，2007.
[12] 王明涛. 证券投资分析[M]. 上海：上海财经大学出版社，2004.
[13] 李向科. 证券投资分析[M]. 北京：中国人大学出版社，2008.
[14] 张祖国. 证券投资分析[M]. 上海：上海财经大学出版社，2010.
[15] 陈泽聪. 证券投资分析[M]. 厦门：厦门大学出版社社，2009.
[16] 吴作斌. 证券投资分析[M]. 北京：化学工业出版社，2009.
[17] 张晓伟等. 证券投资：理论、策略与技巧[M]. 武汉：华中理工大学出版社，1999.
[18] 林俊国. 证券投资学[M]. 北京：经济科学出版社，2001.
[19] 傅一江. 证券投资学[M]. 北京：中国财政经济出版社，2003.
[20] 刘少波. 证券投资学[M]. 广州：暨南大学出版社，2003.
[21] 王明涛. 证券投资技术[M]. 上海：译文出版社，2003.
[22] 尹宏. 赢在策略[M]. 北京：经济管理出版社，2004.
[23] 李凯风. 证券投资学[M]. 北京：中国矿业大学出版社，2005.
[24] 叶云中. 股价多因分析[M]. 杭州：浙江大学出版社，2005.
[25] 王军旗等. 证券投资理论与实务[M]. 北京：中国人民大学出版社，2007.
[26] 陈泽聪. 证券投资分析[M]. 厦门：厦门大学出版社，2009.
[27] 姜金胜. 股市分析软件[M]. 上海：上海人民出版社，2006.
[28] 神龙工作室. 新手学电脑炒股[M]. 北京：人民邮电出版社，2009.
[29] 刘海燕. 中国股市操作宝典2(软件篇)：股市交易与分析软件详解[M]. 北京：中国铁道出版社，2010.
[30] 李昊. 股票分析软件用法详解：四大常用股票分析软件使用指南. 广州：广东经济出版社，2009.
[31] 李义龙. 股市实战基础[M]. 北京：经济科学出版社，2015.
[32] 老郭. 看盘快速入门[M]. 北京：时代出版传媒股份有限公司，2011.
[33] 李昊. 股票分析软件用法详解：四大常用股票分析软件使用指南[M]. 广州：广东经济出版社，2000.

教师服务

感谢您选用清华大学出版社的教材！为了更好地服务教学，我们为授课教师提供本书的教学辅助资源，以及本学科重点教材信息。请您扫码获取。

❯❯ 教辅获取

本书教辅资源，授课教师扫码获取

❯❯ 样书赠送

财政与金融类重点教材，教师扫码获取样书

 清华大学出版社

E-mail: tupfuwu@163.com
电话：010-83470332 / 83470142
地址：北京市海淀区双清路学研大厦 B 座 509

网址：http://www.tup.com.cn/
传真：8610-83470107
邮编：100084